도덕 교육과 통일 교육

북한 이해와 교과 교육 관점의 통일 교육

황인표 지음

올력

ⓒ 황인표, 2006

도덕 교육과 통일 교육

지은이 | 황인표

펴낸이 | 강동호

펴낸곳 | 도서출판 울력

1판 1쇄 | 2006년 3월 30일

등록번호 | 제10-1949호(2000. 4. 10)

주소 | 152-889 서울시 구로구 오류1동 11-30

전화 | (02) 2614-4054

FAX | (02) 2614-4055

E-mail | ulyuck@hanafos.com

값 | 15,000원

ISBN | 89-89485-43-6 93370

차례

제2장 통일 교육의 기반 조성 제고 방안 · 305

일러두기

1. 이 책은 5부 17장으로 이루어져 있다. 그리고 네 개의 부록이 책 말미에 수록되어 있다.

2. 본문 중에 사용된 (황인표, 2003)은 참고 문헌에 있는 황인표의 2003년 책 (논문)을 참고하라는 뜻이다.

3. 책과 신문, 잡지는 『 』, 논문과 기사, 단편의 글은 「 」으로 표시하였다. 그리고 노래는 〈 〉로 표시하였다. 영문으로만 표시할 때 책과 신문, 잡지는 이탤릭체로 구분하였다.

서문

　이 책은 도덕과 교육의 부분 영역으로서 진행해 오고 있는 통일 교육 내용을 체계적으로 접근하고자 하는 나름의 연구 성과라고 할 수 있다. 도덕과 교육의 내용 체계는 크게 교육학적 접근, 윤리학적 접근, 사회과학적 접근, 통일 교육학적 접근의 네 영역으로 이루어진 것으로 볼 수 있다(정세구, 2005). 그중에서도 통일 교육의 영역은 다른 영역에 비해서 상대적으로 그 체계화가 미비한 상태라고 하겠다. 다른 학문의 성과를 활용하는 통일 교육의 내용 영역은 상당한 진전을 이루었으나 이를 통일 교육을 위해 어떻게 구성하고 교육할 것인가에 대한 연구는 미미한 것이 이유 중 하나일 것이다.

　따라서 통일 교육에 체계적으로 접근하기 위한 구조 틀이 필요하고, 그것에 기초하여 '건전한 통일관'의 형성을 위한 통합적 내용 체계의 구성이 중요하다. 이러한 구조 틀의 형성을 위해서 이 책은 최근 교과 교육학의 연구 성과를 토대로 하였다. 교과 교육학적 관점에서, 특정 교과 교육은 교육 내용학과 교육 방법학의 단순한 산술적 결합이 아니라 그 교과의 내용적 특성에 따른 고유한 방법이 필요한 독자적인 학문 체계라는 전제에서 출발한다. 그러므로 이 책에서도 도덕과 교육의 한 접근인 통일 교육이 통일 관련 내용학과 교육학의 단순한 양적 결합이 아니라 질적 결합이 필요한 독자적 학문 체계라는 전제에서 출발하였다.

이러한 전제 아래서 통일 교육의 체계 모형은 교육 적합성 이론(제1층), 교육 상황 이론(제2층), 교수 이론(제3층), 교과 적용 이론(제4층)의 네 개 이론 층을 동심원적으로 구성하였다. 이것은 통일 교육을 하나의 교육 활동으로 완성하기 위한 구성 모형이라고 할 수 있다. 통일 교육의 목적과 정당화에 관한 탐구 부분인 통일 교육 적합성 이론을 제1층 교육 이론으로 구성하고, 통일 교육이 이루어지는 환경에 대한 탐구 부분인 교육 상황 이론을 제2층 교육 이론으로 한다. 그리고 교수자-내용-피교수자의 교수 상황이 직접적으로 이루어지는 부분을 탐색하는 교수 이론을 제3층 교육 이론으로 하고, 그러한 연구 결과를 구체적 교과 영역에 적용하는 것을 제4층 교과 이론으로 한다.

그러나 이 책의 실제 구성 체계는 이러한 구조 모형에서 요구하는 이론들을 포함하되, 교과서 또는 교재가 갖추어야 할 특성을 반영하여 강의에 맞춘 내용 체계를 갖추고자 하였다. 이를 좀 더 구체적으로 설명하면 다음과 같다.

제1부에서는 '통일 교육을 위한 기초적 이해'의 내용들을 서술하였다. 여기서는 통일 교육을 전개하기 위한 일반적 현황과 통일 교육의 실태 등으로 구성하였다. 그리고 통일 교육의 이해를 위한 구성 모형과 그 내용을 설명하였다.

제2부 '통일 교육을 위한 기초 이론 접근'은 통일 교육을 정당화하고 통일 교육의 필요성 및 현장에서 그것을 실행하기 위해 알아두어야 할 이론적 기초 영역이다. '통일 교육의 성격,' '통일 교육의 이념,' '통일 교육의 역사,' '통일 교육의 비교,' '통일 교육의 환경적 영향' 등의 내용 영역을 제시하였다.

참고로 동심원 체계 모형에 의하면, 제1부와 제2부의 이론은 제1층에 해당하는 통일 교육 적합성 이론과 제2층에 해당하는 통일 교육의 상황 이론의 내용을 다루고 있다. 제2층에 해당하는 교육 상황 이론은 '학교 환경 이론'과 '사회 환경 이론,' 그리고 이들이 제1층 영역들과 상호 작용하는 것에 관한 이론을 포함한다. 제2층 이론 영역은 이론적으로 보면 교육이 이루어지는 의미 있는 구조이기 때문에 연구나 관심이 깊어야 함에도 불구하고 실제에 있어서는 그 정도가 미약하다. 따라서 이 영역에서는 교수자-내용-피교수자의 상호 작용에 영향을 미치는 교육 환경의 교육적 의미와 그 현상을 탐구하는 것에 관심을 제고하고자 하였다.

제3부에서는 '통일 교육을 위한 학문 분야별 접근'으로 통일 교육의 내용적 명제에 해당한다. 어떠한 내용들로 구성할 것인가 하는 것은 통일 교육의 목적 및 목표와 통일 교육의 단계에 따라 다소 다를 수 있다. 하지만 이 책에서는 통일 교육의 단계를 북한에 대한 올바른 이해와 통일 문제에 대한 판단 능력 배양을 통한 건전한 통일관 형성에 두고 있으므로 이에 필요한 내용들을 포함하였다. 이러한 내용들은 물론 관련 학문들의 성과를 활용하되, 통일 교육에 필요한 정도로 구성하여야 한다는 전제에서 관련 내용을 수록하였다.

제4부에서는 통일 교육의 목표, 내용 체계, 교수 학습 및 평가 방법에 관한 것으로 통일 교육에 관한 교육적 명제에 해당한다. 이 영역에서는 그동안 도덕과에서 연구된 통일 교육의 구체적 접근에 대한 내용이 주를 이루고 있다. 이것은 통일 교육의 동심원 체계 모형의 제3층과 제4층 이론, 즉 교육적 명제와 적용 영역이라고 할 수 있다. 이 영역은 '교사-내용-학생' 사이의 상호 작용이 이루어지는 영역으로서, 교육학 영역에서 가장 핵심적이고 기본적인 중요성을 가지는 이론 영역이라고 할 수 있다. 지금까지의 통일 교육 관련 연구들은 거의 이 영역에 집중되어 있었다.

구체적으로 이 영역에서는 교과 교육의 교육 과정 요소들을 다룬다. 이 영역에서 다루는 내용의 대부분은 도덕과 교육에서 이루어 놓은 성과이다. 그 이유는 여타의 교과에서도 나름의 연구 성과가 없는 것은 아니지만, 지금까지는 주로 도덕과가 통일 교육의 주된 교과목으로 인식되고 있었고, 또한 현재도 그러한 역할을 하고 있기 때문이다. 이 영역은 목표 및 교수-학습 방법, 평가에 대한 것으로 협의의 교과 교육에서 주로 다루었던 영역인데, 최근에 들어서야 비로소 통일 교육에 부합하는 교과 교육학적 연구의 필요성이 제기되고 있는 실정이다.

마지막으로 제5부에서는 이러한 통일 교육론의 체계적 적용을 위한 과제들로 통일 교육의 교사 교육과 통일 교육의 기반 조성 방안을 논하였다. 이들 주제는 통일 교육의 정책적 문제와 깊은 연관을 갖고 있는 문제이다.

이 책은 한편으로 통일 교육에 대한 필자 나름의 이론을 체계화하면서, 다른 한편으로 필자가 진행할 강의 내용을 구체화하는 것에 중점을 두었다. 그동안 필자는 통일 교육 관련 강의나 연구 과정에서 두 가지 커다란 문제점을 인식하였다. 그 하나는 통일 교육의 내용으로 어떠한 것들이 언급되어야 하는가와 다양한 북한 및 통일 관련 내용이 통일 교육을 위해 필요에 따라 어떻게 새롭게 구성되어야 하는가를 지적한 강의서가 없다는 점이고, 다른 하나는 통일 교육의 체계화가 이루어지지 않고 있다는 것이다. 따라서 이 책은 통일 교육의 제도적 정착을 꾀하고, 통일 교육의 필요에 부응하려는 노력이라고 할 수 있다. 그러나 통일 교육과 관련한 선행 연구의 한계로 많은 미비점을 갖고 있다. 예를 들어, 통일 교육의 환경 관련성 연구라든지 통일 교육의 평가론 연구, 통일 교육의 정당화 논리에 대한 심도 있는 연구가 이루어지지 않았다. 이것은 통일 교육의 발전적 연구에 중대한 하자瑕疵가 되고 있다고 생각된다. 이것을 극복하기 위해 학계의 후속 연구가 이루어져야 할 것이다.

부족한 글이지만 이 책이 나오기까지 여러분들의 도움을 받았다. 가장 먼저 필자의 학문적 스승이신 서울대학교 정세구 교수님, 진교훈 교수님, 이용필 교수님, 이온죽 교수님, 전인영 교수님, 그리고 박효종 교수님, 박찬구 교수님, 학문적 동지들인 추병완 교수, 박병춘 교수, 차우규 교수, 정창우 교수, 정탁준 교수, 이우용 블라디보스톡 교육원장과 도덕과 임용경 교수를 필두로 하는 교과 교육팀을 생각하지 않을 수 없다. 그리고 이 책이 빨리 나오도록 관심을 가져주신 전남대학교의 문영식 교수님, 김영태 교수님, 선학태 교수님, 김기현 교수님의 배려와 성신여대 및 한양대의 여러 교수님들, 통일교육원의 원장님을 비롯한 여러분의 지원이 있었나. 특히, 사이버 통일교육과의 한허쥬 과장님과 박성우 사무관님, 천창기 사무관님의 지원에 깊이 감사드린다.

강의와 연구에 쫓겨 많은 시간을 같이 보내지 못하는 필자를 탓하지 않고 따뜻한 눈으로 지켜봐 준 가족들, 특히 좋은 소식을 기다리고 있는 아내 욱이와 아들 용하, 준하에게 이 책을 바친다. 끝으로 울력 출판사의 강동호 사장님께 더 없는 감사의 말씀을 드린다.

2006. 3

황인표

제1부
통일 교육의 기초적 이해

제1장

통일 교육의 현황

Ⅰ. 통일 교육의 여건 상황

1. 정치·사회적 상황

6·15 남북 공동 선언과 금강산 관광, 그리고 남북 스포츠 교류를 포함한 다양한 교류 협력의 활성화 이후, 북한 및 통일에 관한 문제가 그 어느 때보다도 사회적 관심을 끌고 있다. 그 가운데 차세대 통일 주역인 청소년들에게 통일과 북한 문제를 어떻게 교육하여야 할 것인가, 즉 통일 교육의 문제가 중요한 이슈로 등장하고 있다.

그 배경에는 최근의 연구 결과들에서 밝혀진 바와 같이 지금까지의 통일 교육이 다양한 통일 교육에 대한 수요를 충족시키지 못하였음을 지적할 수 있다. 청소년들의 특성이 과거와는 다른 양상을 보이고 있으며(함인희, 2002; 김경운, 2002; 이경상, 2002), 사회·경제적 관계와 남북 관계 및 국제 관계가 급격히 변하고 있는데, 그러한 변화를 충분히 수렴하지 못한 것이 중요한 요인이다(전인영, 2002a).

이와 함께, 청소년들의 통일 문제에 대한 필요성 및 정당성에 대한 조사 연구에 따르면, 청소년들의 통일 문제에 대한 무관심의 정도가 심히 우려할 만한 수준에 이른 것으로 보고되고 있다(민주평화통일정책자문회의, 청소년통일의식조사 2002, 2004 자료 참조). 그것은 독일의 통일 과정에서 나타난 혼란과 고통 분담에 대한 잘못된 인식에서 비롯된 것이라고 단순하게 결론짓기에는 너무도 심각한 문제이다.

정부는 이러한 문제의식과 통일 교육에 대한 변화된 수요를 어느 정도 충족하기 위해서 '통일교육지원법'(1999)을 통과시켰을 뿐만 아니라 체계적인 통일 교육을 위해 노력을 경주하여 왔다. 그러나 문제는 무엇을, 얼마나, 어느 정도로 가르쳐야 할 것인가에 대해서는 아직 합의에 이르지 못했다는 점이다. 특히, 청소년을 대상으로 통일 문제와 남북 관계를 교육할 때에는 일정한 원칙과 방향이 있어야 한다(이온죽, 1997). 그것은 시급한 일이고 중요한 일이다. 통일 교육에 대한 체계적인 이론이 필요한 이유가 여기에 있다. 여기에서 현재까지의 통일 교육의 역사에 대해 간단히 살펴보고자 한다.

해방 이후 우리나라의 통일 교육은 당시의 시대적 상황과 밀접한 관계가 있었다. 6·25라는 민족상잔의 비극은 우리에게 통일이 절실하면서도 동시에 이념적 한계를 지닌 문제임을 절감케 한 사건이었다. 이후부터 남북은 극한 대립 상태에서 체제 우위를 점하기 위해 경쟁적인 노력을 하게 되었고, 통일 교육은 실질적인 반공 교육으로 강화되었다.

그 후 이데올로기 차원에서의 접근이기는 하지만, 통일 교육이 교육 과정을 통한 체계적 교육의 모습을 띠게 된 것은 1970년대 중반 제3차 교육 과정기에 들어서면서부터라고 할 수 있다. '도덕'과 '국민윤리'를 독립 교과로 편성하고 통일 영역을 공식적으로 다루게 된 것이다. 그리고 통일 교육을 체계적으로 시행하기 위해서 서울대학교를 비롯한 전국의 국립 대학교에 국민윤리교육과를 설치하였고, 그것을 교육 과정에 반영함으로써 통일 교육이 교육 과정에 본격적으로 들어오게 되었다. 당시의 교육 내용은 이데올로기 및 안보 중심의 체제 비교 교육이었다. 즉, 그간의 통일 교육은 반공 교육, 적대 교육, 이데올로기 교육, 안보 교육 형태로 이루어져 오다가, 1990년대 초반 제6차 교육 과정기에 이르러 통일·안보 교육으로 그리고 제7차 교육 과정의 시행과 더불어 통일 교육으로 변화하였다(황인표, 2002a; 박찬석, 1998).

현재 진행되고 있는 객관적 이해 중심의 통일 교육, 사회·문화적 접근 중심의 통일 교육은 1990년대 후반 국민의 정부 시대에 이르러 정부의 지원 속에 본격적으로 이루어지기 시작했다. 그러나 통일 문제 및 북한에 대한 관점 정립이 아직 사회적 공감대consensus를 이루고 있다고 보기는 어렵다. 국민의 정부 후반기부터 통일 문제에 관한 우리 사회의 최대 이슈는 '남'남 갈등'으로 표현되는 이념 대립이었다. 그것은 정치적 상황과 역사적 경험이라는 사실 관계에 의해 더욱 첨예하게 나타났다고 볼 수 있다.

물론, 통일부는 『통일 교육 기본 지침서』를 비롯한 통일 교육 관련 안내서를 제작·보급하면서 통일 교육의 기본 방향을 제시하여 왔다. 그러나 그것은 교육적 이론 틀 속에서 체계적인 내용 체계를 갖춘 것으로 보기에는 다소 미진한 점이 없지 않다. 그것은 경우에 따라서 이데올로기 교육의 연장선상에 있는 것으로 치부되어 배척되기도 하였다.

한편, 통일 교육은 규범적 의미 그 자체에 의해서 정당화되기도 하지만, 교육이 사회의 제 영역과 무관하지 않은 연결 고리 속에 있다는 사실과 관련하여 생각할 때, 국가적, 민족적 사명이라는 틀 속에 정치·경제·사회·군사·종교 등 여타 영역의 사회적 맥락과 연결되어 있다.[1] 다시 말해, 정치적 상황, 경제적 여건, 사회 문화적 분위기 속에

---

1) 황정규는 '교과 교육학 정립의 필요성'에 대한 압력이 증대되고 있다고 하면서 그에 대한 두 가지 상황적 조건을 지적하고 있다. 첫째, 중등학교 교사 양성을

서 적절한 형태의 통일 교육의 필요성이 정당화된다.

어떤 교과(통칭적 의미의 교과)의 수단적 또는 도구적 정당화는 주의해야 하는 부분이 있다. 도구적 정당화는 특정 교과를 본질적으로만 정당화하는 경우의 문제점을 어느 정도 보완해 주는 장점이 있다. 교육을 삶의 전체적 맥락에서 분리시키고, 다른 제도적 부분으로부터 고립시키는 결과를 가져올 수 있는 것이다(이돈희, 1994, pp. 26-7). 하지만, 교육이 그 자체의 가치와 관계없이 수단적으로만 고려되기 때문에 교과 운영이 목적에 따라 계획되고 조종되어 일관성을 상실할 가능성이 있다. 통일 교육의 역사를 보면, 당시 국내 정치 및 국제 정치의 상황이나 경제적 여건, 이데올로기의 편향에 따라 전혀 다른 모습을 띠게 되었던 것은 이 때문이다.

국민의 정부 이후 통일 교육은 남북 관계 변화의 영향으로 새로운 전기를 마련했다. 특히, 2000년 남북 정상 회담을 계기로 평화 공존을 위한 화해 협력은 우리에게 사회 문화적 접근을 통해 동질성 회복을 추구하는 통일 교육을 가능케 하였다. 비록, 자유 민주주의 이념의 관점에서는 상당한 갈등적 요소를 내포하고 있지만, 한편으로 민족 통합을 위한 분명한 비전을 구체적으로 제시할 수 있는 단계에 도달하였다고 할 수 있다.

그러므로 현시점은 종래의 통일 교육 논의를 포용할 수 있고 미래의 통일 교육의 나아갈 길을 제시할 수 있는 새로운 통일 교육의 체계를 모색해야 할 때라고 하겠다. 통일과 통일 교육의 문제는 깊은 연관을 가지고 있으면서도 한편으로 서로 다른 대상을 영역으로 하고 있기 때

목적으로 하는 직전 교육이 지니는 특수성과 그것으로 인한 역할 갈등에서 비롯되는 압력을 지적한다. 교직의 정체성과 전문성을 요구하는 시각 전환에 대한 강력한 압력이 그것이다. 둘째, 한국의 현대 사회가 교직에 요구하는 압력을 수렴해야 할 상황적 조건을 고려해야 한다는 것이다(황정규, 1994, pp. 37-9 참조).

문이다. 통일 교육은 '통일' 문제에 대한 '교육'이므로 교육학적 틀 속에 교육 이념과 목표, 내용 체계, 지도 방법 및 평가의 방향이 정립되어야 하며, 내용 범위에서의 관련 학문 분야별 접근, 기초 이론에 대한 탐색 등이 이루어져야 한다.

2. 통일 교육 수요자의 의식 현황

반세기가 넘는 분단 기간 동안 통일 교육 수요자에게 새로운 문제점이 노정되었다. 그동안의 통일 교육 수요자들에 대한 조사 결과를 보면, 북한에 대한 인식과 통일 문제에 대한 관심이 현저히 떨어지고 있음을 일 수 있다. 이것은 교육 수요자들에게 북한 및 통일 문제에 대한 인식과 관심을 제고하기 위해 통일 교육이 절실함을 말해 준다. 특히, 청소년 통일 의식 조사 결과는 대체로 청소년들이 '통일에 대해 무관심하다,' 또는 '통일을 귀찮고 힘든 것'으로 인식하고 있다는 것을 보여 준다(길은배, 2002; 민주평화통일정책자문회의, 2002-2004). 이것은 통일 교육이 미래의 과제가 아니라 당장의 과제임을 보여 주는데, 청소년은 미래 통일 시대의 주역이기 때문이다.

한편, 이것은 통일 교육 대상자의 특성을 파악할 필요가 있음을 제시하는 것이기도 하다. 우리가 통일 교육을 시행할 때, 그 대상들이 어느 눈높이에 있는가를 아는 것은 대단히 중요하다.

최근 몇 년간 통일 교육 수요자들(주로 학생)의 요구를 분석 정리한 자료에 의하면, 그들은 다음과 같은 다양한 특성을 보이는 것으로 나타났다.[2] 다만, 아쉬운 점은 왜 그러한 결과가 나타났는지 그리고 어떻게

---

2) 길은배에 의하면, 이러한 설문 결과는 민주평화통일정책자문회의 사무처 시행 8건, 한국교육개발원 시행 1건, 한국청소년학회 시행 1건, 한국청소년개발원 시행 3건 등 최근 5년간 실시된 13건을 중심으로 분석한 결과라고 한다. 이 책에

하면 그러한 상황을 벗어날 수 있는지에 대한 방향 제시가 미진하다는 점이다. 이 책에서는 실태 파악을 위해 통일 의식의 내용을 요약하여 제시함으로써 통일 교육을 실시하고자 하는 교육자들에게 통일 교육의 필요성에 대한 정당화의 논거로 활용하고자 한다. 그 내용을 간단하게 소개하면 다음과 같다.

첫째, 통일 문제에 대한 시각과 인식에 있어서 청소년층 내부에도 성인 사회 못지않은 다양성이 존재한다는 사실이다. 분단 상황에 대한 인식, 통일의 당위성에 대한 응답 결과를 보면, 성별·사회 계층별로 통계적으로 유의미한 차이가 나타나는데, 여자보다는 남자, 중·하위 계층 청소년보다는 상위 계층 청소년의 통일 지향 의식이 현격하게 높은 것으로 나타났다.

둘째, 통일에 대한 무관심, 부정적 시각이 증대하였다는 사실이다. 무엇보다 심각한 것은 이러한 시각이 지속되고 있다는 점이다. 통일의 당위성 문제에 대해서는 대다수의 청소년이 찬성하지만, 약 1/4의 청소년들은 현상 유지 또는 반대 입장을 취하거나 모르겠다고 응답하고 있다. 또한 현실적으로 통일이 불가능하다고 응답한 청소년도 평균 7명 중 1명에 달하고 있다.

최근 조사된 민주평화통일정책자문회의의 청소년 통일 의식 조사 보고서(2004. 9)는 그러한 경향을 더 강하게 보여 주고 있는데, 응답자 10명 중 6명 이상(62.3%)이 반드시 통일이 되어야 한다고 하였으나, 통일에 무관심한 응답자도 10명 중 1명 꼴(9.6%)이고, 통일이 되지 않고 현 상태를 유지하여야 한다거나 통일이 되지 말아야 한다는 응답자도 10명 중 3명 꼴(현 상태 유지 24.6%, 통일 절대 반대 3.5%)로 나타났다.

인용된 부분은 필자가 이를 다시 정리하고 여기에 2004년 9월의 민주평화통일정책자문회의에서 실시한 「청소년 통일 의식 조사 보고서」를 첨가한 것이다.

기성세대와는 달리 남북 분단과 관련된 직접적인 체험이 없고, 사회적·경제적 쟁점보다는 학업이나 문화·여가 활동에 더 관심을 갖는 것이 청소년기의 일반적 특성임을 감안할 때, 예상 가능한 응답 결과로 볼 수 있다.

셋째, 북에 대한 적대 의식이 우월 의식과 배타 의식으로 대체되는 경향을 띤다는 사실이다. 1998년 한국교육개발원 설문에서 북한 주민을 '우리와 같은 동포'로 생각하는 비율은 45.9%에 그친 반면 '불쌍한 사람'이라는 인식은 49.4%에 이르고 있다. 한국청소년상담원 설문에서도 북한에 대한 이미지가 '촌스럽다'는 반응이 73.4%, '측은하고 불쌍하다'는 반응이 48.9%에 이르고 있다. 이는 청소년들의 대북 적대 의식은 줄어들고 있는 반면, 대북 우월 의식과 배타 의식은 급속히 증대되고 있음을 시사한다.

넷째, 북한 청소년에 대한 이미지가 긍정적으로 변하고 있다는 사실이다. 2000년과 2001년에 실시한 한국청소년개발원의 조사 결과를 보면, 우리 청소년들이 북한 청소년에 대해 갖고 있는 인간적 이미지는 '우울'하고 '무뚝뚝함'도 있지만, 남한 청소년들보다 '부지런함,' '조용함,' '겸손함,' '영리함'의 측면에서 앞서 있다고 평가하였다.

물론, 북한과 북한 청소년에 대한 정보·지식이 취약한 상황에서 이와 같은 긍정적 이미지는 과거 체제 경쟁의 과정에서 조장된 허구일 가능성도 배제할 수 없다. 하지만 우리 청소년들이 북한 청소년들을 적대적 존재가 아닌 동등한 파트너로 인식하고 있다는 점은 중요하다.

분단으로 인한 갈등과 대립의 체험에 얽매여 있는 기성세대와는 달리 청소년들은 선입견과 편견 없이 북한 청소년과 마주하여 대화할 수 있는 능력과 자세를 갖추고 있다고 판단할 수 있다.

다섯째, 남북한 교류·협력 사업에 대한 높은 관심과 참여 의지를 표출하고 있다는 사실이다. 남북한 간의 청소년 교류가 통일에 긍정적인 영향을 미치리라고 응답한 청소년이 평균 80%에 이르렀고, 실제로 남북한 청소년 교류 사업이 시행된다면 참여하겠다고 응답한 청소년이 평균 60%를 넘고 있다. 이 설문에 대한 해석 역시 사회 문화적 분위기에 따른 청소년의 일시적 호기심이 표출된 것으로 파악할 수 있다.

이와 같은 응답 비율은 통일에 대해 무관심하거나 소극적인 입장에 있는 청소년들 중에서도 상당수가 남북한 청소년 교류에 대해서는 긍정적인 태도를 취하고 있음을 의미하는 것으로 시사하는 바가 크다.

여섯째, 현행 북한 관련 교과 내용에 많은 불만을 느끼고 있고, 북한 관련 지식·정보를 얻는 데 있어서 학교 수업보다는 대중 매체에 더 의존하는 경향을 보이고 있다는 사실이다. 북한 관련 교과 내용이 미흡하다고 생각하는 청소년이 평균 70%를 넘고, 북한 관련 지식·정보의 원천으로서 텔레비전, 신문, 인터넷을 지적한 청소년이 학교 수업을 지적한 청소년 비율보다 월등히 높다.

현대 사회에서 청소년에 대한 대중 매체의 영향력이 급격하게 증가하고 있는 것을 감안하면, 이와 같은 경향은 필연적인 추세라고도 할 수 있다. 하지만 상업성이나 선정성이 만연하고 있는 대중 매체의 속성상 청소년들이 텔레비전, 신문 등을 통해 북한·통일 문제에 대해 건전하고 체계화된 정보를 얻는 데는 한계가 있다는 점에 주의하여야 할 것이다.

이와 같은 청소년들의 의식 특성을 통하여 볼 때, 현재 우리나라에서 통일 교육 내용의 주를 이루고 있는 '이해 교육'은 조속히 그 단계를 넘어서야 할 필요가 있다. 청소년들의 통일에 대한 무관심과 통일 회피 및 부정론은 체계적인 통일 교육의 필요성을 암시한다고 할 수 있고, 청소년들이 북한 주민이나 북한 청소년들에 대해서 느끼는 '우월 의식' 및 '배타 의식'은 민족 통합 과정에서 나타날 수 있는 문제들을 시급히 해결해야 한다는 것을 보여 주는 것이라 할 수 있다.

독일의 예를 보아도 체계적 통일 교육의 필요성은 명확하다. 독일의 『의회』지에 소개된 바와 같이, "옛 공산주의 체제의 유산이 마치 폐허와 다름없이 형편없이 망가진 상태일 것이라고는 생각하지 못했다. 그러나 무엇보다도 심각한 문제는 정신적인 부분에서 나타났다"는 표현에서도 체계적 통일 교육의 필요성을 볼 수 있다(게하르트 미켈스, 2000. 11). 독일 통일 과정에서 가장 큰 판단 착오는 내적 통합이 경제적 통합으로 완성될 것이라고 생각한 것이다. 그 결과 동독인들의 '오스탈지'는 여전히 해소되지 않고 있다.[3] 독일 통일 10년에 대한 설문 조사 결과에서 동독인들은 동독 멸망의 원인이 사회주의의 실패에서 기인한다기보다(1990년 24%에서 2002년 22%)는 당시 동독 정치가의 무능력(1990년 71%에서 2002년 72%)에서 기인한다고 보는 것은 시사하는 바가 크다(이봉기, 2000).

마지막으로 고무적인 사실 하나를 언급하고자 한다. 최근 민주평화통일정책자문회의에서 실시한 「청소년 통일 의식 조사 보고서」에서 '초·중·고의 교과목으로 통일 과목이 신설되는 것'에 대해서 '찬성한다'는 의견이 '반대한다'는 의견보다 두 배 정도 높게 나타났다는 사실이다. 통일 교육에 대체로 만족하지 못하고 있으나(69.3%), 그 이유로 '수업 시간에 다루지 않아서'(36%)라는 답이 많은 것은 교과목의 필요성을 수요자 측에서 요구한 것으로 볼 수 있다. 2004년 열린우리당 배기선 의원 등이 발의한 '통일교육지원법 개정안'에 통일 교과목을 신설하여야 한다는 내용이 들어간 것은 그러한 의미의 일부로 볼 수 있다(실제로는 그 의도가 반영되지 못했다).

이와 더불어 최근 통일부의 통일 교육 담당 부서는 '통일교육지원법 개정안' 제안 논의 가운데 통일 교육의 근거가 되고 있는 제3조의 내

---

3) '오스탈지Ostalgie'란 동독이 붕괴하고 10년이 지난 후에도 동독인들 사이에 동독에 대한 향수가 존재한다는 의미로 사용된다(이봉기, 2000).

용을 좀 더 구체적으로 명시하여 통일 교육을 교육 과정 안에 포함시키려고 노력하였다(통일교육지원법 참조). 그러나 교육부와 일부 학교 현장에서 제기한 현실적 이유 때문에 교육 과정에 포함시키려는 문제는 보류되었다. 하지만 그간의 통일 교육의 문제점을 극복하고 통일 교육의 객관성 및 중립성과 전문성을 확보하기 위해서는 전향적인 검토가 필요하다.

II. 우리나라 통일 교육의 실태

1. 학교 통일 교육의 실태

그동안 통일 교육의 내용에 대해서 상당한 논의가 있었다. 통일 교육의 주요 임무를 담당해 온 초·중등 도덕 윤리과에서는 민족 공동체 교육, 안보 교육, 민주 시민 교육의 이름으로 통일 교육을 추진하였고 (정세구, 1996; 정세구 외 3인, 1999), 최근에는 북한 이해 교육, 평화 교육, 민족 공동체 교육이라는 명칭을 사용하고 있다(한만길, 1997). 또한 일부의 논의 중에는 통일 교육을 평화 교육의 하위 영역으로 하여야 한다는 주장까지 나오고 있다. 우리나라의 실정에 부합하지 않는 이러한 평화 교육 중심의 통일 교육 논의는 우리의 현실을 간과할 우려도 없지 않다. 물론 평화 교육은 중요하고 그 성과를 통일 교육에 활용하여야 할 것이나, 교육 목적의 우선순위를 바꾸는 것은 교육 이론의 틀을 근거로 하여야 하며, 그러한 주장에 대한 명확한 근거 확립도 중요한 과제라고 하겠다.

1990년대의 통일 교육 실태에 대한 평가를 교육 내용, 교육 기관,

교육 대상 등의 방향에서 살펴보면, 그 내용을 다음과 같이 정리할 수
있다(김도태, 1996). 첫째, 그동안 통일 교육은 과거 지향적·정태적인
것이었다. 둘째, 통일 교육은 지나치게 정치·군사 분야 중심으로 불균
형하게 실시되어 왔다. 셋째, 통일 문제의 폐쇄적 민족주의화 시도로
말미암아 한국 사회의 국제 사회로의 진입에 장애를 초래했다. 넷째,
통일 교육 기관의 경직된 운영에서 획일화된 통일 교육이 실시되었다.
특히, 정부 주도의 통일 교육 기관이 정부와 시민 사회의 인식 차이를
종합적·포괄적으로 수용하지 못해 통일 교육을 때로는 전체주의적·
권위주의적 독재 체제의 유지 수단으로 전락시켰다. 이념 중심 교육과
배타적 민족주의 개념을 바탕으로 한 절대주의적 통일 교육이 실시됨
으로써 시민들의 계층화 현상에 대한 대비책을 마련하지 못했다. 또한,
「통일 안보 교육 지침서」는 다음과 같이 분석하기도 하였다. "자본주
의 체제의 우월성, 공산주의 체제의 허약성, 북한 주민의 어려운 생활
실태, 북한 통일 노선의 불합리성과 우리 정부의 통일 노선의 합당성,
미군 주둔의 필요성, 매판 자본론 등 현대 급진 사상의 위험성을 싣고
있다. 이것을 보면 통일 안보 교육이 반공 교육의 포기를 의미하는 것
은 아니다"(이인규, 1990).

  국민의 정부 이후 통일 교육 영역에서는 교육 형태에 대한 변화의
요구가 높았다. 즉, 통일 교육이 체제 중심 교육에서 사회 문화적 접근
교육으로, 체제 우위 교육에서 상대방(북한) 이해 교육으로 변화를 꾀
하여야 한다는 요구였다. 현재 통일 교육의 형태는 그러한 요구를 수용
하여 상당한 정도의 변화를 가져왔다.

  그러나 여전히 많은 문제가 해결되지 않은 채 남아 있다. 통일 교육
의 저변이 확대되었다고는 하나 그 영역은 일부에 불과하고, 통일 내용
이 중요하다고는 하나 일부 교과(주로 도덕과)에 반영되어 있을 뿐이다.
통일 교육은 여전히 입시 교육에 밀려 있는 실정이고, 통일 교육 문제

에 대한 사회적 지지도도 높지 않다. 교육 수요자들(학생들)의 통일 교육에 대한 만족도도 높지 않은 것으로 조사되고 있다. 이러한 문제점들을 구체적으로 살펴보자.

우선, 학교 통일 교육의 문제점을 살펴보면, 우리나라의 통일 교육이 시대와 상황에 따라 반공 교육, 승공·통일 교육, 통일·안보 교육, 통일 교육으로 변모해 오면서, 주로 통일 정책의 홍보나 체제 이념의 우위를 입증하는 내용이 주를 이루었고, 교수 방법에 있어서도 교사의 설명에 의한 일방적 교수 방법이 사용되어 왔다. 그러므로 그 내용의 중요성 여부를 떠나서 학생들은 학교에서 실시되는 통일 교육에 대해 다소 무관심한 입장을 취할 수밖에 없었다. 이러한 상황에서 학교 통일 교육의 문제점은 크게 네 가지였다. 첫째, 교육 과정상의 문제였고, 둘째, 교수-학습 방법상의 문제였고, 셋째, 통일 교육 담당자들의 의식 문제였고, 넷째, 학교 통일 교육의 지원 문제였다(황인표, 2002a).

그러나 1999년 8월 통일교육지원법 통과 이후 이러한 문제점들은 상당 정도 개선되고 있다. 교육 과정상의 문제는 당장 개선할 수 있는 것은 아니지만, 때마침 제7차 교육 과정에 맞춰 통일 관련 내용을 시대의 조류에 맞게 조정할 수 있었다. 또한, 통일 교육의 지원 체제는 '통일교육지원법'에 의거하여 큰 틀에 있어서는 상당한 장애를 제거하는 수준에 이르렀다. 물론, 구체적인 지원 체제에 있어서는 학교에 따라 그 적용도에 차이가 있다. 일선 통일 교육 담당 교사들의 의식 문제는 통일교육원과 유관 교육 기관의 지속적인 연수와 통일 필요성에 대한 교원들의 의식 제고로 상당한 변화가 이루어졌다고 할 수 있다. 그러나 이 역시 젊은 교사들 중심의 부분적 변화일 뿐 전체적인 변화라고 보기에는 아직 섣부른 감이 있다.

교수-학습 방법을 개선하려는 노력은 꾸준히 전개되었다. 사실, 학교 통일 교육에서 학생들의 흥미를 유발할 수 있는 교수-학습 방법이 무엇보다 중요하다. 이와 관련하여 다행스러운 것은 통일 교육 관련 학자들과 현장 교사들의 많은 노력으로 상당한 진전이 이루어지고 있다는 것이다(정세구 외 3인, 1999; 오기성 외 3인, 2001; 교육인적자원부, 2002; 서울시교육과학연구원, 2003 참조). 그러나 이에 대해서도 만족스러운 진전을 이루었다고 보기는 어렵다.

그러나 통일 교육에서 양적·질적 확대의 문제, 통일 교육 시행에 대한 정책적 문제(교육 과정에의 반영 및 국가의 개입 여부 등), 통일 교육에 대한 국민적 합의의 문제 등에 대해서는 아직 명확한 해결책을 찾지 못한 것 같다. 최근에 중요한 관심 대상으로 떠오른 "통일 교육에 방향성을 부여할 것인가의 문제" 등도 아직 합의되지 않고 있다. 통일 교육을 시행하는 현장의 어려움은 애매한 가치 판단 상황을 학생들 또는 일반 시민들에게 어떻게 제시할 것인가에 대한 일반적 지침의 부재에 있다. 이러한 문제들은 근본적이고도 당면한 문제라고 할 수 있다.

현시점에서 통일 교육의 체계화가 필요한 이유는 과거의 통일 교육이 소정의 성과를 거두지 못했기 때문이라고 하겠다. 2000년 이전의 통일 교육에 대한 반성은 곳곳에서 이루어졌다(김도태, 1996; 이인규, 1990 참조). 그 후 각급 통일 교육 관련 연구 기관에 의해 자료가 보급되고 교사 연수가 병행되었으나, 통일 교육 대상자들은 그러한 변화를 피부로 느끼지 못하고 있다. 통일 교육에 무관심한 층은 여전히 상당수 존재하고 있으며, 그들은 통일 교육에 대해서 대체로 만족하지 못하고 있는 것으로 드러나고 있다.

실제 조사 자료를 보면 더욱 명확하다. 민주평화통일정책자문회의의 설문 조사 결과 추이를 보면(2002-2004), 2002년 처음 조사했을 때, 학생들은 통일 문제에 대해서는 어느 정도 인식하고 있는 것으로 응답했으나(75%), 정작 통일 문제에 대한 관심은 많지 않은 것으로(44%) 나타났으며, 60% 이상의 학생이 학교 통일 교육에 대해서 유익하지 못하다고 응답했다. 그런데, 2004년 조사에 의하면, 통일에 대해서 부정적 입장을 가진 학생이 10명 중 4명(37.7%)이었고, '학교 통일 교육에 대해서 만족스럽지 못하다'고 응답한 학생도 69.3%에 이르렀다. 그 이유로 수업 방식이나 교사의 설명에 불만이 있다고 한 경우가 48.9%였다.

이러한 점을 고려하면, 통일 교육의 체계화는 시급한 과제가 아닐 수 없다. 통일 교육 내용뿐만 아니라 통일 교육 교수-학습 방법과 교사 교육의 전문화와 체계화도 동시에 서둘러야 할 문제이다. 이러한 모든 문제를 포괄하여 해결할 수 있는 첩경은 바로 통일 교육의 이론적 체계화와 그것을 정책적으로 지원하는 것이다.

특히, 통일 교육에서 달성하고자 하는 통일 의식의 형성은 유아 때부터 체계적으로 이루어질 필요가 있다. 통일 교육 수요자들에 대한 철저한 분석 위에 통일 교육의 목표와 내용 체계를 구성하는 것은 당연하다고 하겠다. 이를 위해서는 통일 교육에 대한 심리학적 접근이 필요하다. 한편, 설문 조사를 통한 심리학적 접근이 나름대로 활기차게 진행되고 있기는 하나, 이러한 연구 성과를 토대로 발전적인 연구 개발이 병행되어야 한다. 예를 들면, '통일 지수'의 개발 같은 연구가 이루어져야 할 것이다.

2. 통일 교육의 유형

현재 통일 교육은 '북한 이해 교육,' '생활 문화 중심 교육,' '통일 준비 교육,' '화해 협력 단계의 통일 교육'으로 이루어져 있다. 이것은 과거의 '체제 우위 교육,' '이데올로기 중심 교육,' '적대 교육'에 대칭되는 것으로서 변화된 사회 환경을 반영하는 것이라고 할 수 있다. '북한 이해 교육,' '생활 문화 중심 교육,' '통일 준비 교육,' '화해 협력

단계의 통일 교육'이 적절한 형태로 실시되는 학교 통일 교육의 유형
및 사회 통일 교육 유형을 살펴보면 다음과 같다.

(1) 학교 통일 교육과 사회 통일 교육

원칙적으로 학교 통일 교육과 사회 통일 교육 유형에는 차이가 있을
수 없다. 그러나 통일 교육이 실시되는 환경과 자료 및 대상의 차이로
인해서 통일 교육 유형의 활용도 면에서는 차이가 날 수 있다. 예를 들
어, 교과를 통한 통일 교육은 학교 통일 교육의 유형으로는 적합하나
사회 통일 교육의 유형으로는 적합하지 않을 수 있다. 한편, 행사성 통
일 교육은 많은 부분에서 공동의 유형에 속할 수 있으나 학교에서는
시간 및 장소성의 장애로 사용이 원활하지 않을 수 있다.

(2) 실천 중심의 통일 교육 유형

(가) 체험 중심의 통일 교육

현재, 상당수의 학교에서 직접·간접의 체험 중심 통일 교육이 실시
되고 있다. 독일의 예에서 보듯이, 남북 통합을 위해서 가장 중요하고
도 필요한 방법이 바로 이 체험 중심의 교육이다.

백두산 기행, 금강산 탐방(시 교육청 수준), 겨레 사랑 통일 캠프(차이
와 차별의 극복), 전방 체험 행사, 탈북자 초청 강연(학생들과 나이 차이
가 없는 최근의 북한 이탈자), 북한 동포 이해를 위한 기아 체험 행사,
통일 문제 역할극, 통일 전망대 방문, 북한관 방문 등이 활용되고 있다.

다만, 현재의 체험 중심 통일 교육은 다소 피상적이거나 간접적일
수밖에 없는 한계가 있다.

(나) 행사 중심의 통일 교육

시범학교나 일선 학교에서 가장 많이 사용하고 있는 통일 교육 방법이고, 실제로도 쉽고 간편하게 행할 수 있는 방법이다.

CA 시간(통일 연구반, 통일 영상반)을 활용한 캠페인 활동, 축제 기간의 전시회, 사진 전시, 게시판을 통한 언어 게시, 통일 자료실의 자료 열람 및 비치, 통일 백일장, 북한 학생에게 편지 쓰기, 통일 마라톤 행사, 통일 퀴즈 대회, 통일 신문 만들기, 통일 김밥 만들기, 각종 지방 자치 단체 및 통일 유관 단체의 통일 행사 참여, 북한 동포 배려(북한 어린이 돕기 행사, 탈북자 생활 실태 이해) 행사, 교육 자료를 통한 자료 교육 등이 활용되고 있다.

이러한 행사 중심 통일 교육은 붐을 조성하고 관심을 불러일으키는 데는 유용하나, 지속적인 교육 효과를 가져 오는가에 대해서는 의구심이 든다.

(다) 교육 과정에서의 통일 교육

도덕 윤리과 및 사회과(국어과에서는 북한 언어를 다루고 있음)처럼 통일 관련 내용이 들어 있는 과목에서는 수업 시간에 통일 교육을 진행할 수 있다. 그러나 교과 과정을 통한 통일 교육은 평가 문제와 입시 문제로 인해서 그렇게 활발하게 진행되고 있지는 않다(중학교는 이 문제로부터 자유로운 편이기 때문에 상대적으로 통일 교육이 잘 진행되고 있다).

실제 수업 시간에 활용되고 있는 것으로는 협동 학습을 통한 통일 교육, 포트폴리오portfolio를 이용한 통일 교육, 차이와 차별에 대한 문화 이해지 교육, 수행 평가 형식을 활용한 신문 스크랩이나 자료철 형식의 교육, 인터넷 자료를 재구성하는 수업, NIE, 마인드맵을 이용한 교육 등이 이루어지고 있다.

최근 민주 시민 교육, 공동체 교육, 평화 교육, 다문화 교육 등이 민족 통합 교육으로서 관심을 끌고 있으며, 2002년부터는 재량 시간을 통해서 이러한 교육 내용이 실시될 것으로 예상된다.

(라) 매체를 이용한 통일 교육

최근 학생 세대를 영상 세대 또는 N세대라고 하는데, 이에 초점을 맞추어 KBS 등의 정규 방송을 이용한 통일 교육(북한 이해 교육), 각종 북한 관련 자료를 재구성한 매체 이용 교육, 영상 매체를 활용한 통일 교육(영화 보기: 북한 자료 센터 방문 — 아직은 장소 제한이 많다), 인터넷의 각종 사이트를 이용한 통일 교육 등이 이루어지고 있다.

또한 교사들은 정보를 공유하고, 자료의 효율적 이용을 위해서 많은 연구회 등을 만들어 활동하고 있다. 통일을 생각하는 교사들의 모임, 서울 초·중·고 통일교육연구회, eschool의 통일교육연구회, 인천지역 통일교사모임, 지구별 통일교육모임 등 전국적으로 지역에 맞는 나름의 통일 교육 연구회들이 활성화되어 있다.

(마) 사회 통일 교육의 활성화 필요

통일 및 북한 문제의 특성상 각급 학교에서의 교육도 중요하지만, 지역 사회와 가정, 사회 기관과 연계한 통일 교육도 중요하다. 청소년은 나이가 어릴수록 학교에서 배우는 것과 가정 및 사회에서 배우는 것에 괴리를 느낄 때 가치관의 혼란을 겪는 경우가 많다. 특히, 청소년의 또 다른 가치관 형성에 영향을 미치는 주부를 대상으로 한 교육과 청소년과 부모가 함께 하는 교육이 필요하다.

이러한 통일 교육은 국가나 정부가 주도하는 것보다는 시민 사회 단체가 주도적으로 시행하면서 여론을 형성하는 것이 중요하다. 이러한 방식이 필요한 이유는 정부의 정책 입안자들이 자주 바뀜에 따라 정책의 일관성을 상실할 수 있는데, 객관적이고 중립적이며 비정치적인 시민 사회 단체가 그 역할을 맡음으로써 혼란을 피할 수 있기 때문이다. 독일의 시민 정치 교육 센터인 폴크스 호흐 슐레Volks Hoch Schule의 사례를 보면, 주민 생활 영역 내에서 운영되는 사회 교육 기관의 성과는 매우 큰 것으로 나타나고 있다. 우리나라에는 시·군·구 단위로 '시민 문화 회관'이 건립되어 있으므로, 우리로서는 이 기관을 활성화해 볼 수 있을 것이다.

또한, 학교의 통일 교육이 나름의 역할을 한다 하더라도, 각종 행사성 통일 교육을 하는 데는 한계가 있다. 청소년들을 대상으로 하는 캠페인성 또는 행사성의 통일 교육은 사회 기관에 위탁하는 방식을 활용할 수 있을 것이다. 따라서 현재의 통일 교육의 폭을 좀 더 넓히려고 한다면, 사회의 각종 시설과 인원, 장비가 동원된 통일 교육이 이루어져야 한다.

제2장

통일 교육론의 체계 구조

I. 교과 교육학의 관점에서 본 통일 교육 체계

통일 교육도 교육인 이상 교육 현장에서 교육 목적을 달성하기 위해 교육학적 연구 성과를 활용하여야 한다. 그중에서도 교육 영역에 따른 적합성과 관련하여 교과 교육에 관한 연구 결과는 중요한 시사점을 주고 있다. 일반적으로 교과 교육은 "학교 교육 과정에 담긴 교과의 내용을 가르치기 위한 방법적 원리에 관한 것"으로 규정하고 있다.

교과 교육학에 대한 이러한 정의에 따르면, 교과 교육학은 종래의 교과 교육학, 협의의 교과 교육학, 방법 중심적 교과 교육학으로 나눌 수 있다(박순경, 2001, pp. 11-28 참조). 물론, 이 책의 방향을 이해하기 위해서 전제하여야 할 것은 '통일 교육'은 '독립 교과'가 아니라는 사실이다. 그러나 통일 교육이 학교 또는 사회 교육 현장에서 '교육'의 형태로 이루어진다는 점에서, 그리고 그 체계화의 이론적 근거를 교과 교육학에서 가져온다는 점에서 논의의 편의상 교과에 준하여 이론적 체계화를 논할 것이다. 통일 교육은 도덕과道德科 교육에서 주로 다루어지고 있으나, 도덕 교육의 이론적 체계와는 상당히 다른 형태를 띠고 있다. 이 점에서 이론적 체계화 논의가 의미를 갖는다고 생각된다. 그러나 이것은 도덕 교육의 이론적 근거를 통일 교육에 활용하는 것과는 별개의 문제라는 것도 밝혀 둔다.

그러나 이러한 정의는 최근 새로운 논의에 의해 대체되고 있는 상황이다. 협의의 교과 교육학의 이론 구조를 취하느냐 또는 새로운 교과 교육학의 이론 구조를 취하느냐 하는 것은 교과 교육학의 논의에 아주 중대한 차이를 가져올 수 있다. 교과 교육학이라는 학문 체계가 갖추어야 할 구성 요소에 커다란 차이를 가져오기 때문이다. 이것은 한편으로 각각의 교과 교육학이 독립적 학문으로서의 독자성을 가지느냐 하는 문제와도 직결되는 중대한 문제라고 하겠다.

기존의 교과 교육학은 교과와 교육을 분리하고 있는데, 교과는 학교에서 실행되는 내용 영역으로, 교육은 가르치는 방법의 영역으로 간주하였다. 이러한 전제에서는, 교과 교육학은 중심 영역이 전혀 다른 툴tool에 의해 움직였다. 즉, 전통적 교과 교육학에서는 내용에 관한 연구가 가르치는 방법과 크게 상관없이 이루어지고, 반대로 가르치는 방법에 관한 연구도 내용의 성격과 관계없이 이루어질 수 있었다(박순경, 2001). 이러한 관점에서는, 교과 내용은 기초 학문의 과제이고, 방법은 교육학의 과제가 되는 것이다.

이러한 구조와 기능 분리에 의한 교과 교육학은 그 학문의 발전을 저해하는 요인이었고, 그 연구 대상을 제한하는 것이었다(김종건, 1993). 이러한 인식이 그동안 교과 교육 연구의 주류를 이루었고, 상당수의 교과 교육학 연구자들은 아직도 이러한 입장을 취하고 있다(윤희원, 1994; 권오량, 1994 등). 이러한 기존의 교과 교육학은 다음의 전제를 염두에 두고 논의를 전개하고 있다. 첫째, 교과 교육학은 교육학과 기초 학문이 산술적으로 종합된 교차점에 자리하고 있다. 둘째, 실천적 효율성을 강조한다. 교과 교육학은 왜, 무엇을, 어떻게 그리고 그 관계를 처방하는 관점에서 구조화되어 온 것이다. 셋째, 실증적 관점에서 이론화되고 있다. 넷째, 교육 목적을 위한 수단으로 정의되고 있다(박순경, 2001).

이러한 관점에서의 교과 교육학은 '교과 교육학의 개념적 구조'와 '교과 교육 과정의 구성 요소'의 개념이 혼용되고 있다. 이것은 교과 교육학이 교과 교육이 이루어지는 절차를 중심으로 구조화되었으며, 가르쳐야 할 교과가 주어져 있는 한 교과 그 자체에 대한 비판적 성찰의 필요성과 가능성은 부각되지 않기 때문이다. 따라서 그 자체의 언어적 구조나 공리성도 가질 필요가 없다. 교과 교육학이 하나의 학문이라면 1) 탐구 대상, 2) 그 대상을 탐구하는 도구로서의 독자적 언어, 3) 그 대상에 대해서 서술하거나 설명하는 명제들을 조직하는 논리적 형식, 4) 그 대상을 탐구하는 방법적 원리와 규칙을 가져야 한다(이돈희, 1994). 하지만 협의의 교과 교육학은 이러한 문제에 대해서 깊이 관심을 갖지 않는다. 이들의 관점을 도식화하면 다음과 같다.

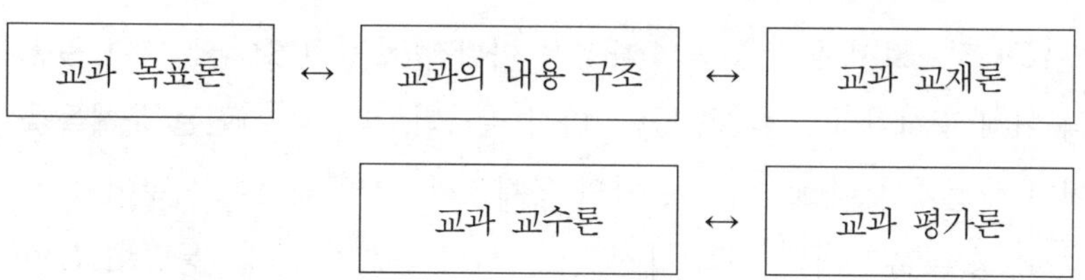

또한, 이러한 논의는 교과 교육학의 범위를 제한적으로 이해하고 교과의 전문성을 떨어뜨리는 요인으로 작용한다. 통상 교과의 교육 과정이 축소되는 것은 그 교과 교육학의 개념을 제한적이고 기능적으로 이해하기 때문이다. 이처럼 교과 교육학이 경험적·기술적 처방전에 그치지 않기 위해서는 교과 교육의 실제를 설명하고 통제하고 창출하는 이론적 체계가 필요하다. 그것은 내용 중심 교과 교육학이라고 할 수

있다. 이 부분에 대해서는 후술하겠다.

통일 교육의 이론적 체계화는 교과 교육학적 성과, 통일 관련 제반 논의의 성과, 그리고 다른 나라에서 연구된 통일 논의 및 교육적 성과를 포괄하여 구성할 수 있다.

교과 교육학적 성과를 활용하는 것은 우선 외형적 구조 틀을 갖추려고 하는 데서 나타난다. 통일 교육은 전 국민을 대상으로 통일 문제를 어떻게 교육하고, 어떻게 이해할 것인가에 대한 접근의 문제이다. 이런 의미에서, 특히 최근의 발전된 교과 교육적 성과는 통일 교육의 이론 정립에 중요한 디딤돌이 된다. 우선, 협의의 교과 교육학적 성과를 염두에 둘 수 있다. 통일 교육의 이념과 목표, 통일 교육의 지도 내용, 통일 교육의 방법, 평가의 문제를 포함하는 것으로서 통일 교육은 그것을 어떤 이념 속에서, 어떻게 가르칠 것인가의 문제를 포함하고 있다.

교과 교육학적 성과 중에서 내용 중심의 교과 교육학 논의를 통하여 통일 교육에 대한 구조 틀을 형성할 수 있다. 그러므로 통일 교육에 '관한' 것들이 당연히 포함되어야 한다. 이것은 통일 교육을 행하는 데 필요한 것으로서 통일 교육의 내용은 아니지만, 통일 교육에 대한 일종의 이해 형식이라고 할 수 있다. 다시 말하면, 통일과 관련된 문제들을 어떤 관점에서 이해해야 하는가의 문제로서, 통일 교육이 이루어져 온 역사, 통일 교육의 시대적 배경 같은 사회 문화적 배경, 통일 교육의 의의 같은 영역을 포함하며, 통일 교육의 정당성 확립에 중요한 단서를 제공한다.

여기서는 다음과 같은 물음을 던질 수 있을 것이다. 통일 교육의 내용은 적정한가, 그 기준은 무엇인가, 교육 목표는 일관성이 있는가, 학생들의 입장에서 그 분량은 적정한가, 교육 수준은 학생들에게 적합한가, 즉 학생들의 눈높이에 맞는가? 이런 문제들을 충분히 검토하여 통일 교육을 체계화하는 데 흡수해야 할 것이다.

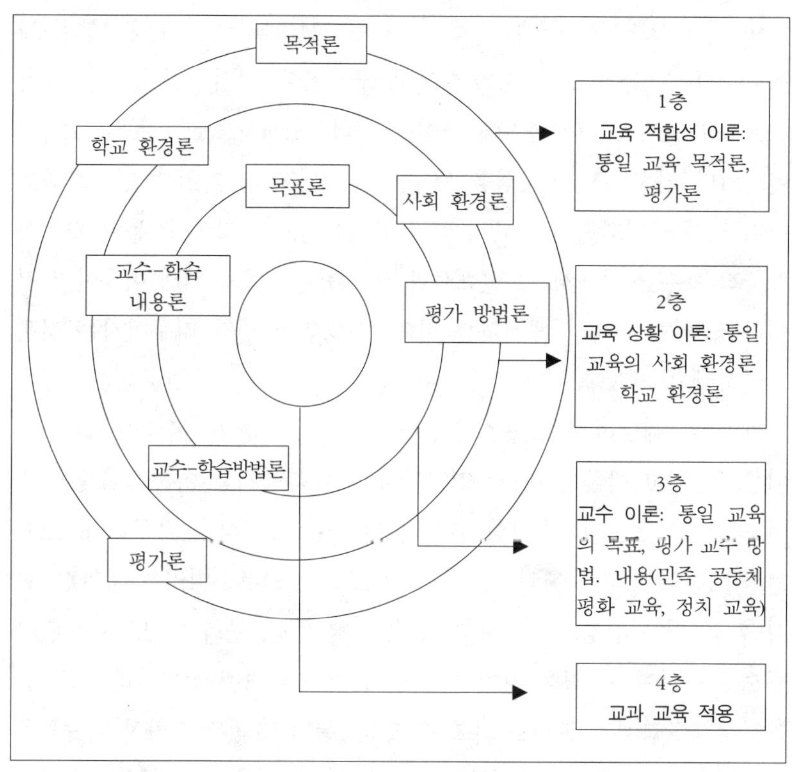

그림 1. 통일 교육의 이론적 체계화를 위한 구조 모형도[4]

통일 관련 제반 논의의 결과는 통일 교육 체계화의 내용 범위와 한계를 결정한다. 다시 말해, 통일 교육에서는 통일 문제와 관련된 이슈들, 즉 통일 문제와 관련된 내용과 범위를 설정하는 문제와 직결되어 있다. 이것은 통일 교육의 내용적 요소들이다.

이러한 전제에서 통일 교육의 체계화를 위한 구조 틀을 정립하면 그림 1과 같이 나타낼 수 있다.

---

4) 이 모형도는 정범모(1971)와 황정규(1991)의 교과 교육학 이론 모형과 정세구 (1998)의 도덕과 교과 교육학 체계를 모델로 한 것이나, 필자가 통일 교육의 이론적 체계화라는 목적에 맞추어 내용 구조를 변경하여 모형화하였다.

이 체계 모형도에서 제1층에 해당하는 교육 적합성 이론은 '통일 교육 목적론,' '통일 교육 평가론'으로 구성된다. 여기서는 무엇을 교육하며, 그 효과는 어떠한가에 관심이 있다. 구체적으로는 통일 교육의 이념이나 가치론적 정당성을 탐구하고, 이념이나 가치를 명료화하고 의미 있게 개념화하여 교육적 맥락에 접목시키는 것이다. 통일 교육이 한국적 특수 상황에서 그 필요성과 요구를 충족하기 위해 이루어진 것이라면, 통일 교육의 체계화를 위해 이 영역이 먼저 다루어지는 것은 당연하다고 하겠다.

제2층에 해당하는 교육 상황 이론은 '학교 환경 이론'과 '사회 환경 이론,' 그리고 이들이 제1층 영역들과 상호 작용하는 이론을 포함한다. 이 영역에서는 교육 환경의 교육적 의미와 그 현상을 탐구한다. 교육 환경 이론의 영역은 영역 단위를 무엇으로 하느냐에 따라 가정환경, 교실 환경, 학교 환경, 일반 사회 환경, 지역 환경, 문화 환경, 자연 환경 등으로 구분할 수 있을 것이다. 또한 물리적 환경뿐만 아니라 사회 심리적 환경, 잠재적 환경도 다룰 수 있다. 통일 교육은 정치적 이슈들을 다루는 경우가 많아 학교 환경을 비롯한 사회 심리적 환경과 밀접한 관련을 맺고 있다고 할 수 있다.

제3층에 해당하는 부분은 교수와 관련된 이론으로서 '교사-내용-학생' 사이의 상호 작용으로 구성되며, 교육학 영역에서 가장 핵심적이고 기본적인 중요성을 가져야 할 이론 영역이다(황정규, 1994). 현실에서는 주로 '교과 이론,' '교육 과정론'의 이름으로 다루어진다.

구체적으로 이 영역에서는 교과 교육의 교육 과정 요소들을 다룬다. 목표 및 교수-학습 방법, 평가에 대한 것으로 협의의 교과 교육에서 주로 다루었던 영역이다. 통일 교육의 목표론, 내용론, 지도 방법론, 평가 방법론 등이 여기에 해당한다.

통일 교육의 내용 요소 부분은 통일 교육의 이념과 관련하여 체계적인 내용 체계를 구성하는 부분이다. 내용 체계를 구성함에 있어서 그동안 여러 학자들이 제시한 통일 교육의 내용 구성에 대한 논의를 수용하고, 이념과의 논리적 연계 속에 '민주 시민 교육,' '민족 공동체 교육,' '평화 교육'으로 설정하였다. 이 영역에서는 최근 논의되고 있는 통일 교육의 내용적 접근을 이념과의 관련성 속에서 흡수하려고 노력하였다.

마지막으로 제4층에 해당하는 부분은 교육 현장에서의 적용 영역이다. 이 영역에서는 통일 교육론을 체계화하면서 논의된 내용들을 어떻게, 어떤 모습으로 적용할 것인가에 관심을 갖는다. 그 내용으로는 '초등학교 통일 교육론,' '중학교 통일 교육론,' '고등학교 통일 교육론,' '통일 교육 교사론' 등을 제시할 수 있다.

II. 내용 체계표

앞에서 말한 층 이론에 따른 동심원 체계 모형은 교과의 이론적 모형을 형성하고 제시하는 구성 틀로서는 적합하나, 교재의 내용을 구성하는 데는 다소 미흡한 점이 있다. 따라서 내용 요소별 체계표를 설정할 필요가 있다. 이것은 교과 교육학을 바라보는 또 하나의 틀을 필요로 하는 것이다. 그러한 틀은 이돈희가 제시하고 있다. 먼저, 그가 제시한 내용 중심 교과 교육학의 체계를 살펴보자.

그러한 이론 체계는 어떤 모습인가? 다시 말해서 내용 중심 교과 교육학의 구성 체계는 어떠한가? 내용 중심 교과 교육학은 기존의 방법 중심 교과 교육학 위에 그 교과의 가르칠 내용에 따라 가르치는 방법이 모색되어야 한다는 점을 강조한다. 여기서는 가르쳐야 할 교육 내용을 어떤 관점에서 이해해야 할 것인가가 중요한 관심거리이다. 이러한 교과 교육학은 다음의 세 가지 명제를 포함해야 한다(이돈희, 1994).

첫째, 내용적 명제들이다. 특정 교과의 내용 영역을 구성하는 요소들이라고 할 수 있다. 통일 교육을 예로 들면, 통일 교육의 내용 영역을 구성하는 요소 명제들이다. 내용 영역 그 자체만을 볼 때 통일 교육의 내용으로서 통일 문제에 대한 것들과 북한의 이해에 대한 것들이다. 통일 문제에 대한 것들로는 통일 정책, 안보 문제, 북핵 문제, 평화의 의미 같은 것들이 포함될 수 있을 것이고, 북한 이해를 위한 것들로는 북한의 역사 인식, 북한의 언어 특징, 북한의 집단생활, 북한의 교육 제도 같은 것들이 있다. 통일 교육의 이념과 단계에 맞추어 어떠한 내용 요소들을 포함할 것인지는 다양한 형태로 결정할 수 있다.

둘째, 설명적 명제들이다. 이것은 통일 교육에 관한 내용이라고 할 수 있다. 통일 교육의 역사, 통일 교육 변천의 사회 문화적 배경, 통일 의식의 성장 같은 것을 설명하는 것이다. 이것은 통일 교육을 행하는 데 있어서 통일 교육 자체를 이해하기 위한 영역으로서 통일 교육을 왜 가르쳐야 하며, 통일 교육의 내용을 어떤 원리에 따라 선정하고 조직할 것인가에 대한 것들이다.

이 부분이 특히 내용 중심 교과 교육학의 핵심이며, 교육자가 내용 전문가와 구별되는 중요한 요소이다. 이것도 교과에 관한 일종의 이해 형식임에 틀림없다. 특히, 교과 교육학은 교사 교육 과정의 중요한 근거인데, 교육 과정 속에서 이러한 설명적 명제를 다루게 됨으로써 단순한 지식의 전달자가 아니라 정의적情宜的 애정을 가진 교사 또는 교육자가 될 수 있는 것이다.

셋째, 교육적 명제들이다. 이것은 특정 교과를 가르치는 행위에 논리적으로 연결된 명제들이다. 구체적으로는 통일 교육의 목표, 통일 교육의 내용 체계(협의의 내용 체계 — 대체로 교육 대상자들을 위한 교과서 수준의 교육 내용 체계), 통일 교육의 교수 학습 방법, 통일 교육의 평가 방법에 관한 것들이다. 과거의 교과 교육학의 체계에서는 이 부분에 논의가 집중되었다.

이러한 명제들은 별개의 항목으로 구분되어 있는 것이 아니라 서로 밀접하게 연결되어 있다. 내용 명제들은 설명적 명제와 교육적 명제들과 연결되어 있다. 구체적으로 말하면, '교과의 모태'를 '교과'로 바꾸는 데는 여러 가지 사고가 수반되어야 한다. 교과의 모태라는 용어는 기초 학문 영역에 해당하는 표현으로서 이돈희가 '1차원적 내용 명제'에 대한 이해라는 표현을 쓰고 있는 것과 같다(박순경, 2001, pp. 28-38; 이돈희, 1994, pp. 22-8 참조). 학교에서 가르치는 교육 내용은 연구된 1차원적 학문 내용을 학생들 또는 피교육자에게 교육할 수 있는 2차원적 형태로 가공된 것이다. 이를 위해서는 교과에서 다루는 내용의 본질에 대한 이해(1차원적 내용 명제)와 더불어 교과 내용의 배경에 대한 이해, 내용의 본질에 대한 해석 및 설명이 뒤따라야 한다(2차원적 내용 명제, 설명적 명제). 이처럼 교과에 대한 구체적이고 심도 있는 이해를 바탕으로 교육 방법에 대한 논의가 구체화될 수 있고, 교육 내용의 실천적 적합성을 높일 수 있다.

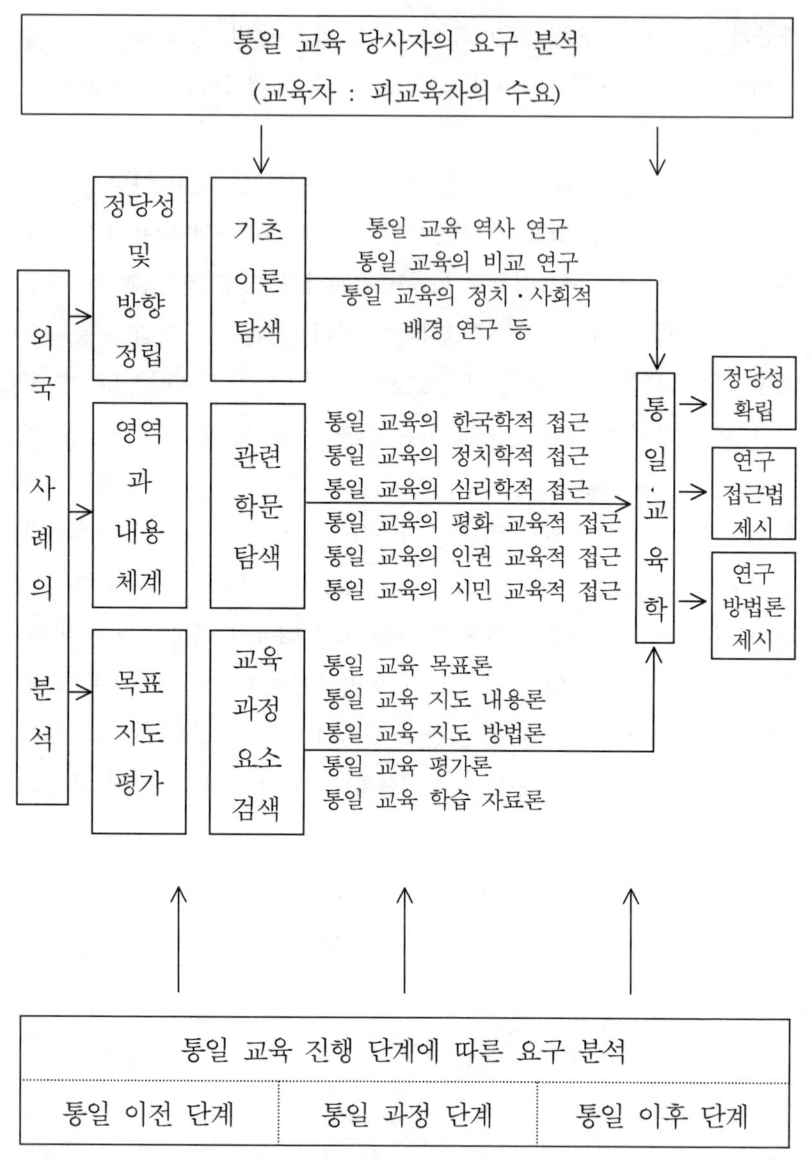

그림 2. 통일 교육의 내용 체계표

제2부

통일 교육을 위한 기초 이론 접근

제1장

통일 교육의 성격

통일 교육의 성격에 대한 이해는 통일 교육의 정당화를 위한 전제 조건이라고 할 수 있다. 교과(통칭적 의미의 교과)의 성격에 대한 이해 없이 교과를 정당화한다는 것은 있을 수 없기 때문이다. 그러므로 통일 교육의 특성은 정당성 및 평가에 대한 물음에 답을 하기 위해서도 반드시 이해되어야 하는 부분이다.

통일 교육은 일반적인 교과 교육학이 갖는 성격과 더불어 통일 교육이라는 영역의 특수성에서 오는 독특한 성격을 갖는다. 통일 교육의 성격에 대한 이해는 그 교과의 내용적 본질과 특징을 밝히는 일이라고 할 수 있다. 여기서 말하는 '내용적 본질'이란 통일 교육의 구성 요소로 포함된 명제들이 표현하는 것만을 중심으로 교과 내용을 이해하는 수준을 말하는 것이 아니라, 이러한 일차원적 이해를 바탕으로 그것을 설명적으로 또는 교육적으로 이해하는 메타론적 이해를 말한다(이돈희, 1994).

교과 교육 연구자들이 한결같이 지적하는 교과 교육학에 대한 오해는 그 교과가 대상으로 하는 내용 영역의 연구 결과를 교육 현장에 옮겨 놓은 정도로 그것을 생각한다는 것이다. "교육 종사자들이 흔히 교과 교육학을 교과의 내용을 가르치고 배우게 하는 과정의 방법적 원리

혹은 기술에 관한 것이라고 생각하는 것은 일반적이고 통속적인 생각이다"라는 이돈희의 지적이 그것이다. 이러한 오해는 바로 교과에 대한 메타론적 이해의 부족에서 오는 것으로 파악할 수 있다. 예를 들어, 사회과는 '사회 과학 지식 과목'과 일반 교육학 중심의 '교직 과목'으로 교육 과정이 구성되어 있다. 이것은 사회과 교과 교육이 사회적 문화유산이나 사회와 관련된 단순 지식 전달을 수행하는 것이라는 사고에 머물고 있음을 보여 주는 것이다.

분명, 교과 교육학은 그 내용적 요소의 유산과 지식의 전달도 중요한 것은 사실이다. 소위, 1차원적 이해 없이는 교과 교육학에 대한 역사적, 철학적, 사회 과학적, 교육학적 설명이 가능하지 않다는 것이다. 다시 말해, 그것의 단편적인 전수가 아니라 그 내용을 어떻게 구성하고 활용하는가 하는 사회적 맥락의 요소가 교과 교육적 입장에서 고려되어야 한다는 것이다.

통일 교육의 성격을 이해하기 위해서는 일반적인 교과 교육학에서 나타나는 내용 영역을 사회 맥락적으로 수용하고, 통일 문제라고 하는 독특한 영역의 특성을 반영하여야 할 것이다. 예를 들어, '민족 공동체 형성'이라는 과제를 위해 민족의 의미, 민족주의의 공과, 민족의 구성 요소 등을 이해하는 것은 민족 공동체 형성을 목표로 하는 통일 교육에서 중요한 1차적 과제이다.

그러나 이러한 문제들의 1차원적 이해만으로 통일 교육의 본질과 가치와 특징을 포괄적으로 이해하기에는 부족하며, 통일 교육의 정당화를 체계적으로 인식하기 어렵다. 이러한 방식만으로는 통일 교육의 내용을 우리의 삶과 관련시켜 이해하고 그것의 교육적 가치와 의미를 제대로 이해할 수 없다. 다시 말하여, 1차적으로 이해할 내용 위에 한민족 형성의 역사, 타민족과 구별되는 우리 민족의 특징, 우리 민족의 지리적·역사적 환경의 특수성 등을 이해해야 한다.

통일 교육의 이론 체계 정립은 통일 교육 종사자들의 전문성 향상과 교사 양성 교육 과정을 특징짓는 중요한 과정이다. 교과 교육학의 중요한 기능 중의 하나는 교사 양성 교육 과정을 구성하는 배경이 되고 있다는 것이다(황정규, 1991; 이돈희, 1994). 현재 우리나라 교육 과정에서 통일 교과는 독립 교과로 존재하지 않는다. 그러나 독립된 교과목을 담당하는 교사를 양성하는 것은 아닐지라도, 통일 교육이라는 교육 내용을 담당하는 의미의 교사 양성 교육 과정은 중요하고도 필요한 조치이다.

다시 말하면, 현재의 교육 과정 내에서 독립된 교과목의 교과 교육학은 아닐지라도 — 그것을 잠정적으로 의도하는 것은 별론으로 하고 — 통일 교육이라는 교육 내용을 담당할 교사 양성 교육 과정에서는 중요한 의미를 갖는다. 통일 교과가 성립하지 못하고 있는 것은 중요도나 필요도를 충족시키지 못해서가 아니라, 현실적인 교육 과정 구성의 한계와 현장의 교육 내용 과다, 타 교과와의 관계 등을 고려하기 때문이다.

통일 교육을 이론으로 체계화하는 것은 영역 확정과 영역 확대의 논리를 정당화시켜 주는 것이다. 통일 교육을 시행하면서 과연 이것이 통일 교육으로 명명할 수 있는 것인가 하는 문제의식을 가질 수 있다. 그것이 바로 체계화에 대한 욕구라고 할 수 있다. 그리고 그것은 통일 교육의 범위와 계열의 문제를 정립하는 것이기도 하다. 이러한 논의에 근거해서 통일 교육의 성격을 규명하여 보면, 다음과 같다.

첫째, 통일 교육은 통일 및 북한 관련 교육의 제 분야를 다루는 종합 학문적 성격을 갖는다. 일반적으로 대부분의 교과 교육학은 종합 학문적 성격을 갖는 것으로 판단된다(윤희원, 1994; 허경철 외, 2001; 진영은·조인진, 2001). 통일 교육은 종합 학문으로서 다음과 같은 두 가지 특성을 가지고 있다.

먼저, 교과의 내용과 구성에 관한 이해, 그리고 그 내용의 탐구와 학습에 관련된 교육 원리들을 여러 관련 학문들로부터 도출하고 종합한다는 점에서 이른바 학제적 접근interdisciplinary approach을 취하고 있다고 할 수 있다(정세구, 1999a, 2005; 조영달, 1994). 다음으로, 교과 교육학의 체계를 갖추고 있다는 전제에서 보면, 그 구성 내용은 내용적 명제(통일 교육이라는 학문을 성립시키는 요소 명제), 설명적 명제(통일 교육에 대한 내용으로서 통일 교육에 대한 일종의 이해 형식), 교육적 명제(통일 교육을 교수하는 원리) 등을 포함하므로 또한 각각에 상응하는 학문적 탐구의 결과를 종합한다.

통일 교육의 체계화에 있어서도 통일 교육을 연구 대상으로 하지만, 그 내용 구성은 통일과 관련한 정치, 경제, 사회, 문화, 교육, 이데올로기 등에서의 연구 성과를 적용하고, 교과의 내용과 구성에 관한 이해, 그 내용의 탐구와 학습에 관련된 교육(조작 및 방법)의 원리 등을 여러 관련 학문으로부터 도출하고 정리한다. 특히, 통일 교육에 대한 설명적 명제는 왜 통일 교육을 하여야 하는가, 어떤 내용을 통일 교육의 목적에 부합하게 설정할 것인가, 그러한 내용들을 어떠한 원리에 입각하여 조직할 것인가에 대한 문제로서 교과에 대한 다양한 인문·사회학적 연구를 포괄하기 때문에 종합적 기능의 범위는 대단히 넓다.

둘째, 통일 교육의 이론들은 기초 학문이라기보다는 응용 학문의 성격을 갖는다. 일반적으로 교과 교육학은 물리학이나 화학 같은 몇몇 영역을 제외하면, 일반적으로 기초 학문이라기보다는 응용 학문으로서 성격을 갖는다. 응용 학문 영역 중에서도 객관적 사실의 세계를 설명하는 영역이라기보다는 객관적 사실을 바탕으로 가치를 창조하고 실현하는 것을 특징으로 하는 학문이다.

통일 교육은 사실을 설명하는 경우라고 하더라도 사실을 논리적으로 증명하는 것의 학문이 아니라 그 사실이 정치·경제·사회·교육적으로 미치는 영향, 그 사실과 관련한 사회 맥락적 가치, 교육의 필요성에 대한 의미부여 등을 목표로 하는 학문 영역이다. 즉, 순수한 사회적 현상을 탐구하는 학문이라기보다는 그 현상에 대한 연구 결과를 교육 대상자들에게 적절하게 또 필요한 정도로 활용하는 것이다.

셋째, 통일 교육의 이론은 실천적 학문의 성격을 갖는다. 교육은 가공의 상태에서 이루어지는 것이 아니며, 규범 속에서 이루어지는 것도 아니다(진영은·조인진, 2001). 통일 교육은 나름의 이론적 체계에 관심을 가져야 하지만, 결국 구체적 교육 활동을 염두에 두고 구성되어야 한다. 통일 교육은 이론적 체계의 정립으로 그 임무가 종료되는 것은 아니고, 통일에 대한 확고한 의지 형성과 통일 문제에 대한 판단 능력 함양이라는 교육적 명제들에 대한 전문적 이해를 포함하는 것이다

일반적으로 교과 교육학은 관련된 학문 활동의 결과를 활용하여 실천과 참여 능력을 길러 실제 생활 세계의 유지와 변화를 꾀하는 것을 목적으로 하는 활동이다. 따라서 통일 교육은 통일 관련 내용학, 즉 정치학, 사회학, 역사학 등의 연구 성과를 단순히 전달하는 데 그치는 것이 아니고 통일과 관련된 문제를 해결하는 지성을 개발함과 동시에 실천적 의지와 가치관, 태도를 형성하는 데 공헌하여야 한다.

이러한 논의는 현재의 통일 교육이 왜 가시적 성과를 거두지 못하고 있는가에 대한 하나의 해답을 제시하는 것일 수 있다. 통일 교육 활동이 단순히 지식을 전달하는 데에만 그치고 — 지식 교육의 실패 여부 논의는 별론으로 한다 — 통일 의지의 함양과 통일 노력의 경주라는 구체적 해결 노력으로 표현되지 못하고 있는 것은 그 교과 내용과 더불어 태도와 의지 함양이라는 본질에는 접근하지 못하고, 교육 내용이 단지 다른 목적을 위한 도구로만 이해되고 있기 때문이다.

넷째, 통일 교육은 가치 지향적 성격을 갖는다. 일반적으로 교육 영역은 가치 지향적일 수밖에 없다(정범모, 2000; 김종서 외 2인, 2004). 교육

이 갖는 사회화socialization 또는 반사회화counter-socialization는 필연적으로 그 사회의 지배적 가치나 이념을 반영하지 않을 수 없다. 특히, 통일 교육은 특정의 가치와 이념의 전제 위에서 방향성을 가지고 추진될 수밖에 없다. 물론, 이 의미가 통일 교육의 매 단계마다 동일한 가치 지향을 함유해야 한다는 것을 뜻하는 것은 아니다.

예를 들어, 통일 교육이 화해 협력의 단계 — 통일 과정의 단계 — 통일 국가 형성의 단계에 따라 다양한 교육이 이루어질 때에도 '민족의 공존 공생'이라는 지향점은 분명하여야 할 것이다. '이해 교육'에 있어서도 객관적 사실의 이해에 그치는 것이 아니라 상대방의 어려움을 '받아들이는' 이해의 폭을 확대할 수 있어야 할 것이다. 더 나아가 객관적 비판 의식과 함께 우리의 입장을 정리할 수 있는 능력을 배양할 필요가 있다.

『통일 교육 기본 지침서』는 통일교육지원법의 정신에 의해 이러한 가치 지향성을 명백히 하고 있다. '통일 교육은 자유 민주주의에 대한 신념'과 '자유 민주주의'적 기본 질서에 입각하고 있음을 명백히 하고 있다. 통일 교육 지침의 모태가 되고 있는 대한민국 헌법 제4조에는 "대한민국은 통일을 지향하며, 자유 민주적 기본 질서에 입각한 평화적 통일 정책을 수립하고 이를 추진한다"라고 제시되어 있다. 이것은 탈이데올로기 시대에도 통일 교육의 이념적 성격을 부인할 수 없다는 것을 표출한 것이다. 통일 교육을 논함에 있어 '기본 이념'을 논하게 되는 것은 이러한 이유 때문이다.

다만, 최근 '헌법 개정' 논란과 함께 현행 헌법이 통일 시대의 헌법에 부합하지 않는다고 주장하는 사람들은 헌법 제3조의 영토 조항과 헌법 제4조의 평화 통일 조항이 상호 모순된다고 한다. 이 내용에 대한 상세한 논의는 통일 교육의 내용 영역 접근에서 다루고자 한다.

다섯째, 통일 교육은 한국적 상황에 따른 특수한 성격을 갖는다. 유사 이래 수많은 나라에서 분열과 통합이 이루어졌다. 2차 세계대전 후 극렬한 이념적 대립 속에 뚜렷한 양극 체제를 유지하던 세계 각국은 1990년을 기점으로 통일의 길에 접어들었다. 때로는 무력에 의하여, 때로는 합의에 의하여, 때로는 한쪽이 다른 한쪽을 흡수함으로써 통합의 길로 나아갔다. 그들은 나름의 방법으로 통합에 접근하였다고 하겠다.

그러나 이들 나라들의 통합 과정은 우리나라가 추구하고자 하는 방식의 접근이 아니어서 우리에게 교육적 시사점이 큰 것은 아니다. 1990년 베를린 장벽의 붕괴와 함께 시작된 독일의 통일 과정에서도 체계적인 통일 교육학은 존재하지 않았던 것으로 보인다. 동·서독 간의 통합을 위해 많은 교류와 협력 관계의 증진과 다양한 노력이 있었음에도 불구하고, 국민들의 의식 통합에는 소홀하였다고 할 수 있다. 그리하여 10여 년이 지난 지금도 독일은 통일의 후유증을 앓고 있다. 우리는 그러한 역사를 반복할 수 없다. 즉, 우리가 추구하는 통일 교육의 이론적 체계화는 세계사에 유래가 없는 내용 영역이므로, 우리의 실정에 맞는 체계화가 필요하다.

따라서 통일 교육론의 체계화는 분단국들이 통일 노력 과정에서 보여 준 성과와 현재의 분쟁국들이 보여 주는 민족 통합 노력의 성과 — 이는 국가의 통일을 말하는 것이 아니라 주로 다민족, 다종교 등으로 인한 갈등 해결의 성과 — 를 통일 교육의 내용과 방법으로 차용하고 발전적으로 수용하면서 우리나라의 역사성과 특수성이 반영된 독자적인 방법을 모색하는 것이 될 것이다.

제2장

통일 교육의 이념

통일을 해야 하는 이유와 필요성에는 다소 차이가 있을 수 있다. 일반적으로 거론되고 있는 통일을 해야 하는 이유로 민족사적 이유, 국제평화적 이유, 경제적 이유, 인도주의적 이유 등이 거론되고 있다(서울대학교 사범대학 국정도서편찬위원회, 2002). 통일을 해야 하는 이유와 필요성의 근거는 다양하다. 따라서 우리가 그 당위성에 공감한다면, 당연히 그것을 위한 교육이 병행되어야 한다. 통일은 당위성과 희망만으로 이루어질 수 없는 현실적이고도 복잡한 과제이다(전인영, 2002b). 통일 교육은 우리 민족의 통합과 우리 민족의 번영을 앞당겨 달성하기 위한 수단이며, 동시에 통합을 위해 필요한 지속적 방안이다.

통일 교육의 본질적 가치와 이념이 무엇이냐에 대해서는 논란의 가능성이 있다. 하지만 이러한 논의는 통일 교육의 규범적 의미와 교육의 목적에 비추어 통일 교육의 체계화를 정당화한다. 이것은 통일 교육이 가치 지향성을 갖지 않을 수 없기 때문이기도 하다. 통일 교육이 '있는 그대로의 사실'에 대한 교육일 경우에는 규범적 성격을 부정할 수도 있을 것이다. 통일 교육의 초기 단계에서는 가치중립적인 내용으로 구성할 수도 있으나, 통일 교육의 궁극적 지향점이 우리 민족의 통일과 통합을 달성하기 위한 것이라면, 통일 교육은 이념적 지표가 반드시 필요하다.

역사적으로 보면, 통일 교육이 민족의 생존과 관련하여 표출되는 양식은 다양하였다. 그동안 통일 교육이 실시되는 과정에서 통일 교육이라는 이름으로 포섭하기 힘든 부분이 있었던 것은 사실이지만, 그것은 당시의 국내외적 상황, 남북 관계, 통일 정책과 통일에 대한 사회적 합의를 반영한 것으로 보아야 할 것이다. 체제 우월주의를 내세우던 입장에서의 통일 교육은 반공 또는 승공의 이념이 내재되어 있었고, 평화 공존 단계에서는 평화주의 내지는 공생의 이념이 내재되어 있었다.

이러한 통일 교육의 변천 과정에도 불구하고 그동안 지속적으로 통일 교육의 이념적 기초가 되었던 것은 무엇일까? 통일 교육의 정당화를 이념적 뿌리에서 찾는 것은 통일이라는 목적을 달성하기 위해서 이념적 가치 정향을 가져야 하기 때문이다. 우리가 통일 교육의 목표를 통일 국가 달성에 두고 있다면, 도래할 미래 사회의 모습에 대한 방향 정립이 필요한 것은 당연하다. 우리가 통일이라는 당면 과제를 위해서 사회주의 시스템을 모델로 하거나 폭력 혁명을 수용할 수는 없는 것이다.

문제는 그러한 가치 정향이 무엇인지 사회적으로 합의할 수 있는가 하는 점이다. 현재는 여러 가지 통로로 그 정향이 표출되고 있다. 독일의 예를 통하여 그 가치 정향을 제시하는 경우도 있고, 학자들의 연구물을 통하여 제시되기도 하고, 국가 기관의 간행물을 통하여 표현되기도 한다. 예를 들어, 통일 교육의 이념과 지향점을 민족주의, 민주주의, 평화주의로 분류하여 설명하고 있는 경우도 있고(박찬석, 1998), 변하지 않아야 할 근본적인 통일의 원칙으로서 자유, 민주, 복지를 제시하기도 하고(이상우, 1995), 국가 기관을 통하여 제시된 통일의 원칙으로 7.4 남북 공동 성명에서는 자주·평화·민족적 대단결을, 민족 화합 민주 통일 방안에서는 민족·민주·자유·복지를, 한민족 공동체 통일 방안에서는 자주·평화·민주를, 3단계 3기조 통일 정책에서는 민주적 합의·공존공영·민족 복리를 기본 원리 또는 통일의 기본 원칙으로 제시하였다. 독일의 경우, 통일 이전에는 통일 교육을 정치 교육의 한 부분으로 실시하면서 민주적 가치의 실현 문제와 결합하였다. 이에 따라 그들의 정치 교육의 이념적 지표는 "사회주의적 시장 경제, 사회복지 제도, 풀뿌리 민주주의" 체제에 대한 애착이 더 강하였다(김영국, 1997; 김창환 외 2인, 2002; 정용길, 2001; 김정수, 2002).

이들 논의에서 가장 중요한 것은 사회적 합의이다. 사회적 합의를 파악하는 중요한 근거 중 하나는 헌법이다. 따라서 여기에서는 헌법에 근거한 내용을 중심으로 사회적 합의를 추론하고자 한다. 그러한 가치 정향에는 대체로 다음과 같은 이념과 가치가 해당된다고 보아야 할 것이다. 자유 민주주의, 민족 공동체주의, 평화주의의 이념이 그것이다.

I. 자유 민주주의의 이념

자유 민주주의의 원리는 비단 통일 교육의 기본 이념으로서 뿐만 아니라 우리나라의 국시國是로서 모든 통치 체제의 기본 원리로 작용하고 있다. 사회적 합의를 문서로 나타낸 것이 헌법이라는 사실을 고려하여 보면, 헌법에서 자유 민주주의의 원리를 천명하고 있다는 점에 주목하여야 할 것이다. 특히, 통일 교육의 기본 이념으로 자유 민주주의를 강조하여야 하는 이유는 서로 다른 정치 체제를 유지하고 있는 북한과의 상황적 특수성 속에서 좀 더 인간다운 삶이 보장되는 가치를 정립하는 일이 중요하기 때문이기도 하다. 통일 교육이 자유 민주주의의 원칙에 입각해야 한다는 점은 우리나라 법체계의 여러 곳에서 발견되고 있다.

먼저 헌법에 보면, 전문에 "자유 민주적 기본 질서에 입각하여…"라고 되어 있고, 헌법 제4조에는 "대한민국은 통일을 지향하며, 자유 민주적 기본 질서에 입각한 평화적 통일 정책을 수립하고 이를 추진한다"라고 되어 있다. 그 외에도 '자유 민주적 기본 질서'라는 문구는 여러 곳에 표출되어 있다(대한민국 헌법 전문 참조).

또한, 교육의 준거가 되고 있는 교육기본법 제2조는 "교육은 홍익인간의 이념 아래 모든 국민으로 하여금 인격을 도야하고 자주적 생활 능력과 민주 시민으로서 필요한 자질을 갖추게 하여 인간다운 삶을 영위하게 하고 민주 국가의 발전과 인류 공영의 이상을 실현하는 데 이바지함을 목적으로 한다"라고 하여 교육의 목적을 민주 시민 양성에 두고 있음을 밝히고 있다. 통일 교육도 교육의 일환이고 더구나 통일 이후의 국가 체제에 적합한 인간 양성에 목표를 두고 있다면, 통일 이후의 국가 모습이 자유로운 민주 국가가 되어야 하는 것은 너무도 당연한 것이다. 이를 위해서 통일 교육은 자유 민주주의의 이념에 근거하여야 한다. 그리하여 통일 교육의 내용에 있어서도 자유 민주주의적 요소들이 강조되어야 할 것이다. 가치로서의 자유주의, 민주주의, 관용, 차이에 대한 이해 등이 그러한 예일 것이다.

위에서 제시한 헌법과 교육기본법의 기본 정신에 입각하여 통일교육지원법[5]은 통일 교육의 이념이 자유 민주주의임을 명백히 하고 있다. 즉, "통일 교육이라 함은 국민으로 하여금 자유 민주주의에 대한 신념과 민족 공동체 의식 및 건전한 안보관을 바탕으로 통일을 이룩하

---

5) 통일 교육을 체계적으로 지원하기 위한 근거를 마련하기 위해 1998년 2월 '통일교육지원법'이 통과되었다. 그리고 그해 8월부터 발효되었다. 이것은 그 중요성을 알면서도 시행의 근거가 없었던 통일 교육의 구체적 지원책을 마련하는 발전적 조치였다. 그러나 당시의 내용이 선언적 성격을 갖는 형식적 체계라는 지적 때문에 최근 구체성과 실효성을 높이기 위한 법 개정 작업이 진행되었으나 실제로는 별반 변화가 없는 것으로 판단된다.

는 데 필요한 가치관과 태도의 함양"(제2조)으로 정의하고 있다. 다만, 통일교육지원법의 이러한 내용을 『통일 교육 기본 지침서』에서는 '통일 교육의 목표' 항목에 제시하고 있다. 이념과 목표는 구별해 제시되어야 하는데, 그것이 혼용되어 있는 데서 기인한다고 생각된다.

통일 교육의 기본 이념으로 민주주의 또는 자유 민주주의를 고집하여야 하느냐에 대해서 약간의 논란이 있는 것이 사실이다. 소위 급진적 통일론자들이 통일은 상호 간의 적절한 타협점을 찾으면서 이루어지는 것인데, 자유 민주주의를 고집하는 것은 북한을 자극하고 그들을 우리 체제로 흡수하는 것 이상의 무슨 의미가 있는가 하고 의문을 제기하고 있는 것이 그것이다. 소위, 비판적 통일론 또는 민중적 통일론으로(장하진, 1990; 박찬석, 1998, pp. 14-5) 명명된 그것은 그간의 권위주의 체제에 내재된 북한에 대한 적대 의식을 새롭게 조명하는 논의라고 할 수 있다.

이것은 1970년대 미국의 신좌파 운동 또는 수정주의 입장과 무관하지 않다고 할 수 있다(장원석, 2004). 정부 중심으로 이루어지던 통일 논의가 이념적 대립으로 치닫고, 당시의 권위적 정부 아래서 자유 민주주의 이념이 제대로 그 기능을 발휘하지 못하고 있던 상황에서 수정주의적 논의는 급속도로 확대되었다. 이것은 권위주의 정부에 대한 극단적 통일 운동의 분출이라고 할 수 있다(박찬석, 1998).

1990년대 이후의 통일 논의는 보수 세력과 급진 세력의 통합을 모색하는 것으로 볼 수 있다. 이 시점부터 이념적 합일과 공감대를 얻을 수 있는 방향으로 논의가 진행되고 있다. 이러한 논의 가운데 한 가지 분명한 것은 통일 후 한국이 오늘날의 이질화된 남북의 정치 이념 및 체제를 모두 포용할 수 있는 차원 높은 이념과 체제를 바탕으로 하여야 한다는 점이다. 전인영은 「한반도 통일 후 정치 체제 통합 방향: 다원적 정치 구조 모색」에서 통일 한국에서는 자유 민주주의와 다원주의에 기초한 포용적 정치 제도들이 마련되고 운영되어야 한다고 주장하고 있다. 그러한 형태의 제도를 수용하기 위해서도 자유 민주적 기본 질서라고 하는 헌법적 이념이 수용되어야 한다.

자유 민주주의에 입각한 통일 교육의 이념적 정향의 정당성에도 불구하고 한 가지 조심스러운 것이 있는데, 그것은 통일 교육을 실시하고 있는 현장 교사들을 대상으로 한 설문 조사의 답변 속에 있다. 비록 이 설문 대상들이 특정 시각을 가진 사람들로 이루어지기는 하였지만, 그 결과는 자못 오해의 소지가 있는 것이다. 박찬석은 설문 결과에 대해 "'민족 동질성 회복(민족 공동체주의)'에 대해서는 많은 관심을 두고 있음(46.1%)에 반해, '자유 민주주의 체제의 우월성 강조(자유 민주주의 이념)'에 대해서는 대단히 저조하다"고 하면서, "자유 민주주의에 대한 우월성의 강조는 북한의 사회주의 체제의 우월성을 북한 동포들에게 고무시키는 것과 같다"(박찬석, 2004)라고 하고 있다.

그러나 이것은 두 가지 면에서 오류가 있다고 보인다. 첫째, 설문지의 오류다. '자유 민주주의 체제의 우월성 강조'라는 질문은 마치 응답자에게 구시대의 이데올로기적 접근을 하고 있다는 인상을 주기 때문에 설문의 적절성이 떨어진다. 만약, '자유 민주주의를 바탕으로 함'이라는 형식으로 바꾸면 전혀 다른 뉘앙스를 줄 것이다. 둘째, 해석의 오류다. 자유 민주주의를 지나치게 강조하는 것도 바람직하지 않지만, 분명 통일 교육은 통일 이후의 우리 공동체가 나아가야 할 바람직한 이념상을 염두에 두고 있어야 한다. 이것이 체제의 우월성을 비교하기 위한 것이 아니라는 것은 현재 우리의 통일 교육 실태에서도 여실히 드러나고 있다. 통일 교육의 기저에는 우리 미래의 바람직한 삶의 형태를 가지고 교육이 이루어져야 한다는 믿음이 있다. 그런 의미에서 자유 민주주의는 여전히 중요한 의의를 갖는 이념으로 보인다.

여기서 우리는 자유 민주주의自由民主主義에 대한 개념 정의를 분명히

할 필요가 있다. 자유 민주주의란 자유주의自由主義와 민주주의民主主義가 결합된 원리라고 할 수 있다. 자유주의라 함은 개인주의를 바탕으로 하여 개인의 자유를 옹호하고 존중할 것을 요구하는 이상이며 이념이다. 민주주의는 넓은 의미에서 국민에 의한 지배 또는 국가 권력이 국민 전체에 귀속되는 것을 특징으로 하는 정치 이념이라고 할 수 있다(권영성, 1988, pp. 110-1 참조). 서독 연방헌법법원의 판결에 따르면, 자유 민주적 기본 질서란 결국 모든 폭력적 지배와 자의적 지배를 배제하고 그때그때의 다수의 의사와 자유 및 평등에 의거한 국민의 자기 결정을 토대로 하는 법치국가의 질서라는 것이다.

자유 민주주의가 우리나라의 통치 또는 생활상의 기본 원리라고는 하여도 그 속에 들어 있는 '민주주의'의 개념은 다양하게 정의될 수 있다. 민주주의라는 말은 원래 democratia라는 그리스어에서 유래한 말로 원래는 인민의 지배라는 뜻이다. 『철학대사전』에 의하면, 민주주의는 국가 형태로서 그 형태의 내용은 그때그때의 국가의 성격에 의해 규정된다(한국철학사상연구회 편, 2002, p. 439 참조). 민주주의란 본래 권력이 단 한 사람이나 소수에게 속하는 군주 정치 또는 귀족 정치와 구별되는 개념으로 사용된 것이다(이극찬, 1987, pp. 454-6 참조). 민주주의의 용례는 다양한데, 자유 민주주의와 사회 민주주의, 서구식 민주주의와 동구식 민주주의, 대중 민주주의와 의회 민주주의, 시민 민주주의와 인민 민주주의, 유기적 민주주의와 기능적 민주주의, 자본주의적 민주주의와 계획 경제적 민주주의 등으로 나뉜다(권영성, 1988, pp. 144-6). 정치 원리로서 민주주의를 파악하는 경우에도 민주주의를 정치 형태(정치 방식)로 보느냐 정치의 목적(내용)으로 보느냐의 문제가 있다. 이것은 국민에 의한 통치를 민주주의로 보느냐 국민을 위한 통치를 민주주의로 보느냐의 문제이기도 하다. 전자는 인민에 의한 지배이기만 하면 모든 것이 민주주의로 인식될 것이고(다수결의 원칙, 정치 과정의 공개성),

후자의 경우는 민주주의를 실현하기 위해 어떠한 수단과 방법(폭력적 지배 등)을 동원할지라도 민주주의로 보아야 한다는 논리적 귀결성이 있다.

이러한 후자의 논의에서는 실현되어야 할 목적이 자유인가, 평등인가 아니면 양자 모두인가에 따라서 논의가 갈리고 있다. 익히 알고 있다시피 시민 민주주의의 시기에 민주주의의 실현 의미는 '자유'에 있었다. 그러나 사회주의 국가들은 민주주의의 실현 이념을 '평등'으로 인식하였다. 그 후 두 번의 세계대전을 거치는 동안 사회적 법치 국가(복지 국가)에서는 자유와 평등을 동시에 조화적으로 추구해야 할 것으로 보았다.

이러한 논의 속에서 자유 민주주의를 일방적으로 강조하는 것은 통일의 이념으로서, 통일 교육의 이념으로서 편향된 것이 아니냐는 주장이 제기되는 것이다. 헌법을 보아도 제1조에서 대한민국의 형태를 민주 공화국으로 제시하고 있으므로, 이때의 "민주주의"는 모든 민주주의의 상위 개념으로 파악할 수 있다. 따라서 우리나라 헌법이 국가 형태를 "민주주의적"인 것으로 규정하고 있는 이상, 자유 민주주의뿐만 아니라 사회 민주주의도 동시에 그 내용으로 할 수는 있다(권영성, 1988, p. 147; 민경식, 1987).

그러나 헌법 정신을 구체적으로 규정하고 있는 조문을 보면, 자유 민주주의에 강조점을 두고, 복지 국가 차원의 사회 민주주의는 부수적인 보완 수단으로 보고 있다고 파악된다. 헌법 전체를 보면, 앞에서 언급한 헌법 제1조 "대한민국은 민주 공화국이다"라는 기본 국가 형태의 선언 외에 "자유 민주적 기본 질서를 더욱 확고히 하여"라는 구문(전문)이나, 한반도의 통일 정책의 기본 방향은 자유 민주적 기본 질서에 입각할 것을 강조하고 있는 점(제4조), 정당의 해산 사유로 자유 민주적 기본 질서가 기준이 되는 것(제8조) 등이 자유 민주주의에 강조점이 두어져 있다고 볼 수 있는 일반적 근거라고 할 수 있다(권영성, 1988, p. 148).

이러한 입장에서 우리나라와 유사한 입장에 있었던 서독 기본법은 "자유 민주적 기본 질서를 공격하기 위하여 특정의 자유를 남용하는 자는 그 기본권을 상실한다"(제18조)고 하였다. 이것은 그들의 과거 수 권법 사례와 같이 쓰라린 과거를 되풀이하지 않기 위한 것이지만(이러 한 의미의 자유 민주주의는 전체주의에 반대하는 입장이라고 할 수 있다), 우리나라의 경우에도 자유주의 입장에서의 민주주의를 포기하는 일은 있을 수 없으므로 대한민국의 기본 방향은 자유 민주주의라고 하여야 할 것이다. 따라서 통일 교육의 기본 방향도 자유 민주주의를 이념적 목표로 하여야 한다. 다만, 우리나라의 제반 사회적 함의와 세계사적 흐름을 고려하여 사회 민주주의를 보완적으로 받아들일 수 있을 것이 다.

II. 민족 공동체주의의 이념

통일 교육의 당위성은 어디에 있는가? 결국 우리 민족의 통합을 달 성하여 민족의 번영과 발전을 꾀할 수 있다는 전제에 있다. 다시 말하 면, 민족을 단위로 하는 공동체의 발전과 번영을 추구하는 것이다. 이 러한 민족 공동체주의는 소위 '민족적 정서'에 바탕을 두고 있는 이념 이다. "형제는 싸우지 않는다," "피는 물보다 진하다"라는 표현을 사용 하는 것은 통일 문제에 대한 공동체주의자들의 접근이다(박효종, 2001).

이것은 자칫 통일 한국이 가져야 할 보편적 이념 내지 가치에는 타 당하지 않을 수 있다. 그러나 통일 후 동일한 생활권을 가진 우리 민족이 공동의 사고와 생활 방식을 공유하지 못하거나 상호 통합이 이루어지지 않는다면 이것은 좀 더 큰 문제를 야기할 소지가 있다. 통합 후 상호 비방과 불신으로 분열이 더 심화될 가능성이 있다. 과거에 부분적으로 존재했던 지역감정 문제를 고려할 수 있을 것이다. 독일의 예는 좋은 본보기라고 생각된다. 이러한 전제에서 민족 공동체주의를 통일 교육의 이념적 정향으로 다루고자 한다.

민족 공동체주의는 공동체주의 이론에서 민족에 의미를 두면서 공동체의 이념과 원리를 적용할 수 있다. 그러므로 공동체의 이념과 원리를 동시에 다루는 것이 당연한 순서일 것이나 이 장에서는 민족주의의 의의와 개념을 중심으로 서술하고, 공동체주의에 대한 구체적인 내용은 내용 체계 이론과 교수 학습 방법에서 다루고자 한다.

민족주의를 통일 교육의 가장 중요한 이념적 기초로 설정할 수 있는 근거는 우리 민족이 유사 이래 단일 민족이라는 긍지와 자부심 속에 유구한 역사를 이어 왔다는 사실에 있다. 그러나 민족 또는 민족주의라는 개념의 다의성과 애매함으로 인해 정확하게 정의하기는 힘들다. 민족 또는 민족주의에 대한 연구의 곤란성은 먼저, 민족 또는 민족주의를 다루는 언어의 다양성과 애매성에서 연유하고, 다음으로 민족 또는 민족주의가 끊임없이 변동하는 역사적 과정의 흐름 속에 있는 동적 현상이라는 것에서 유래한다고 할 수 있다. 이러한 논의 속에서 지금까지 연구된 민족 개념을 정의하면 다음과 같다.

민족주의nationalism란 스스로 민족이라고 자각하는 사람들이 자기 민족의 통일·독립·자유·발전·번영을 지향 추진하는 사상이라고 할 수 있다. 민족주의는 민족을 어떻게 정의하느냐에 따라 다양하게 정의될 수 있다. 민족을 자연적인 요건인 토지나 종족을 염두에 두고 보려는 입장이 있는가 하면, 전통이나 언어, 풍습, 종교 따위의 문화적 요소로부터 규정하려는 입장도 있고, 민족의식인 정신, 의지, 의식, 감정과 같은 요소로 보려는 입장이나 공통적인 정치 조직인 국가에다 중점을 두고 민족 국가의 관점으로 파악하려는 입장도 있다.

이러한 입장을 주관설, 객관설, 절충설로 나누어 부르기도 한다. 주관설은 민족을 심리적·정서적 요소를 중시하는 심리적 동일체로 보는 입장이고, 객관설은 인종, 언어, 환경, 지역, 종교, 정치·경제적 환경 같은 객관적 요소를 중시하는 입장이며, 절충설은 민족의 본질을 객관적 요소에 정신적 실재라는 요건을 갖춘 것으로 보는 관점이다. 대체로 절충설의 입장이 민족에 대한 정의로 파악되고 있다(이극찬, 1987, pp. 555-6).

통일 문제는 왜 민족 공동체 문제로 귀착되는가? 그것은 우리 민족의 통일과 통합을 통하여 민족의 번영과 발전을 꾀할 수 있기 때문이다. 우리 민족이 통일을 달성할 경우, 외형적으로만 보아도 국토 면적 9.8만km^{2}에서 22만km^2, 인구 4천 8백만에서 7천만으로 세계 14위의 대국이 되며, 경제력 면에서도 7위의 세계 강대국의 대열에 들 수 있는 역량을 갖추게 되는 것이다

우리 민족주의의 발전 과정을 역사적으로 살펴보면, 근대화 과정에서 보여 준 민족주의의 성격은 저항적 민족주의였다. 그것은 서구 열강의 제국주의에 저항하여 우리 민족의 생존을 추구하는 사상이었다. 일제 강점기의 민족주의의 모습도 경제적 민족주의가 더해진 면을 빼면 저항적 성격을 띠고 있었다. 3.1운동은 그 대표적인 모습이었다. 3.1운동은 윌슨이 제시한 민족 자결주의의 영향을 강하게 받은 것이다(한국 정치학회 편, 1987, pp. 56-9). 그러나 오늘날 우리의 민족주의는 우리 민족의 통합, 번영을 추구하는 공동체적 민족주의이다.

여기서 주의할 것은 우리가 추구하는 공동체적 민족주의는 과거의 폐쇄적이고 패권적인 민족주의가 아니라 열린 민족주의를 지향한다는 것이다. 민족주의nationalism는 nation의 개념 정의에 따라 국민주의,

국가주의, (저항적) 민족주의로 불리기도 한다. 서구의 민족주의는 국민 국가의 형성과 자본주의의 발전에 맞추어 1870년대 이후 영토 확장과 경제적인 팽창 요구에서 비롯한 제국주의적 성격을 갖게 되었거나, 1930년대 나치즘, 파시즘 같은 전체주의 이데올로기와 결합하여 폐쇄적인 성격을 띠게 되었다(이극찬, 1987; 서울대학교 사범대학 국정도서편찬위원회, 2002, pp. 144-5 참조).

우리의 민족주의는 우리 민족의 통일과 번영을 추구하면서 동시에 다른 나라에도 이익을 주는 열린 민족주의를 지향한다고 할 수 있다. 민족주의가 폐쇄적으로 흐를 때, 그것은 집단적 이기주의와 쉽게 결합할 수 있으며, 한편으로 다른 존재에 대해서 위협이 될 수도 있다.

폐쇄성은 경계해야 할 속성이다. 일반적으로 자기가 속한 집단을 만물의 중심으로 보고 그 밖의 일체에 대해 폐쇄적 관점에서 이해하려는 생각은 시원적始原的으로 원시적 집단 본능에서 찾을 수 있다고 한다(이극찬, 1987, pp. 562-3 참조). 이러한 원시적 집단 본능의 관점에서 볼 때, 자기가 소속되어 있는 나라를 다른 무엇보다 소중히 여기며 사랑하는 것은 부당한 것이라기보다는 미덕으로 찬양될 수 있다. 그러나 신화화된 애국심, 우상화된 민족주의는 타민족을 경멸하고 배타성을 낳게 하는 자민족 중심주의ethnocentrism로서 우리가 추구하고자 하는 바람직한 모습은 아니다. 다시 말해, 우리가 추구하는 민족주의는 일부 세력들에 의해서 악용되거나 남용되어서는 안 된다. 그러한 의미의 폐쇄적 민족주의는 경계되어야 한다. 민족주의가 역사적으로 동원 이데올로기로 악용된 사례가 있음을 놓치지 말아야 할 것이다.

통일 교육이 위에서 논의한 건강한 민족 공동체주의를 이념적 바탕으로 한다고 할 때, 그 구체적인 근거를 어디에서 찾을 수 있는가 하는 문제가 있다. 그리고 우리의 통일 교육이 민족주의의 입장에 있다는 근거는 어디에서 찾을 수 있는가 하는 것이 문제가 된다. 앞서 논의한 대로 외형적으로 표출되어 있지는 않지만, 통일의 이념적 배경과 통일 교육의 당위성의 근거는 민족의 생존과 번영을 추구하는 시원적 집단 본능에서 찾을 수 있다(박찬석, 2001).

다음으로 현재의 통일 교육의 근거가 되고 있는 통일교육지원법에서 찾을 수 있다. 통일교육지원법은 제2조에서 "통일 교육이라 함은 국민으로 하여금… 민족 공동체 의식 및 건전한 안보관을 바탕으로 통일을 이룩하는 데 필요한 가치관과 태도를 함양하는 데 있음"을 공식 선언하고 있다. 그리고 이러한 법에 근거하여 『통일 교육 기본 지침서』는 민족 공동체주의의 입장에서 통일 교육의 목표를 제시하고 있는 것이다. 통일 교육의 필요성은 어느 면에서 보면, 민족주의적 논리에 의하여 구성되고 있다고 할 수 있다.

이처럼 통일 교육의 이념으로 민족주의를 설정하는 것은 통일 과정이나 통일 이후에 다음과 같은 점에서 민족 통합에 기여할 수 있을 것이다.

첫째, 민족주의는 민족 통일을 성취하기 위한 열정과 에너지의 원천이 될 수 있다는 점이다. 우리 민족의 통일은 역사적 당위성을 갖는다. 오천 년 역사에 일정 기간 분열의 과정이 없었던 것은 아니나 국가적 체제를 갖춘 이후에는 단일 민족, 단일 국가로서의 뿌리를 갖고 있었다.

둘째, 민족주의는 건강한 민족의식을 바탕으로 온 국민이 한 배를 탄 존재라는 점을 일깨우고, 우리 사회의 통합에 기여할 수 있다. 그리고 통일 과정에서는 지방적 특색을 살리면서도 통합하는 역할을 하고, 집단 이기주의, 지역주의, 계층적 갈등을 아우르고 순화하는 기능을 할 수 있다.

셋째, 민족주의는 세계 공동체 속에서 국제적 협조와 세계 평화를 달성하는 견인차가 되어 인류 공영에 이바지할 수 있을 것이다. 우리나라의 통일은 단순하게 우리 민족만의 발전을 추구하는 것이 아니라 동북아시아의 번영과 평화를 달성하고 동시에 전 인류의 번영과 평화에 기여할 수 있다.

세 번째 항목과 관련하여 민족주의와 자유 민주주의의 관계를 어떻게 볼 것인가 하는 문제가 대두될 수 있다. 민족주의가 속성상 배타성을 가질 수 있는 반면, 자유 민주주의는 보편성을 바탕으로 하고 있기 때문이다. 경우에 따라서는 상호 모순되는 부분도 없지 않을 수 있다. 그러나 앞에서 언급하였듯이, 우리 민족의 통일이 주변국과의 관계에서 평화를 담보할 수 있고, 우리 민족의 발전을 토대로 동북아시아의 번영과 평화를 달성하면서 동시에 전 인류의 평화와 번영, 인간 존중을 실현하는 데 기여할 수 있다면, 민족주의와 자유 민주주의라는 두 가지 이념이 굳이 충돌하는 입장에 있다고 보지 않아도 될 것이다. 그렇다고 두 가지 이념의 충돌 문제가 완전히 해소된 것은 아니다.

III. 평화주의의 이념

인간의 본성에 대한 연구 중에서 인간이 공격 지향적인가 평화 지향적인가에 대한 논의가 있다. 평화론자들은 그동안 인간의 공격성이 지나치게 확대 해석되었다는 점을 강조한다(Gil Fell, 1992). 그들은 인간이 평화 지향적이라고 주장한다. 한 사회가 분열되어 있으면, 사람들은 심리적 불안감을 갖게 되고 사회 현실적으로 불안한 현상들을 경험하게 되므로 통합으로 나아가게 된다는 점에서 그러하다는 것이다.

통합의 개념은 경제, 사회 협력체, 나아가 정치적 공동체로서 해당 정치체나 그 구성원의 인식 변화에 따라 이루어지는 공동체 상태를 의미한다고 할 수 있다(김도태, 2002). 둘 이상의 정치체 사이에 통합이 추진되는 이유는 전쟁을 피하고 평화를 유지하기 위해서 보다 적극적인 방법으로 하나의 정치체 또는 국가로의 통합을 선택하기 때문이다.

그러므로 통합 또는 통일은 평화를 달성하고 유지하기 위한 중요한 수단이라고 할 수 있다. 평화 유지 수단으로서의 통합을 이루려는 과정에서 사용되는 방안을 보면, 강제력을 동원하여 체제 간의 대립을 종식시키는 경우, 방임적 수렴을 통하여 통합을 달성하는 경우, 평화 공존을 유지하면서 상호 이해와 동질화를 통하여 통합을 달성하는 경우를 상정할 수 있을 것이다.

이러한 방안들 중 위협적 요소가 상존하는 분열 상태를 평화롭게 벗어날 수 있게 하는 방법은 무엇인가? 방임적 상태에서 수렴적 방법을 취하는 것은 우리의 불안 상태를 지속시키는 것이다. 그렇다고 우리가 전쟁을 통한 통일을 바라는 것도 아니다. 현재의 대결 상태에서 평화 없는 통일은 불가능하고 또한 바람직하지도 않다고 할 수 있다(통일교육원, 2003, pp. 3-5; 국가안전보장회의, 2004, p. 29 참조). 우리가 추구하는 통합은 그 과정에 있어서나 그 결과에 있어서 평화로운 삶을 모색하는 데 있기 때문이다. 우리 국민의 건강과 생명, 재산을 보호하는 평화로운 미래와 평화 통일의 과정을 위해서 우리는 평화 정착과 그를 위한 노력을 필요로 한다. 통일의 진행 과정에서 우리가 실천해야 할 가장 중요한 과제는 전쟁을 피하고 적대감을 해소하는 것이다. 여기에 평화주의의 의미가 있다.

그러나 평화의 개념 정의는 다양하다. 가장 보편적인 구분은 소극적 평화negative peace와 적극적 평화positive peace로 나누는 것이다. 소극적 평화란 단순히 물리적 폭력, 전쟁이 부재하는 전통적 입장의 평화 개념이라고 하겠다(Galtung, 1990; Hicks, 1992). 이것은 전쟁 및 물리적 폭력이 없는 상태가 평화라는 입장에서 전쟁 문제 해결을 통하여 평화를 달성하려는 것이다. 이러한 전통적 견해는 그로티우스Grotius의 『전쟁과 평화에 관한 법』이 만들어진 이후의 일반적 입장이라고 하겠다. 적극적 평화관에서 평화로운 상태란 전쟁의 부재뿐만 아니라 인간의 기본적 욕구 충족, 경제적 복지 및 평등, 환경적으로 안정된 상태 등을 포함하는 인간 본연의 가치가 구현되고 보전되는 상태를 의미한다(박덕기, 2002, pp. 55-6; 김정수, 2002; Hicks, 1992). 우리가 추구하는 평화의 이념은 당연히 소극적 의미를 포함하는 적극적 의미의 평화라고 하겠다. 또한 평화의 이념은 통일 추구의 과정으로서 가치일 뿐만 아니라 통일 이후에도 추구하여야 할 궁극적 가치인 것이다.

이러한 평화주의 이념의 근거는 어디에서 찾을 수 있는가? 먼저, 헌법의 규정 속에서 찾을 수 있다. 우리나라 헌법은 평화 추구의 이념을 선언하면서 규범상 소극적 의미의 평화를 강조하고 있다(허영, 1990, pp. 171-81 참조). 권영성에 따르면, 우리나라의 헌법 원리는 국제 평화주의(전쟁 부인이라는 소극적 평화주의 입장)를 지향하고 있는데, 국제적 문제뿐만 아니라 한반도 문제에 관해서도 평화주의를 표방하고 있다(권영성, 1988, p. 122 참조). 그 근거는 헌법 전문前文과 "조국의 평화적 통일 … 대통령으로서의 직책을 성실히 수행할 것"(헌법 제69조)을 선서하게 하는 규정에서 찾을 수 있다.

어쨌든 이러한 근거들은 우리나라의 헌법 질서의 기본 원리 중의 하나가 평화주의임을 선언한 것이라고 할 수 있다. 앞서 언급한 권영성의 예시에 더하여 헌법의 규정을 열거하면, "…조국의 민주개혁과 평화적 사명에 입각하여…," "…밖으로는 항구적인 세계 평화와 인류 공영에 이바지하고…"(헌법 전문), "대한민국은 통일을 지향하며, 자유 민주적 기본 질서에 입각한 평화적 통일 정책을 수립하고 이를 추진한다"(제4조), "대한민국은 국제 평화의 유지에 노력하고 침략적 전쟁을 부인한다"(제5조 1항) 등이 있다.

이것은 분단된 조국의 현실과 무력에 의한 통일 추구가 불가능한 국제적 현실을 반영하여 평화적 방법으로 통일을 추구하겠다는 의지를 표현한 것이다. 이것은 통일 과정에서 침략 전쟁은 부인하되, 분단 현실을 직시하여 국가의 튼튼한 안보를 기본으로 하여야 한다는 것을 포함한다. 우리 헌법은 침략 전쟁을 부인할 뿐, 자위 수단으로서의 전쟁까지 부인하는 것은 아니다.

다음으로 통일교육지원법에서 그 근거를 찾을 수 있다. 통일교육지원법은 "통일 교육은 자유 민주주의에 대한 신념과 민족 공동체 의식 및 건전한 안보관을 바탕으로…"(제2조)라고 규정하고 있다. 통일교육지원법의 표현 속에 있는 안보와 평화의 개념을 별개로 생각할 가능성이 있다. 안보의 개념 속에는 경계선 밖의 상대방이 적이라는 개념이 내포되어 있기 때문이다. 그러나 전쟁의 부재, 즉 소극적 평화는 튼튼한 안보를 바탕으로 달성할 수 있기 때문에 안보의 강화는 소극적 평화의 개념 속에 포함된다고 할 수 있다. 따라서 평화를 달성하기 위해서는 소극적 평화를 바탕으로 적극적 평화를 추구할 수 있어야 할 것이다.[6]

그렇다면, 앞의 논의에서 언급한 소극적 평화의 바탕 위에 적극적 평화를 달성하기 위한 방안은 무엇인가? 즉, 전쟁의 위협을 없애면서 평화로운 통합을 달성할 수 있는 방법은 무엇인가? 일찍이 미트라니

---

6) 통일 교육의 목표와 관련하여 통일 교육의 내용으로 민족 공동체 교육, 민주 시민 교육, 국가 안보 교육을 제시하고, 국가 안보 교육은 자유 민주주의 체제와 생활 방식을 위협하고 있는 북한에 대해 경계심을 갖고 그에 대응하는 의지를 진작시키는 교육으로 보는 설명이 있다(추병완, 2000, pp. 22-3 참조). 그러나 국가 안보 교육의 내용에 대한 이러한 관점은 그 이념상의 위계로 볼 때, 평화 교육(소극적 평화)의 일환으로 보는 시각 전환이 필요하다. 이러한 관점 변화의 실익實益은 체제 이념 논쟁(양 체제가 대립적 상황에 있다는 것을 부각시키는 논쟁)에 휘말리는 것을 막을 수 있기 때문이다.

(Mitrany, 1948)가 제시한 기능주의적 접근functional approach이 그 한 예이다. 기능주의적 접근은 평화 공존과 평화 통일 달성을 위해 현재 우리나라가 취하고 있는 논리라고 할 수 있다.

그에 의하면, 국가 사이의 분쟁의 평화적 해결 및 평화 유지의 방법으로 제시된 기능주의적 통합 논리는 비정치적 요소들의 교류가 먼저 이루어짐으로써 두 체제 간의 정치적 통합 가능성이 높아진다는 이론이다. 정치 체제 간에 어떤 필요에 의해 기능적으로 협력이 이루어지는 경우, 그 협력은 다른 분야의 협력을 불러오게 된다는 것이다. 기능주의적 통합 논리의 핵심은, 체제의 단위별 교류는 일단 발생하게 되면 점진적으로 확대되어 체제의 통합에 이른다는 것이다. 기능주의는 필연적으로 교류 확대 논리에 의해 뒷받침되는데, 교류 과정에서 열등한 체제는 보다 우월한 체제에 동질화된다.

기능주의 논리의 성공 요건에 대한 논의들이 많이 있어 왔으나, 대체로 동의하는 일반화된 가정을 보면 다음과 같다. 첫째, 인간이 합리적 선택을 한다는 가정이다. 열위 체제의 구성원은 교류 과정에서 우위 체제와의 통합을 선택하거나 그에 동화하려고 노력한다는 것이다. 둘째, 한 분야에서의 교류 경험이 다른 분야로 파급·확대된다는 것이다. 그러므로 교류 협력 분야가 확대되어 상호 관련성이 커질수록 동질화 및 통합의 속도도 빨라진다. 셋째, 교류 협력은 우선적으로 비정치적 분야에서 이루어질 수밖에 없다는 것이다. 국토, 주권, 영토 문제 등 정치적 부분에서는 양보가 쉽지 않으나 비정치적인 사회·문화 분야에서는 양보와 타협을 통하여 교류가 가능하기 때문이다. 체제 자체를 위협하는 구조적·정치적 통합은 역효과가 더 크다. 넷째, 기능주의에서 통합은 일시적으로 이루어지는 게 아니라 단계적 과정을 거쳐서 이루어지게 된다. 이것은 점진적·장기적으로 통합이 진행됨을 의미한다(이혁섭, 1991).

이러한 기능주의적 통합에서 가장 경계해야 할 것이 두 가지 있다. 먼저, 두 체제 간의 정치적 통합이 기능주의적 교류의 완성을 통한 동질화의 시기보다 앞서서 일어날 경우 심각한 통합 후유증을 겪는다는 것이다. 다음으로 한 체제가 권위주위 체제로서 교류의 확대를 제한하거나 차단하는 경우, 기능주의의 논리가 어려움에 봉착할 수 있다는 사실이다(김도태, 2002).

이러한 시각에서 남북한 간의 체제 통합은 상호 접촉과 변화 과정에서 겪을 수 있는 여러 문제를 깊이 이해하고 부작용과 내부 저항을 최소화할 수 있는 단계적 접근이 필요하다. 단계적 접근은 원칙적으로 교류와 접촉에서 시작된다. 그리하여 상대방과의 친화의 정도에 따라 접근, 적응, 통합, 합일의 관계로 발전한다. 접근은 교류 및 접촉에서 시작되는 통합으로의 준비 단계이고, 적응은 상대방과의 차이를 인정하면서 양자의 통합에 순응하는 과정이다. 통합은 이질적인 것이 하나로 합쳐지는 것으로 차이가 극복되는 것이라고 할 수 있다. 합일은 통합된 대상들이 상호 간의 협동을 통해 융화되어 가는 진정한 통일의 단계라고 할 수 있다(서울대학교 사범대학 국정도서편찬위원회, 2002).

다음으로, 통일 교육의 이념으로 평화주의를 채택해야 하는 근거는 평화를 사랑하는 우리 민족의 역사적 전통에서 찾을 수 있다(한국국민윤리학회, 1993). 유구한 역사 속에 면면히 이어져 오는 우리 조상들의 평화 애호의 정신은 주변국과의 관계에서나 국내 통치 과정에서 중요한 이념이었다. 외국의 무력 침공에 대해 침략자를 응징하면서 평화를 유지하려 했던 노력, 다른 나라에 대한 침략 사건이 거의 없다는 사실, 세계사에 유래가 없는 3·1 무저항 비폭력 운동의 정신 등은 평화 애호의 사상을 잘 보여 주고 있다.

이처럼 통일 교육의 이념으로서 필요한 요소인 평화주의적 접근이 갖는 의의는 무엇보다도 '과정으로서의 통일'과 밀접하게 연관되어 있다(추병완, 2003). 통일은 지난한 과정이다. 서둘러서 하나의 체제로 만드는 것이 중요한 것은 아니다. 그것은 적응 과정에서 어느 일방의 더 많은 희생을 가져올 수도 있다. 따라서 지나치게 하나가 되는 것에 집착하지 않으면서 분단의 고착에서 벗어나는 방법을 모색하는 것이 중요하다. 평화로운 공존의 방법을 모색하는 데 역량을 집중하는 것이다. 이러한 방식의 접근은 동시에 우리 사회 내부의 갈등을 해소하는 효과를 얻을 수 있다.

여기서 한 가지 강조하고 싶은 것은 평화의 문제가 통일의 전제 조건인가 또는 별개의 영역인가라는 논의에 앞서, '평화는 곧 통일이고 통일은 곧 평화를 의미하며, 평화 없는 통일, 통일 없는 평화의 상태란 있을 수 없다'는 표현을 귀담아 들어야 한다는 것이다(정영수, 1993, pp. 179-85 참조). 이것은 통일 문제에 대한 시각 조정을 의미하며, 국내 문제와 국제 문제가 연관된 통일 교육을 필요로 하는 시점임을 의미한다(전인영, 1993).

제3장

통일 교육의 역사와 변천 과정

　통일 교육의 역사에 접근하는 통로는 여러 가지가 있을 수 있다. 국가의 공식 교육 기관을 통한 통일 교육의 역사를 보는 방법과 민간의 통일 교육 역사를 살펴보는 방법이 있을 수 있다. 이 책에서는 민간 중심의 통일 교육은 필요한 만큼만 반영하고, 주로 학교라는 공식 기관을 통하여 진행되어 온 통일 교육의 역사를 간단하게 살펴보고자 한다.[7] 실제로는 도덕과 교육 과정을 통한 통일 교육의 역사라고 하여도 무방할 것이다.

　해방 이후 우리나라의 통일 교육은 당시의 시대적 상황과 밀접한 관계가 있었다. 1950년대 초반의 통일 교육은 이승만 정부가 전개한 '북진 통일'의 기치 아래 철저히 반공 교육으로 일관하였다. 6.25라는 민족상잔의 비극은 우리에게 통일 문제의 절박함과 동시에 그 이념적 한계를 절감케 한 사건이었다. 이후부터 잠정적인 대립 상태에서 체제 우위의 경쟁적인 노력을 하게 되었다. 실질적인 반공 교육이 강화되었으며, 그것은 시대적 필요에 따른 경험적 교육이었다(한만길, 1997; 박찬석,

---

7) 현재, 통일 교육에 대한 연구 중에서 통일 교육의 역사 부문은 유일하게 학위 논문이 나와 있다. 자세한 것은 박찬석, 「통일 교육의 변천에 관한 연구」, 서울 대학교 박사학위 논문, 1998 참조.

1998). 당시의 통일 교육은 체계적이라기보다는 당시의 정치적 상황에 따른 교육이었다.

그 후 이데올로기 차원에서의 접근이기는 하지만, 통일 교육이 교육 과정을 통한 체계적 교육의 모습을 띠게 된 것은 1970년대 중반 제3차 교육 과정기에 들어서면서부터이다. '도덕'과와 '국민 윤리' 교과를 독립 교과로 편성하고 통일 영역을 공식적으로 다루게 된 것이다. 그리고 통일 교육을 체계적으로 시행하기 위해서 서울대학교를 비롯한 전국의 국립 대학교에 국민윤리교육과를 설치하였다. 이로써 통일 교육은 본격적으로 교육 과정에 들어오게 되었다. 당시의 교육 내용은 이데올로기 및 안보 중심의 체제 비교 교육이었다. 이러한 사실에 비추어 볼 때, 그간의 통일 교육은 반공 교육, 적대 교육, 이데올로기 교육, 안보 교육 형태로 이루어져 오다가, 1990년대 초반 제6차 교육 과정기에 이르러 통일·안보 교육으로 변화하였다(황인표, 2002a; 박찬석, 1998). 1997년부터 시작된 제7차 교육 과정기에는 교과 내용의 공식 명칭이 '통일 교육'이 되었으며, 그때부터 진정한 의미의 통일 교육이 진행되었다고 하겠다.

통일 교육의 명칭을 어떻게 부르고 변경하여 왔는가 하는 것은 단순히 명칭 변화로만 볼 것은 아니며, 내용 변화를 수반한 통일 교육의 방향 전환을 의미한다고 볼 수 있다. 구체적으로 말하면, 통일 문제와 관련된 교육 자료 접근이나 통일 교육의 사회적 정당성을 확보하는 근거는 교육의 방향이 어떠한 방향으로 설정되었느냐에 따라 달라지기 때문이다. 예를 들면, (한때 상당히 논란이 되었던 사건인데) 수업 시간에 "남과 북의 상징"에 대한 수업을 하면서 남한의 태극기와 북한의 인공기를 그리기로 했다고 하자. 이는 이데올로기 교육 시기에는 상상할 수 없는 사건이었겠지만, 객관적 이해 교육의 단계에서는 일정한 조건과 제한 속에서 가능할 수도 있다.

2000년대 초의 객관적 이해 중심의 통일 교육, 사회·문화 중심의 통일 교육은 1990년대 말 국민의 정부 시대에 이르러 정부의 지원 속에 본격적으로 이루어지기 시작했다. 그러나 통일 문제 및 북한에 대한 관점 정립이 사회적 공감대consensus를 이루고 있다고 보기에는 어렵다. 국민의 정부 후반기부터 통일 문제에 관한 우리 사회의 최대 이슈는 '남남 갈등'으로 표현되는 이념 대립이었다. 그것은 정치적 상황과 역사적 경험이라는 사실 관계에 의해 더욱 첨예하게 나타났다고 볼 수 있다. 다시 말하면, 무엇을 어떻게 얼마나 가르쳐야 할 것인가에 대한 사회적 합의가 이루어지지 않은 것이다.

통일 교육의 내용 체계에 대해서는 정부에서도 나름의 공식적 입장을 발표하기 시작했다. 교육부(1993)는 통일 교육 지도 자료를 발행하여 6차 교육 과정에서 학교 통일 교육의 기준을 제시하였다. 그 자료에 의하면, "통일에 관련된 제반 사항에 대한 지식을 습득하고 합리적인 선택과 비판을 위한 분석 능력과 의사 결정 능력을 숙달시키며, 통일 국가를 성취하려는 당위성과 통일 과정에 대한 민주적인 가치, 그리고 통일 문제와 관련된 일에 자발적으로 참여하려는 적극적인 의식을 함양하고자 하는 교육"으로 통일 교육의 개념을 정의하고 있다(교육부, 1993).

1998년 통일부에서 발간한 『통일 교육 기본 방향』은 "통일 교육이란 민족의 염원인 평화 통일을 실현하고 나아가 통일된 조국에서 살아가는 데 필요한 바람직한 가치관과 태도를 국민에게 확산시키고 공감대를 형성하기 위한 교육"이라고 정의한 바 있다. 전인영, 신정현, 정석홍에 의해 연구된 이 자료는 다음과 같은 다섯 가지 과제를 제시하고 있다. 첫째, 통일 의지의 고취, 둘째, 통일 문제에 대한 판단 능력의 배양, 셋째, 통일 위협 요소에 대한 경계심 진작, 넷째, 민족 공동체 속에서의 삶 준비, 다섯째, 민주 시민으로서의 자질 함양이 그것이다. 여기서 제시한 과제 내용은 현재의 통일 교육에도 지대한 영향을 미치고 있다.

통일 교육의 내용 변천 과정을 정리하면 표 1과 같다.

구분 시기	통일 교육 특징	개정 과정 및 이념상 특징	구성 방침·목표 및 체제·편제상의 특징
제1차 교육 과정 (1954-1963)	반공 교육	·생활 중심 교육 강조	·반공 교육·도의 교육 강조 ·반공·반일 교육 내용 포함
제2차 교육 과정 (1963-1973)		·민족 자주성 강조 ·교과 활동 외에 반공· 도덕생활 별도 설치	·초·중·고 교과 활동 외에 반공·도덕생활 주당 2시간 운영, 고등학교 국민윤리 4단위 실시 ·중학교 도덕 → 『민주생활』과 『승공 통일의 길』로 분책 편찬(1978년까지)
제3차 교육 과정 (1973-1981)		·학문 중심 교육 강조 ·국민교육헌장의 이념 강조 및 한국의 전통과 주체성 강조	·도덕과, 사회과에서 분리 ·도덕과 및 국민윤리과 교과로 편성 ·평화적 통일 지향 목표 시도
제4차 교육 과정 (1981-1987)		·종합적인 교육 과정 인식 ·전인교육 강조 ·국민정신 교육 강조	·민족 공동체 의식의 고양 ·평화 통일 신념의 함양 ·통일 교육과 이념 교육의 강조
제5차 교육 과정 (1987-1992)	통일 안보 교육	·민주화의 실천 시기 ·문화의 주체성이 확립된 민주 사회, 정의 사회, 복지 사회, 문화 사회 전망	·대학 국민윤리 교양 필수에서 제외 ·북한에 대한 맹목적 적개심 탈피 ·통일 안보 교육 강조
제6차 교육 과정 (1992-1997)	통일 교육	·도덕성과 공동체 의식이 투철한 민주 시민의 육성 ·건강하고 자주적이며 창의적이고 도덕적인 한국인의 육성	·통일 교육을 바른생활·도덕 ·윤리 이외에도 전반적인 교과에 반영하기 시작 ·유치원: 북한에 관심 가지기 권고 ·안보 교육은 통일 교육의 일환으로 변화됨
제7차 교육 과정 (1997-)		·민주 시민 의식을 기초로 공동체의 발전에 공헌하는 사람	·교육 과정 총론에 통일 교육에 대한 언급 없음 ·자유 민주주의의 기본적 가치와 원리 강조 ·통일 교육의 전 교과 확대 시도

(출처: 교육부, 제7차 교육 과정 교육부 고시 제1997-15호 참조)

표 1. 교육 과정 시기별 통일 교육의 특징 및 학교 통일 교육 관련 내용

제4장

통일 교육의 비교

　통일 교육을 해야 하는 정당성과 당위성은 다른 나라의 통일 교육을 통해서도 확인할 수 있다. 그것은 대체로 두 가지 방향으로 이루어지는데, 하나는 통일 교육의 시행에 대한 정당성 확보와 통일 교육의 질적 제고를 위한 소재로서 활용하는 경우라고 하겠다. 기실 우리나라가 과거부터 여러 형태의 통일 교육을 실시해 오고 있다는 것은 주지의 사실이나, 사회 변화를 주도하고 교류를 통한 수렴적 통합의 방법을 모색하는 직접적인 모델은 독일이다. 통일 이전의 독일, 특히 서독의 정책과 비전이 중요한 역할을 하고 있다.

　새로운 형태의 모델을 적용하면서 다른 나라의 시행 과정에서 얻은 경험적 산물을 활용하는 것은 그로 인한 시행착오를 줄이고 그에 대한 비난의 화살을 피할 수 있게 한다. 우리가 독일 통일의 체험을 통하여 배워야 할 교훈 중에는 정치 교육적 전통에 관한 것이 있다. 다만, 통일 전의 서독이 비교적 준비를 했다는 그간의 평가에도 불구하고, 통일 독일이 최근에 이르기까지 현실적 문제와 미래에 대한 불안으로 인해 심각한 후유증을 앓고 있다는 것은 독일의 통일 경험에서 문제점도 함께 주목하여야 한다는 것을 의미한다. 그것은 민족의 동질성 회복을 위한 정치 교육이 얼마나 중요한 것인가를 설득력 있게 보여 준다(김영국,

1997).

통일 독일이 겪고 있는 이러한 문제들은 우리나라의 통일 교육에도 함의하는 바가 크다. 한편으로는 남북 통합에 대해서 부정적인 메시지로 해석되기도 하고, 다른 한편으로는 통일을 위해 철저한 준비를 하여야 한다는 메시지로 해석되기도 한다. 현재 우리 학계에서는 독일의 정치 교육 실태 및 정치 교육의 과제 등에 상당한 관심을 가지고 접근하고 있다(허영식, 1996; 김영국, 1997; 김창환 외 2인, 2002; 정용길, 2001). 이는 우리의 통일 교육에 시사하는 점이 많기 때문일 것이다.

I. 독일의 통일 교육

통일 전 독일의 정치 교육은 대체로 자주적 사고에 기초하여 실천하는 성숙한 인간의 육성 과정을 의미했다. 독일의 정치 교육은 독일 연방 공화국의 국가와 사회 질서의 기본 원칙(자유 민주주의, 국민 주권과 권력 분립, 기본권과 법치 국가 등)에 관한 올바른 정보를 체계적으로 전달하고자 했는데, 시대 상황과 필요에 따라 다소 다른 모습을 띠고 있었다.

전후(1945-1960년대)의 정치 교육은 정체성 확립을 위한 교육이 정당한 것인가라는 물음을 던지면서, 역사 교육에서 어떤 고정된 내용의 정체성을 규정짓는 것에 대해 단호하게 이의를 제기하였다. 독일이 다시 군사 대국화 하는 것을 막기 위해 영국식의 철학 및 정치 이념을 이식하려고 하였다. 독일의 전통적인 교육 내용인 이성, 관념론, 국가주의에서 '법의 지배rule of law'와 실용주의pragmatism, 그리고 입헌주의를 수용하도록 재교육 받았다. 당시의 포츠담 선언에 묘사된 4D's

정책, 즉 탈군사화, 탈나치화, 탈산업화, 민주화가 그것이다. 분단 후에는 미국식의 재교육이 본격적으로 논의되었는데, 민주주의가 정부 형태로서 뿐만 아니라 생활양식으로서 이해되도록 체계적이고 광범위한 교육의 필요성이 강조되었다.

1950년대에는 정치 교육의 논의에서 이른바 "동반자 교육"이 강조되었는데, 독일인들이 장래에 오류에 빠지지 않도록 그들을 선도하기 위하여 그들에게 단결심과 협동 정신을 교육시켜야 한다는 것이다. "독일 국민이 자결권을 가지고 독일의 통일과 자유를 완수할 것"을 요구했던 것이다(Ruther, 1994, pp. 207-8). 1950년대의 정치 교육은 자유 민주주의 체제의 정당성을 국민들에게 확신시킴으로써 극단적이고 일방적인 정치적 해결만을 일삼아 오던 기존의 독일의 정치 형태와 국민 복종 의식을 제거하는 데 역점을 두었다.

1970년대 중반 이후의 독일 정치 교육은 실용주의 노선과 맞물려 소위 '보이텔스바헤르 합의Beutelsbacher Konsens'라는 내용에 포함되어 있다. 벨링Wehling은 합의 사항을 나중에 다음과 같이 세 가지 명제로 정식화하였다(허영식, 1996; 김영국, 1997; 김창환 외 2인, 2002; 정용길, 2001).

1. 교화 또는 주입을 금지할 것. 가르치는 사람이 원하는 생각에 따라 — 수단을 가리지 않고 — 학생들을 조종함으로써 이들이 자주적인 판단을 내리는 것을 방해해서는 안 된다. 바로 여기에서 정치 교육과 교화 사이에 경계선이 그어지는 것이다. 교화는 민주 사회에서 교사의 역할 그리고 두루 인정받고 있는 교육 목표, 즉 학생의 자율성과 상치된다.

2. 학문과 정치에서 논쟁적인 것은 수업에서도 역시 논쟁적인 것으로 나타나야 한다. 이 요구 사항은 앞에서 말한 요구 사항과 밀접

하게 연결되어 있는데, 그 까닭은 상이한 입장이 되면 교화 또는
주입에의 길을 걷게 되기 때문이다. 여기서 물어 봐야 할 점은 교
사가 심지어 교정 기능도 갖고 있어야 하지 않는가 하는 것인데,
이를 달리 표현하면, 교사는 학생들(그리고 정치 교육에 참여하는
다른 사람들)에게 ― 그들 나름의 정치적이고 사회적인 출신을 고
려할 때 ― 생소한 관점들과 대안들을 특별히 들추어내야 하지
않는가 하는 것이다.

3. 학생은 어떤 정치적 상황과 그 자신의 이익(또는 이해관계) 상황을
   분석할 수 있고, 또한 그의 이익(또는 이해관계)에 따라 당면한 정
   치적 상황에 영향을 끼칠 수 있어야 한다. 그러한 목표 설정은 조
   작적인 행위 능력에 대하여 강조하고 있는데, 그러나 이것은 위의
   두 원칙에서 끌어낼 수 있는 논리적 귀결이다.

이러한 세 가지 원칙하에 일주일에 2시간씩 정치 교육을 실시하기로
합의하였다. 그럼에도 불구하고 1970년대 중반부터 서독 사회에서 독
일 문제를 의식화하는 것은 점차 어려워졌다. 서독에서 통일이 곧 실현
될 것이라는 기대가 줄어들었기 때문이다. 더욱이 1980년대 중반 이래
정치 교육의 토대가 되는 새로운 구상들은 제시되지 않았고, 다만 독일
문제의 유럽화, 즉 서독의 독일 정책이 유럽의 평화 정책과 같은 맥락
에 있음을 강조하는 것에만 관심이 집중되었다. 그러한 흐름 속에서
1980년대 말에 정치 교육의 핵심은 다원화Pluralisierung의 단계로 넘
어갔다.

이러한 시대적 접근에 대해서 학자들의 견해를 중심으로 통일 교육
을 논의하는 경우도 있다. 허영식은 민족 문제, 민족 정체성의 문제 또
는 분단과 통일 문제에 관하여 기존의 정치 교육학자들이 제시한 견해
들을 "체제 동조적인 입장"과 "체제 비판적인 입장"을 중심으로 분류

하여 소개하였다. "체제 동조적인 입장"을 취한 학자들은 공동체의 연대와 동일시 표상Schneider, 조망적 정체성과 집단적 동일시에의 욕구Hornung, 공동체 형성과 공동체 의식Weidenfelt, 독일 민족의 역사적 정체성Vierhaus 등을 강조하면서 국가나 민족 같은 대집단에 대한 긍정적인 동일시 또는 민족 정체성에 대한 긍정적인 태도와 의식 함양에 주된 관심을 두었다. 이에 반해서, "체제 비판적인 입장"의 학자들은 정치 교육 또는 역사 교육에서 정체성과 동일시 개념 자체의 정당성 문제를 테마로 삼으면서 이들 개념에 대한 이데올로기 비판에 더 많은 관심을 기울였다. 이를 테면 피셔Fischer는 민족 감정 또는 민족의식의 강화보다는 민주 의식의 함양이 훨씬 더 중요한 일이라고 하면서, 특히 "독일 문제"의 교육과 관련하여 비판적인 자기의식과 개방성 및 다원성의 원칙을 강조하였다. 칸델Kandel과 마이어Meyer도 전통과 역사에 대하여 반성적이고 비판적인 태도를 취해야 한다는 명제를 설정했다. 정치 교육에서 집단 정체성과 역사의식의 문제를 어떻게 다룰 것인가 라는 물음에 관해서 에더Eder는 성찰적 정체성 개념에 입각하여 정체성에 대한 반성적인 의사소통의 필요성을 강조하였다. 역사학자인 베르크만Bergmann은 특히 민족 정체성의 확립을 위한 교육이 정당한 것인가라는 물음을 던지면서, 역사 교육에서 어떤 고정된 내용의 정체성을 규정짓는 것에 대해 단호하게 이의를 제기하였다. 그리고 그는 비판적으로 숙고된 자아 정체성과 정체성 확대를 위하여 특히 "다시각적인" 역사 교육의 필요성을 역설하였다(허영식, 1996 참조).

통일 이후, 정치 교육을 실시하면서 무엇보다 주목할 필요가 있었던 것은 분단으로 인한 정치와 역사의식의 격차였다. 즉, 통일 독일의 중심 과제는 독일인들의 공동 소속감을 상기시켜 주고 통일을 위한 정신적 유대를 강화하는 것이었다. 통일 독일은 통일 후의 갈등과 이질성을 해소하는 데 역점을 두게 된 것이다. 이를 위해서 과거 동독으로부터의

"유산과 지참금Erblast und Mitgift"(Wernsdedt, 1990)으로 불리는 동독의 정치 교육의 청산, 민주적인 갈등 문화의 정착, 일상생활과 정치의 연결, 공동의 집단 정체성 확립, 민족적 연대 의식의 수립과 확대, 헌법적 애국주의의 정착이라는 과제를 안고 있다(허영식, 1996).

II. 다른 분단국의 통일 교육

과거에는 베트남, 예멘, 독일, 중국 등이 분단 상태에 있었으나, 1990년대 동서독이 통일을 이루면서 이제 분단 상태에 있는 나라는 우리나라와 중국뿐이라고 할 수 있다. 다만, 중국은 우리와 다른 좀 더 특수한 상황이라고 할 수 있다. 사실, 우리나라의 통합 과정과 중국의 통합 과정은 많은 차이에도 불구하고 서로에게 주는 영향력이 클 것으로 판단된다.

그런데 세계 각국을 자세히 들여다보면, 외형적 분단보다도 내부적 분단의 수렁에서 헤어나지 못하는 나라가 허다하다. 이들 나라들은 자국의 통합(통일)에 모든 역량을 모으고 있는 중이라고 할 수 있다. 이들의 통합 노력도 우리의 통일 교육에 영향을 미칠 수 있다.

그러므로 여기에서는 베트남과 예멘의 통일 과정을 살펴보고, 그것이 우리 민족의 통합에 시사하는 바가 무엇인지 모색해 보도록 하자.

1. 베트남의 통일 사례

베트남의 통일 과정에서 체계적인 통일 교육이 있었다고 하기는 어려워 보인다. 베트남의 분단과 통일 과정을 개략적으로 설명하면, 이데올로기와 내적 역량의 부족으로 분단이 이루어지고 무력에 의한 통일과 그 이후 실용주의 노선으로 국민 통합을 모색하였다. 계속된 전쟁의 폐해는 상호 통합을 위한 노력보다는 상대방을 적으로 인식케 만들었고, 따라서 상생의 통합 노력은 부족했다고 볼 수밖에 없다.

베트남의 분단 과정을 간단하게 설명하면 다음과 같다. 과거 오랫동안 프랑스의 식민 통치와 일본군의 침략에 대항하여 싸운 공산당 중심의 베트남 독립동맹은 제2차 세계대전이 종료되자 1945년 9월 '베트남 민주공화국'을 선포하였다. 그러나 1946년 말에 프랑스가 개입하자 그들은 프랑스와 전면전을 벌이게 되었다. 8년간 계속된 제1차 베트남 전쟁은 1954년 제네바 협정으로 종료되었고, 대신 베트남은 남북으로 분할되었다. 북쪽에는 베트남 독립동맹(월맹) 주두로 마르크스·레닌주의에 입각한 베트남 민주공화국(북베트남)이 세워졌고, 남쪽에는 미국의 지원을 받아 1954년 7월 베트남 공화국(남베트남)이 수립되었다(통일교육원, 2004, pp. 155-6).

분단 후 북베트남은 남베트남을 점령하기 위하여 군사력을 증강하고, 남베트남의 사회주의 세력을 규합하여 1960년 '남베트남 민족해방전선'(베트콩)을 결성하였다. 남베트남은 부정부패로 인하여 국민들의 지지를 받는 데 실패했고, 북베트남과 베트콩의 조직적 저항으로 인하여 체제 유지가 힘든 상황에서 미국마저 1973년 남북 베트남 정부와 베트콩을 모체로 한 월남 임시혁명정부(민족해방전선) 대표자들과 함께 파리평화협정을 체결하고 철수해 버렸다. 그 결과 북베트남의 무차별 공세에 남베트남은 무릎을 꿇었고, 1976년 남·북베트남이 재통일되었다.

그러나 북베트남의 공산당 지도부는 무력 통일을 달성하고 난 이후 사회 통합과 사회주의 국가 건설이라는 어려운 문제에 직면하게 되었다. 남베트남의 구조적 문제에도 불구하고 남베트남 주민들의 생활수준은 북베트남보다 훨씬 높은 단계에 있었다. 그로 인해 북베트남 주민들은 사회주의 체제에 대해 의구심을 가지게 되었고, 동시에 남베트남 주민들은 일상생활에서 자유 제한과 북베트남 지역의 경제적 열악함에 또한 불만을 제기하기 시작했다.

공산당 지도부는 사상 통제 강화와 사회주의 체제로의 통합으로 그러한 문제들을 벗어나려고 하였으나, 그러한 강경 정책은 남북 주민을 하나의 체제 속에 통합하기보다는 90만 명에 달하는 남베트남 주민들이 통일 조국을 버리고 자유를 위해 탈출하는 보트피플boat people만 양산하였다. 이러한 위기 앞에 베트남은 새로운 국민 통합 정책을 추진하지 않을 수 없게 되었다. 특히 1986년 이후 경제의 비효율성을 극복하기 위해 '도이모이(쇄신) 정책'이라는 실용주의 경제 노선을 추구하기 시작하였다. 도이모이 정책은 다양한 소유 구조를 인정하여 개방·개혁과 경쟁을 바탕으로 사회주의를 실현해 나가려는 정책이라 할 수 있다. 즉, 도이모이 정책은 정치 개혁에 앞서 경제 개혁을 추진함으로써 경제 분야에서의 가시적 성과를 바탕으로 정치 개혁을 모색하는 점진적 시장 경제 도입 전략이다(통일교육원, 2004, p. 158). 도이모이 정책 시행 이후, 베트남은 1994년 이래 연평균 9% 이상의 경제 성장률을 기록하고 있고, 세계 2위의 쌀 수출국이 되었다. 또한 외국의 투자를 끌어들여 2, 3차 산업을 성장시켜 나가고 있다.

베트남의 통일 사례에서 보듯이, 통일 과정에서 중요한 것은 특정의 이데올로기가 아니라 국가와 국민의 부를 증대하고 정부의 효율성을 국민들에게 증명하는 것이다. 다시 말해서 일방적인 사상 주입은 거부 반응을 일으킬 수 있고, 성장과 복지가 병행되는 국민 통합이 중요하다는 것을 보여 준다고 하겠다. 북베트남은 체계적인 전략 전술로 무력에 의한 통일을 달성하였지만, 효율성이 떨어지는 지도부에 대한 반감마저 통일할 수 없다는 사실을 뒤늦게 깨닫고 난 후에야 비로소 실용주의 정책을 도입하게 되었다. 그러나 시장 경제 체제로의 전환과 급속한 경제 성장에 대해서도 부정적인 반응이 없는 것은 아니다. 대다수 국민들이 평등에 강하게 집착하고 있는 상태에서 빈부 격차 확대 등의 급격한 변화에 대해서는 반발하는 경향을 보이고 있다.

베트남의 통일 사례는 정치적으로나 교육적으로 우리에게 반면교사로서의 의미가 크다고 하겠다. 무력으로 정치적 통합을 달성하였다는 점에서 기능적 통합을 모색하고 있는 우리에게는 직접적으로 시사하는 바는 없지만, 그 시행착오 과정은 우리에게 반면교사로서 의미하는 바가 크다고 하겠다. 정치적 통합에 우선을 두는 것이 아니라 민족적 통합, 즉 진정한 통합을 염두에 둔 통일 과정에서는 교육이 중요한 역할을 할 수 있다. 그러나 갑작스런 무력 통일은 교육에 대한 투자를 무의미하게 만들어 버릴 것이다.

2. 예멘

예멘은 초기에는 가장 모범적인 통일 과정을 보이다가, 결국 무력에 의한 통합을 달성한 국가라고 할 수 있다. 남예멘과 북예멘의 분단은 독립 시기의 차이 때문이었다. 강대국의 식민 통치에서 벗어나 독립 국가를 형성하는 과정에서 북예멘은 제1차 세계대전 후 오스만 터키가 철수함으로써 독립하였으나, 남예멘은 1967년 영국이 철수하면서 독립하였다. 그 과정에서 북예멘에는 이슬람교를 중심으로 하는 자본주의 체제가 들어섰고, 남예멘에는 마르크스·레닌주의를 표방하는 사회주의 체제가 자리 잡게 되었다(통일교육원, 2004, p. 160).

분리 독립으로 세세한 부분에서 상호 대립과 반목이 발생하자 아랍권의 중재로 1990년 5월 합의에 의해 통일에 성공하였다. 예멘이 합의에 의해 통일을 이룰 수 있었던 것은 아랍권의 지속적인 중재와 소련의 개혁·개방 정책에 따른 영향, 정치 지도자들의 정치적 타협, 예멘 국경 지대의 유전에 대한 공동 개발 필요성이 중요한 요인이었다.

그러나 정치적 타협은 단순 나눠 먹기식 권력 배분에 치우쳤고, 행정의 비효율성, 국가 규모보다 큰 군대, 종파 간의 갈등에 따른 충돌, 부족한 사회적 인프라는 국가를 혼란에 빠뜨리기에 충분했다. 준비되지 않은, 결합력이 약한 합의에 의한 통합은 필연적으로 불만을 증폭시켰으며, 그런 다음 분리로 나아가게 되었다. 동시에 그것을 저지하려는 움직임도 강하였다. 다시금 전쟁을 통해 북예멘 중심의 통일이 이루어졌다.

예멘의 통합 과정은 시사하는 바가 크다. 무엇보다도 합의에 의한 통합 가능성을 열어 보인 것은 의미 있으나, 그 합의가 준비되지 않은 합의일 때, 갈등 과정을 필연적으로 노정하게 된다는 것이다. 즉, 단순히 정치적 통합이 중요한 것이 아니라 국민들의 의식 통합이 중요한 것이다. 사회 제 분야의 실질적 통합이 이루어질 때, 진정한 통일이 이루어진다.

제5장

통일 교육과 환경

이 장에서 다루는 영역은 통일 교육이 이루어지는 공간에 대한 탐구라고 하겠다. 교육은 교수자(교사)-내용-피교수자(학생)의 상호 작용 속에서 직접적인 영향을 받기도 하지만, 교육이 이루어지는 분위기, 즉 환경의 영향을 무시할 수가 없다. 사람은 일정한 환경 속에서 "사회적 학습"을 통하여 여러 가지 행동 특성을 배우게 된다. 사회적 학습이란 사람이 인간관계를 통하여 상호 작용 속에서 여러 가지 사회적 행동 특성을 배우게 되는 것을 말하는데, 대표적인 예로 모형 학습과 역할 학습을 들 수 있다(김종서 외 2인, 1993, pp. 208-11 참조).

이들 공간은 교사와 학생 사이에 여러 층으로 이루어져 있다. 가장 좁게는 교실 상황이 실제적으로 밀접한 영향을 주게 되고, 다음 층으로 학교 상황 및 환경이 교사와 학생 간에 상호 작용의 장으로 영향을 주며, 그리고 더 넓게는 사회적 상황과 분위기가 교육 경험에 영향을 주게 된다. 교육 환경에는 물리적 환경만 있는 것이 아니라 심리적 환경도 존재한다. 교육 상황에서는 물리적 환경도 중요하지만 심리적 환경의 영향이 더 크다고 할 수 있으므로 이에 대한 심도 있는 연구가 이루어져야 한다.

이러한 교육 경험의 공간에 대해 탐구하는 것을 교육 상황 이론이라고 한다(정범모, 2000; 황정규, 1991; 1994). 이 영역은 교수-학습과 직접적으로 관련된 교수 목표 이론 및 교수 평가 방법과 같은 미시적 연구를 토대로 교육 이론을 좀 확대시킨 것이라고 볼 수 있다. 여기에서는 여러 연구 단위가 논의될 수 있으나, 교육학자들은 일반적으로 교육자와 피교육자 주변을 제도로서의 사회 단위(학교)와 보다 넓은 문화 환경(사회 환경)으로 분류한다.

통일 교육도 피교육자의 학습 경험에 공간적 분위기가 지대한 영향을 미칠 것으로 예견할 수 있다. 더구나 통일 교육이 갖고 있는 정치적, 사회적 영향으로 인해 사회 분위기의 영향을 많이 받는다고 할 수 있다. 따라서 다른 학문 중심의 교육 영역보다 환경 관련 연구들이 더욱 풍부하게 이루어져야 할 것이다. 학교 분위기와 사회 분위기가 청소년과 사회 성원들의 통일 의식을 형성하는 데 어느 정도의 영향을 미치는가를 파악하고 그것을 통일 교육의 체계화에 반영할 수 있어야 할 것이다. 그러나 이에 대한 연구는 현재 전무하다고 하여도 과언이 아닐 것이다.

I. 통일 교육과 학교 환경

1. 학교 환경의 의미

교수자(교사)-내용-피교수자(학생)의 상호 작용 관계는 우선 가장 가까이는 학교의 교실(또는 기관의 연수원, 훈련소 등)에서 이루어진다. 학교(내지 어떤 교육 행동이 행해지고 있는 기관)의 여러 환경 조건이나 요인들이 교사와 그의 교수 행동에 그리고 학생과 그의 학습 활동에 영향을 줌으로써 학습 효과에도 지속적인 영향을 줄 것이라는 것은 쉽게 짐작할 수 있다.

학교 환경은 공간에 따라 다시 교실 환경과 학교 환경으로 분류할 수 있다. 우리가 관심을 두는 학교 환경은 단순히 교사의 수나 도구 같은 구성물에 대한 환경이 아니라 물리적 공간 환경 외에도 심리적 환경이나 문화적 환경 같은 것이다. 여기에서 우선 큰 문제는 학교 같은 기관의 환경을 어떻게 의미 있게 개념화하느냐 하는 것이다. 이것은 학교 환경이 단순히 외재적으로 존재하는 고정 변수가 아니라는 것을 전제하고, 그것이 통일 교육에 미치는 영향에 대한 유효한 분석을 위해서 필요하다.

따라서 환경이라는 것을 행동 결정에 유의미한 것으로 어떻게 개념화하느냐 하는 문제는 비교적 새로운 개척 분야로서 여러 접근이 시도되고 있다(정범모, 2000, pp. 95-9). 환경을 자연 환경(또는 물리적 환경)이나 심리적 환경(또는 문화적 환경)으로 나누어 볼 수 있다. 그리하여 물리적 환경과 심리적 환경을 공간에 따라 다시 교실 환경과 학교 환경으로 설정하여 분석할 수 있다.

먼저, 학교 및 교실의 물리적 환경이 그 속의 교사와 학생의 행동에 영향을 줄 수 있는 요소들을 여러 차원에서 검토할 수 있다. 예컨대, 먼저 교실 상황을 보면, 교실에서 학생들의 자리 배치나 시설 구조, 부착물을 통한 학습 가능성 등이 검토될 수 있다. 학습 과정에서 피교육자들의 주의를 끌어 모을 수 있도록 좌석을 배치하는 데 관심을 둘 수도 있고, 관리하기 편하도록 좌석을 배치하는 데 관심을 둘 수도 있다. 경우에 따라서는 수업 기자재를 사용하는 방식과 내용에 따른 좌석 배치를 연구할 수도 있다.

현재 모든 교실 구조가 정사각형 또는 직사각형으로 되어 있는 것은 학습 효과의 증진을 위해서 검토해야 할 대상이다. 학교 건물은 효율적 관리 차원에서 건축되고 있다. 따라서 학습 방법에 따라 다른 좌석 배치와 교실 구조를 연구하여야 할 것이다. 즉, 학습 증진 및 효율적 학습을 위한 교실의 물리적 환경에 대한 연구 영역은 무한대라고 할 수 있다.

다음으로 학교 환경의 문제도 학생들의 동선 관계, 야외 수업의 효율화를 위해 필요한 시설, 체험 수업이 가능한 시설, 야외 수업과 실내 수업의 공간 구분 같은 다양한 연구 대상이 있다. 이러한 문제들에 대해서 지금까지는 충분한 연구가 이루어지지 않았다. 관련 학문 영역인 산업 공학이나 산업 심리학 등에서는 상당한 연구가 이루어져 있으나, 학교 현장에 대한 연구는 미진한 편이다.

위에서 살펴본 물리적 환경 문제도 중요하지만, 교육 상황 이론의 중요한 관심 대상은 심리적 내지 문화적 환경이다. 심리적·문화적 환경에서는 구체성이 애매하기 때문에 변인에 대한 개념화가 더욱 중요하다. 이런 심리적 환경을 개념화하는 시도로 "압력press," "기관 분위기organizational climate" "역할 기대role expectation" 등의 개념들이 사용되어 왔다.

파슨즈T. Parsons 등에 의한 역할 기대 연구에서는, 학교가 그 성원들의 행동에 가장 큰 영향을 주는 요인은 그 집단 안의 각종 대인 관계를 규율하고 있는 역할 기대의 체계라고 보았다. 학교 환경에서 보면, 교사가 학생에게 기대하는 행동, 동료(학생 및 교사)에게 기대하는 행동, 관리자가 구성원에게 기대하는 행동 등으로 묶인 복합적 개념 체계가 있다. 이러한 역할 기대의 결과, 모든 구성원들은 요구되는 기대 규율에 의해 움직임으로써 하나의 심리적 환경을 형성하는 것이다.

학교의 자연적 환경과 심리적 환경은 사회 환경과 관련하여 볼 때, 학교 또는 교사가 임의로 조성할 여지가 있다. 더구나 심리적 환경은 대부분 학교 내 여러 대인 관계에서의 "압력," "역할 기대"에 의해 이루어지는 것이기 때문에, 원하기만 한다면 의식적으로 개조할 수 있는 환경에 속한다. 그리고 학교 환경은 물리적 환경 항목보다는 각 구성원들이 느끼는 심리적 방향감에 의해 결정된다는 것을 짐작할 수 있다. 물론 그 이전에 우리는 학교 환경을 의미 있게 개념화하여, 그것과 교사와 학생의 행동 그리고 학습 효과와의 사이에 있는 법칙들을 발견해야 할 것이다.

2. 학교 환경과 통일 교육

통일 교육을 하는 데 있어서 교실 상황이나 학교 상황이 물리적 환경이나 심리적 환경, 문화적 환경에 의해 영향을 받을 것이라는 것은 쉽게 짐작할 수 있다. 그러나 그 영향의 정도나 어떻게 영향을 미치는가에 대한 구체적인 연구 결과가 없어서 그에 대한 답을 할 수는 없다. 따라서 여기서 기술하는 내용도 통일 교육에 학교 환경이 중요하다는 것과 일부 실험학교에서 확인된 몇 가지 시범 사례 연구 결과에 근거하고 있다.

먼저, 교실이나 학교의 물리적 환경이 통일 교육에 미치는 영향에 관한 연구는 현재 전무한 실정이다. 하지만 교실에 통일 관련 시사 문제를 계속적으로 제공하면서 그것이 통일 문제나 남북문제에 대한 관심도를 높였는가에 대한 연구는 가능할 것이고, 교실 환경을 통일 문제 중심으로 조성함으로써 통일 문제에 대한 관심도 변화를 측정할 수 있을 것이다. 학교 환경과 관련하여서는 학교 전체의 환경(전시물, 학교 게시판, 언어 비교 팻말 사용 등)이 통일 의식 형성에 미친 영향들을 생각해 볼 수 있을 것이다.

학교 환경 중 문화적 환경과 통일 교육의 상관관계에 대한 연구도 쉽게 발견되지 않는다. 가장 쉽게 생각할 수 있는 방법은 학교의 통일 교육 분위기가 학생들의 통일 의식을 형성하는 데 미치는 영향 같은 연구나 행사를 통한 통일 교육(통일 교육 분위기)의 지속 효과에 대한 연구를 생각할 수 있을 것이다. 또한 학교 교육 과정을 통해 진행되는 통일 교육과 행사성 통일 교육과의 효과 차이도 의미 있는 분석으로 보인다.

변인 통제가 구체적이고 명확하지는 않지만, 일부 연구학교나 실험 학교에서 다양한 통일 교육을 시행하고(통일 퀴즈 대회, 통일 포스터 대회, 통일 노래 부르기, 북한 어린이 돕기 캠페인, 통일 지도 완성하기, 북한 바로 알기 게시판 사용 등) 설문 조사한 결과를 비교한 자료는 있다. 변인이 명확히 통제되지 않았다는 것은 실험 또는 연구학교 업무를 수행하면서 학교의 물리적 환경과 심리적 환경(문화적 환경)을 구분하지 않고 교육을 진행하거나 설문을 하기 때문이다(구체적인 변인 통제는 아직 기대하기 힘든 것으로 보인다). 따라서 이들의 연구 결과는 학교의 물리적 환경과 심리적 환경이 동시에 어느 정도 영향을 미쳤을 가능성이 크다.

구체적 변인 통제가 부족한 자료이기는 하지만, 학교 교육 환경이 학생들의 통일 의식에 영향을 미쳤다는 분석 결과는 있다. 이것을 통일 교육 환경 문제로 분류하는 것은 그것이 교육 과정 속에서 이루어지는 교수-학습 상황과는 다소 다른 행사성 통일 교육이기 때문이다. 서서울정보산업고등학교에서 제출한 「남북 동질성 회복을 위한 통일 역량 제고 방안」이라는 제목의 서울시 교육청 지정 통일 교육 연구학교 보고서(2001)를 참조해 보면, 2년간의 통일 교육을 실시한 후, 그러한 통일 교육을 받지 않은 학생들과 비교해 "통일에 관심이 많은가?"라는 질문에 통일 교육 시범학교 학생들은 25%가 '많다'고 답변한데 반해 시범학교가 아닌 학생들은 11.1%가 그렇게 답변한 것으로 나타났다. 또한, "통일이 될 것이라고 생각하는가"라는 질문에 시범학교 학생들

구 분	많다	조금 있다	관심 없다	변화 없다
본교 학생 (1,010명)	25%(252명)	49%(495명)	10.5%(106명)	15.5%(157명)
타교 학생 (1,013명)	11.1%(113명)	61.6%(624명)	27.3%(276명)	해당 없음

표 2. 통일에 대한 관심도

구 분	반드시 된다	언젠가는 될 것이다	되지 않을 것이다	관심 없다
본교 학생 (1,010명)	25.1%(253명)	65.8%(665명)	2.2%(22명)	6.9%(70명)
타교 학생 (1,013명)	9.1%(92명)	72.5%(734명)	9.9%(100명)	8.5%(87명)

참고: 연구의 신뢰도는 문제가 많다. 예를 들면, 일정한 지역적 여건이 고려되지 않았고, 이 실험학교가 실업계 고등학교이기 때문에 일반 인문계 학생들과는 달리 시간 배분 등에 차이를 둘 수 있다는 것 등이다.

표 3. 통일이 될 것이라고 생각하는가?

은 25.1%, 비시범학교 학생들은 9.1%가 '반드시 된다'라고 응답했고, 시범학교 학생들의 2.2%, 비시범학교 학생들의 9.9%가 '되지 않을 것이다'라고 응답했다. 이것을 정리한 것이 바로 표 2와 표 3이다.

또한, 일종의 질적 연구의 결과로 학생들의 의식 상황을 직접 기술하게 하여 그 변화를 제시한 연구 자료도 있다(광남고등학교, 2000 참조). 이 자료 역시 앞에서 언급한 상황 및 변인 통제가 불분명한 점은 여전히 한계이다. 하지만, 교수자(교사)-내용-피교수자(학생)의 상호 작용의 장에 영향을 주는 측면에서 파악한다면, 그것은 교육 상황을 이해하는 데 도움이 될 것이다.

II. 통일 교육과 사회 환경

1. 사회 환경의 의미

사회 환경은 대개 교사나 학교가 직접 제어하거나 통제할 수 없는 환경이다. 사회 환경은 학교 환경보다는 훨씬 더 복잡한 환경 구조를 가지고 있다는 것을 쉽게 알 수 있을 것이다. 정치, 경제, 사회, 문화 등 영역이 다양할 뿐만 아니라, 물리적 환경과 심리적(문화적) 환경이 구별되고, 영향을 주는 구성원들도 유아에서부터 노인에 이르기까지 너무도 다양하기 때문이다. 따라서 의미 있는 개념화의 필요는 학교 환경에서보다 더욱 절실하다고 하겠다.

사회 환경과 학교 환경의 요인이 밀접한 관계가 있을 것이라는 것 또한 쉽게 가정할 수 있다. 사회에서 강조하거나 합의된 가치는 흔히 학교 체제 속에서 그 규범이나 대인 관계, 역할 기대의 체제에 내면화되어 있다. 학교의 구성원이 다시 사회의 구성원이 되어 기본 가치의 전수가 이루어지기 때문이다. 이런 상황에서, 만약 학교 환경이 사회 환경의 제 요인들과 너무나 판이할 때, 학교에 작용하는 사회적 압력이 커지는 것도 그 관계의 한 예라고 하겠다.

사회 환경을 어떻게 개념화할 것이냐에 관해서 우리는 사회학이나 경제학, 정치학, 문화 인류학 등에서 풍부한 시사를 받을 수 있다. 그러나 여기에서의 문제는 교사와 학생의 행동에 영향을 주는 측면에서 의의가 있는 사회 환경의 개념을 정립해야 한다는 것이다. 즉, 사회의 특성이나 사회적 과정들, 교수-학습 행위의 관계 규명 그리고 학습 효과에 대한 이해가 핵심 과제가 된다(황정규, 1991, p. 4 참조). 예컨대 "사회 계층"이 교사와 학생의 행동에 영향을 주는 것은 확실하다. 그러나

"사회 계층"의 무엇이 왜 학습에 작용하느냐 하는 것은 잘 드러나지 않는다(정범모, 2000).

사회 환경과 관련하여서는, 특히 물리적 환경보다는 심리적·문화적 환경이 교수-학습 과정이나 학습 성과에 더 영향을 줄 수 있다. 이것은 학교의 물리적 환경이 학습 상황과 직접 연계되어 있는 것과는 달리 사회의 물리적 환경은 학습 과정과 직접 관련되어 있지 않기 때문이다. 그리하여 사회 환경과 관련해서는 심리적·문화적 환경이 훨씬 의미 있는 변인이 될 것이다.

사회 환경의 변인들이 교수자(교사)-내용-피교수자(학생)에 영향을 주는 과정에 대해서는 2단계의 투입 과정을 생각할 수 있다. 우선, 사회 환경은 학교 환경을 둘러싸고 있어서 학교 환경에 먼저 영향을 주고, 그것이 교수자(교사)-내용-피교수자(학생)에 영향을 주는 경우를 생각할 수 있다. 그리고 사회 환경이 교수자(교사)-내용-피교수자(학생)의 관계에 직접 영향을 주는 경우를 생각할 수 있다. 예를 들어, 전자는 교육과 상관없이 사회에 의해 실현되고, 그것이 학교 문화에도 파급됨으로써 교수자(교사)-내용-피교수자(학생)에 영향을 미치는 경우이고, 후자는 학교와 사회에서 동시에 수용된 문화가 교수자(교사)-내용-피교수자(학생)에 영향을 미치는 경우라고 하겠다.

중요한 것은 이러한 사회 환경이 교육에 유의미한 측면은 무엇이고, 그것이 어떻게 교육 상황, 즉 교수자(교사)-내용-피교수자(학생)의 상호 작용에 영향을 주느냐 하는 것이 관심거리이다. 그러나 이 부분의 연구 역시 대단히 드문 것으로 보인다.

2. 사회 환경과 통일 교육

통일 교육은 다른 교육 영역에 비해서 사회 환경의 영향을 상대적으로 더 많이 받는다고 할 수 있다. 앞서 언급한 통일 교육 연구학교에서 학생들에게 "통일에 대한 관심도"를 조사한 바에 따르면, 결과는 다음과 같다.

구분	관심 많다	조금 있다	관심 없다	무응답
2000학년도	68.2%	29.9%	1.9%	0%
2001학년도	25.0%	49.0%	10.5%	15.5%

2001학년도가 2000학년도보다 통일에 대한 관심도가 낮아진 원인은 2000년에는 남북 정상 회담 등으로 남북 관계가 획기적으로 개선되고 국내외의 정치·경제적 상황이 우호적이었으나, 2001년 들어 남북 관계에 별다른 진전이 없었고, 그밖에도 통일 여건 전반이 답보 상태에 머물렀기 때문이라고 생각된다.

이처럼 학생들의 통일 의식이 사회 환경의 영향을 강하게 받는 이유는 무엇인가.

첫째, 통일 문제 자체가 정치적 사건 속에서 차지하는 비중이 크기 때문이다. 통일 관련 문제가 정치적 쟁점이 되면, 누구나 여론의 향배에 관심을 갖게 되고, 그것이 통일 교육의 내용에 영향을 미치게 된다.

둘째, 통일 교육의 방향에 대해서 여전히 사회적 합의점을 찾지 못하고 있기 때문이다. 사회적 합의가 전제되어 일정한 방향성을 갖는다면, 정치적으로 민감할 필요가 없다. 다시 말해서 합의된 통일 교육은 정치·문화·사회 환경의 영향에 민감하게 반응하지 않으면서 안정적으로 진행될 수 있다.

셋째, 우리나라의 역사적 경험에서 비롯되는 측면을 고려할 수 있다. 통일 문제가 사회적 합의점을 찾지 못하고 정치적 쟁점이 되는 이면에는 한국 전쟁이라는 역사적 경험을 해석하는 차원이 다르기 때문이다.

그러므로 통일 교육은 사회 환경의 영향을 민감하게 고려할 수밖에 없다. 통일 교육에 영향을 미치는 사회 환경은 앞서 언급한 대로 물리적 환경보다는 단연 심리적·문화적 환경이며, 통일 교육에서 우선적으로 고려해야 할 대상도 그것이다. 여기에서는 정치, 경제, 사회, 문화, 군사, 외교, 스포츠 같은 수평적 영역을 분석 단위로 할 수도 있고, 국내 상황과 국제 상황 같은 위계적 분석 단위를 사용할 수도 있을 것이다.

또한 사안별로 통일 교육에 미치는 영향을 분석할 수도 있을 것으로 보인다. 예를 들어, '햇볕 정책sunshine policy'이 어느 정도 무르익어 가고 월드컵의 열기가 한창이던 2002년 6월의 '서해 교전(제2차 서해 교전)'은 통일 교육을 대단히 난감한 상황에 처하게 만든 사건이었다. 당시 여론 기관들의 설문 조사는 그러한 상황의 단면을 잘 보여 준다. 민주평화통일정책자문회의가 실시한 '서해 교전 관련 통일 전문가 모니터링'에서는 69.5%가 '사고라고 생각한다'고 응답했지만, 한국갤럽이 전국의 일반 성인을 대상으로 한 여론 조사에서는 81.8%가 '사고라고 보기 어렵다'는 답변을 하고 있다(민주평화통일정책자문회의 사무처, 『통일 논의 리뷰』, 2002년 제3호, 여론 조사 부분 참조). 다시 말하면, 서해 교전을 북한의 의도된 도발 행위로 보는 것이 일반 사람들의 지배적인 시각이며, 이러한 시각은 통일 및 화해 분위기에 부정적 영향을 미치게 된다는 것이다.

경제적 상황, 정치적 쟁점화 여부, 국제 관계의 동향, 세계의 문화적 흐름, 여론의 동향 등도 통일 교육에 대한 교수자(교사)-내용-피교수자(학생)의 상호 작용에 단기적 또는 장기적으로 영향을 미칠 것이다. 따라서 통일 교육과 관련한 사회 환경적 변인들은 무궁무진하고 또한 관점에 따라 다양한 분석이 가능할 것으로 보인다.

제3부

통일 교육의 학문 분야별 내용 접근

　현재의 통일 교육은 상호 이해 교육의 단계라고 할 수 있다. 과거에 주로 시행되었던 이데올로기 중심의 교육은 이러한 단계의 수요에 부합하지 않는다 (그렇다고 이데올로기에 대한 교육이 무의미하다는 것은 아니다). 상호 이해 교육을 위해서는 북한 사회에 대한 다양한 자료를 있는 그대로 풍부하게 제공할 수 있어야 한다. 물론, 그러한 자료를 제공하는 데 있어 가장 최선의 방법은 상호 교환 방문 등을 통하여 직접 눈으로 확인하고 의사소통하게 하는 것이다.

　그러나 현재 남과 북은 상당한 정도의 교류와 협력이 진행되고 있음에도 여전히 일부에 그치고 있으며, 자료의 교환은 매우 제한적으로 이루어지고 있는 실정이다. 북한의 폐쇄성에 기인한 이러한 자료 제한은 북한에 대한 연구와 북한에 대한 체계적 이해를 방해하고 있는 것이 사실이다.

　이러한 상황 속에서도 통일로 나아가기 위해서는 북한 사회를 이해하는 데 필요한 자료들이 교육 수요자들에게 제공되어야 한다. 그리고 평화 교육의 내용으로 논의되고 있는 이슈들, 민족 통합을 위한 노력들이 거론되어야 할 것이다. 이러한 자료들은 그동안의 학문 분야별 연구 성과를 활용하여 얻을 수 있다. 그리고 그 자료들은 통일 교육의 방향성에 준하여 선택되어야 할 것이다.

　북한 이해 교육의 영역으로는 북한 생활 문화 이해, 북한의 교육 제도 등이 있을 것이고, 평화 교육의 영역으로는 안보 문제와 평화 통일 정책 등을 다룰 수 있을 것이다. 다음으로 남과 북의 통합을 위한 민족 통합 교육의 내용으로는 새터민(북한 이탈자) 문제, 교류의 진행 상황(정치, 경제, 군사, 문화) 등이 최소한 거론되어야 할 것으로 보인다.

제1장

통일 교육의 북한 이해 교육적 접근

이 장에서 통일 교육을 위해 선택한 자료는 북한을 이해하기 위한 최소한의 내용 영역이라고 할 수 있다. 북한 사회의 구조 및 의식 세계를 이해하기 위한 사상 체계, 헌법 체계, 역사 인식, 그리고 생활 문화를 이해하기 위한 의, 식, 주생활, 북한의 교육 제도, 언어 실태, 청소년들의 인성 체계가 그러한 영역의 부분이 될 것이다. 이 책에서는 헌법 체계, 북한의 역사 인식, 북한의 생활 문화, 북한의 교육 제도, 북한의 언어에 대해서 살펴보고자 한다.

I. 북한 헌법의 변천과 그 특징

북한의 헌법은 사회주의 국가가 갖는 일반적 특징을 가지면서도 북한만의 독특한 특징을 가지고 있다. 모든 법이 그렇듯이 북한 헌법도 사회의 발전과 시대적 변화에 따라 나름의 변천을 겪고 있다.

북한의 헌법은 1948년 9월 8일 최초의 헌법이 제정된 후 1회의 재제정再制定(1972년 헌법)과 몇 번의 부분적인 개정을 거쳤는데, 총 개정

회수는 8차에 이르고 있다. 즉, 1948년에 제정된 이후 다섯 차례에 걸쳐 극히 부분적인 개정을 해오다가 1972년 12월 27일에 이를 전면 개정·시행하고, 이어 1992년에 1차 개정을, 1998년에 2차 개정을 하였다.

여기에서는 사회주의 헌법이 갖는 일반적 특성, 북한 헌법의 변천 과정과 그 특징, 남북 헌법의 권리 규정의 비교를 통해서 북한 헌법에 대한 이해를 돕고자 한다.[8]

1. 사회주의 헌법의 일반적 특징

(1) 사회주의 헌법의 일반적 특징

사회주의 국가의 헌법은 사회의 발전 단계에 따라 개정되거나 변화한다. 즉, 사회주의 국가의 헌법은 마르크스의 역사 발전 법칙에 따라 자본주의 사회로부터 사회주의를 거쳐 궁극적으로 공산주의 사회로 발전되어 가는 과정에서 각 사회의 발전 단계에 따라 그 내용을 달리하게 된다. 따라서 사회주의 국가의 헌법은 역사의 발전 단계에 따라 1) 인민 민주주의 헌법, 2) 사회주의 헌법, 3) 발전된 사회주의 헌법으로 나눌 수 있다. 인민 민주주의 헌법은 자본주의로부터 사회주의로의 이행 단계, 즉 과도기의 사회 경제 체제를 반영하는 헌법이다. 사회주의 국가의 헌법은 사회의 실제적 실천에 의하여 달성된 제 조건의 변화와 발전을 반영하기 때문이다.

마르크스주의에서 국가 이론 및 법 이론은 계급투쟁론과 밀접한 관련을 가지고 있다. 즉, 유산 계급과 무산 계급 사이의 계급투쟁에서, 유

---

8) 이 자료는 필자가 최종고의 『북한법』, 이윤환, 「북한법의 변천에 관한 연구」, 최용기, 「남북한 헌법상의 기본권」, 이성기, 「북한 신구 헌법에 관한 연구」, 사이버 통일교육센터 자료실의 북한 법령 자료를 참고하여 정리한 것이다.

산 계급이 자기들의 경제적 이익과 우월성을 확보하고 유지하기 위해 만들어 낸 억압 기구가 국가이며, 이 억압 기구가 그 기능을 효과적으로 수행하기 위하여 정해 놓은 규범이 법이라는 것이다. 마르크스는 법이 근본적으로는 부대 현상으로서의 상부 구조의 일부분이며, 사회 발전의 경제적 기반을 이루는 생산력과 생산 관계의 발전에서 생겨나는 지배 계급의 관점과 요구, 그리고 이익을 반영하는 것이라는 견해를 발전시켰다.

엥겔스는 법에 관해서 명확하게 언급한 적은 없으나, 계급 지배를 보장하는 강제 질서로서의 법은 국가와 운명을 같이할 것으로 이해하였다.

레닌은 마르크스–엥겔스의 사상을 발전시켜서, 자본주의 국가로부터 국가 소멸까지의 과도기적 단계로 이른바 반국가semi-state 이론을 전개하였다. 그에 의하면, 반국가는 1) 경제적 통제자로서의 기능과, 2) 공산주의 사회에서 살 수 있는 인간을 만들어 내는 인간 개조자로서의 기능을 수행한다. 이 두 가지 반국가의 기능 중에서 법과 관련하여 중요한 의미를 갖는 것은 두 번째 기능이다. 즉, 레닌은 공산주의 상황에 도달하기 전에 반국가에서 국가 권력과 법 규범을 강력히 집행하여 "법의 습관화"를 통한 "공산주의적 인간"의 형성을 상정하고 있다.

스탈린의 국가 이론은 법 이론에도 그대로 적용된다. 1930년경까지 소련의 법 이론은 대부분 법의 필연적인 소멸을 주장하는 법부인론자 法否認論者들에 의해 주도되어 왔었다. 1937년 스탈린주의 법학자 비신스키는, "사회주의 법도 신속히 소멸해야 한다고 주장하는 것은 부르주아 법과 사회주의 법을 동일선상에 놓고 보는 태도이다. 프롤레타리아 독재와 소비에트 정권이야말로 사회주의 법의 원천이며, 우리 법의 목적은 노동자들의 이익을 확보하고 우리 사회주의 사회의 발전을 보호하는 일"이라고 주장하였다. 이때부터 소련에서는 법에 대한 긍정적 태도가 뚜렷해지기 시작하였다.

사회주의 국가의 헌법에 대한 관점도 앞에서 살펴본 국가와 법에 대한 관점과 별다른 차이가 없다.

레닌은, "소비에트 헌법은 근로 인민에게 봉사하며, 계속하여 봉사할 것이다. 헌법은 사회주의 실현을 위한 투쟁에서 강력한 무기"라고 하였다. 아울러 헌법은 "혁명에서 쟁취한 것들의 확인이며, 동시에 사회주의 건설의 근본적인 목표들을 선언한 것"이라고 단언하였다.

스탈린은 헌법을 이미 달성하고 확보한 성과들을 등록한 것이며, 그것들의 법적 구현이라고 규정하였다. 그에게 있어서 헌법은 프로그램적 의미보다는 '정복된 영토'의 의미를 지닌다.

사회주의에서 기본권 개념은 인간의 사회 및 역사에 대한 구속성으로부터 비롯된다. 자본주의에서 자유가 국가의 부당한 간섭으로부터의 해방을 뜻하는 '국가로부터의 자유'임에 반하여, 사회주의에서 자유는 사회적·국가적 공동체 안에서만 진정한 존재 의의를 갖는 '국가에로의 자유'이다. 사회주의에서는 평등도 자본가와 노동자의 대립이 해소된 상태의 경제적·사회적 평등이 우선이고, 개인적·정치적 평등은 이 기초 위에서만 이루어진다.

사회주의 국가의 헌법은 일반적으로 사회 문화에 관한 조항을 두고 있다. 사회 문화에 관한 조항들은 프로그램적·선언적 성격을 띠고 있다. 사회주의 국가에서는 모든 인민을 공산주의 사회에 알맞은 인간으로 만들기 위하여, 즉 '공산주의적 유형의 새로운 인간'으로 개조하기 위하여 문화와 교육을 무엇보다도 중요하게 여긴다.

(2) 북한 헌법의 일반적 특징

북한의 법도 마르크스-레닌주의 및 스탈린주의에 바탕을 둔 사회주의 법이다. 특히 레닌과 스탈린의 법 이론은 북한에 결정적인 영향을 미쳤다. 따라서 레닌과 스탈린의 법 이론이야말로 북한 법의 이론적 기초가 된다고 할 수 있다. 북한에서도 법은 세 가지 기능을 담당한다고 할 수 있다.

첫째, 법은 보호적 상부 구조로서, 사회주의 체제를 국내외의 반혁명 세력으로부터 보호하기 위한 도구가 된다.

둘째, 법은 국가 경제의 조직자로서, 국가 경제 계획을 진행하는 도구가 된다. 생산 수단의 사회적 소유가 실현되어 있는 사회주의 국가에서는 주요 경제 활동을 국가가 계획하고 수행하며, 법은 이러한 경제 계획을 집행하기 위한 도구로서 구실한다.

셋째, 법은 공산주의 사회에 적합한 인간을 만들어 내는 인간 개조자로서의 기능을 갖는다.

북한의 헌법 이론은 주로 스탈린의 소비에트 헌법 이론에 입각해 있다. 이것은 1948년 9월 7일 김일성이 "조선민주주의 인민공화국 헌법 실시에 관하여"라는 보고에서 "법은 사회 경제 제도의 반영이며 정치의 한 개 표현 형식이다. 일정한 사회 경제 제도와 계급투쟁을 떠난 법이란 있을 수 없다. 우리 법이 우리의 사회주의 제도와 사회주의 전취물을 수호하는 무기로 되어야 할 것은 명백하다"고 함으로써, 북한에서 법이 갖는 의미를 단적으로 규정하고 있다. 그는 북한의 헌법을 가리켜 "북반부에 이미 실시된 제반 민주개혁의 성과들을 법적으로 확고히 한 것이며," "남반부 인민들에게 있어서 강령으로 되는 것"이라고 규정하였다. 다시 말하면, 조선민주주의 인민공화국 헌법은 해방 후부터 북한 정권의 수립에 이르기까지 북한에서 이미 실시된 민주개혁의 성과와 확립된 인민 민주주의 제도를 법적으로 공고화한 것이며, 장차 남한이 그들의 가치 아래 통일되어 북한과 동일한 민주개혁을 실시하고 제도를 실현할 때 그 강령이 된다는 것이다.

1948년 헌법은 자본주의로부터 사회주의로 이행하는 과도기인 인민 민주주의 단계의 헌법이었고, 1972년 헌법은 사회주의 단계의 헌법이다. 1948년 헌법은 인민 민주주의 선거에 따라 구성됨으로써, 정치적으로는 인민 연합 독재와 인민의 주권을 규정하고, 경제적으로는 생산 수단의 개인 소유를 인정하고 있다. 이러한 인민 민주주의 원리는 기본권의 구성 원리에서 물질적 보장주의와 교육적 역할이라는 원칙으로 나타났고, 통치 구조는 집단 지도제를 표방하였다.

1972년 헌법은 사회주의(더 나아가 주체사상의 이념에 바탕을 두고, 정치적으로는 프롤레타리아 독재)와 인민 주권주의, 민주주의적 중앙 집권제를, 경제적으로는 사회주의적 소유와 중앙 집권적 계획 경제를 규정하였다. 그리고 1972년 헌법의 사회주의적 원칙은 기본권의 구성 원리에서 집단주의 원칙이 강조되는 데에서도 찾아볼 수 있다.

2. 북한 헌법의 변천 과정 및 특징

(1) 개요

북한의 헌법은 1948년 9월 8일 평양에서 열린 최고인민회의 제1기 제1차 회의에서 채택 선포되고, 다음날 정권 수립과 함께 발효되었다.

1948년에 발효된 "조선민주주의 인민공화국 헌법"은 5차에 걸쳐 극히 부분적으로 개정되었다. 그 개정 내용을 보면, 첫째, 사회 경제적 개혁에 따른 헌법의 개정이 아니라 단지 정치 기구만 변경하였고, 둘째, 헌법의 하위 법규인 정령 또는 결정에 의해 실시하던 것을 헌법 개정을 통해 이를 추인하였다는 점을 그 특색으로 들 수 있다. 북한의 헌법 수정은 최고인민회의에서만 할 수 있다고 규정하고 있으나, 지금까지의 헌법 수정 과정을 보면, 헌법 수정 자체를 목적으로 하는 법령 초안이 최고인민회의에 제안된 경우는 거의 없었고, 대개 상임위원회 정령을 승인하는 과정에서 부분적으로 개정이 이루어진다. 즉, 먼저 정령을 시행한 후 그것을 고착화하는 방식이라고 할 수 있다.

이러한 북한의 헌법은 1972년 12월 27일 북한 최고인민회의 제5기 제1차 회의에서 전문, 11장, 149조로 된 "조선민주주의 인민공화국 사회주의 헌법"으로 전면 개정된다. 1972년 헌법은 그 명칭을 사회주의 헌법으로 바꾼 것 이외에도, 헌법의 구성과 방식에 있어서도 많이 달라졌다. 1948년 헌법의 근본 원칙 규정이 10개 조항에 불과했던 것과 대조적으로, 1972년 헌법에서는 총칙 규정을 정치, 경제, 문화의 3장 48개 조문으로 나누어 규정하였다. 또한, 사회주의 헌법은 독립된 장으로 있던 국가 예산, 민족 보위 및 헌법 수정의 절차 등의 부분을 따로 두지 않고, 관련 있는 다른 장에 포함시켰다. 이에 따라 제4장 공민의 기본 권리와 의무, 제5장 최고인민회의, 제6장 조선민주주의 인민공학국 주석, 제7장 중앙인민위원회, 제8장 정무원, 제9장 지방인민회의, 인민위원회 및 행정위원회, 제10장 재판소 및 검찰소, 제11장 국장, 국기 및 수도의 편별을 취하고 있다.

1992년 4월 9일에 사회주의 헌법의 1차 개정이 있었고, 1998년 소위 김일성 헌법으로의 개정이 이루어진다. 그러나 이들 개정은 사회주의 헌법 단계로 포섭된다.

(2) 각 헌법의 주요 내용 및 특징

(가) 1948년 헌법(인민 민주주의 헌법)

ㄱ. 구성 원리

북한의 인민 민주주의 헌법은 "인민 민주주의"의 이념에 입각해 있다(인민 민주주의라는 용어는 1945년 티토가 행한 연설에서 비롯되었다고 한다). 특히, 그것은 경제 부문에서 두드러지게 나타나는데, 국가 소유,

협동 단체 소유, 개인 자연인의 소유, 개인 법인의 소유에 대해서 이러한 생산 수단의 소유 형태를 상세히 규정하고 있다.

ㄴ. 기본권 개념

제2장 공민의 기본적 권리 및 의무에는 사회적 기본권을 중심으로 20여 개의 기본권을 규정하고 있는데, 이외에 다른 기본권은 없다.

ㄷ. 통치 구조

사회주의 국가의 통치 구조에서 가장 뚜렷한 특징은 소비에트 체제이며, 북한의 48년 헌법도 이에 입각해 있다. 소비에트의 특징은 권력의 통합에 있다. 다양한 기관은 권력 분립보다는 복수 국가 기관 간의 '권한의 분화'를 담보하며, 권력의 일체성은 철저하게 보장된다.

ㄹ. 일반적 특징(김일성, "조선민주주의 인민공화국 헌법 실시에 관하여")

① 인민들이 쟁취한 위대한 정치적 승리를 법적으로 확인하고 있다.
② 북조선의 경제생활에서 일어난 전변들을 반영하며, 북조선에서 실시된 경제 개혁들을 법적으로 확인하고 있다.
③ 공민은 정치 경제 사회생활의 모든 분야에서 동등한 권리를 가진다.
④ 공민의 민주주의적 권리와 자유는 선포하는 데 그치지 않고 그것을 실제로 보장하고 있다.

ㅁ. 중간 부분 개정

구분	수정 일자	주요 내용
제1차	1954. 4. 23	·지방 행정 구역 중 '면'을 폐지하고 '읍'과 '노동자 구'를 신설 ·내각 구성 일부 변경

제2차	1954. 10. 30	·최고인민회의 대의원의 임기를 3년에서 4년으로 연장(36조) ·각급 인민위원회를 각급 인민회의와 인민위원회로 분리(제5장)
제3차	1955. 3. 11	·최고인민회의 상임위원회 구성원 수를 수정함(48조) ·최고인민회의 상임위원회 권한 문구 수정(49조 2항) ·내각의 '결정' '지시'를 내각의 '결정' '명령'으로 공포할 수 있도록 함(55조 1항)
제4차	1956. 11. 7	·선거권 및 피선거권 연령을 20세에서 18세로 조정(12조1항)
제5차	1962. 10. 18	·최고인민회의 대의원 선출 기준을 5만 명당 1인에서 3만 명당 1인으로 조정(35조) ·내각 구성원을 구체적으로 열거한 것을 '수상, 제1부수상, 부수상들, 각 상' 등으로 추상적으로 구성함(58조) ·수상 부수상 각 상의 취임 시 선서 조항을 삭제(61조)

(나) 1972년 사회주의 헌법(12월 27일을 헌법절로 정함)

24년간의 사회 변화와 국내 정치(권력 기반을 노동당에서 정부로), 국제 정치(세계적 위상을 고려한 주석직 필요), 남북 관계 상황을 고려하여 개정한다고 밝혀 놓았다.

ㄱ. 구성 원리

1972년 헌법은 북한이 생산 관계의 사회주의적 개조를 완성하여 이른바 사회주의 단계에 진입함에 따라, 1948년 헌법이 표방한 인민 민주주의 대신에, 프롤레타리아 독재를 그 기본 이념으로 제시하고 있다. 이것은 마르크스-레닌주의에서 사회주의 혁명과 건설은 프롤레타리아 독재의 기능과 역할에 의해서만 성사될 수 있는 것으로 인식하는 것과 일맥상통한다.

김일성은 사회주의 제도가 확립되었다고 하면서, 그 특징으로 ① 생산 수단의 사적 소유에서 집단적 소유로의 전화轉化, ② 집단주의 체제의 형성, ③ 노동의 양과 질에 대한 분배 실시, ④ 프롤레타리아 독재 실시를 들고 있다

ㄴ. 내용상의 특징

먼저 72년 헌법 제1조를 보면, 조선민주주의 인민공화국은 "자주적인 사회주의 국가"로 규정되어 있다. 제16조에는 "조선민주주의 인민공화국은 대외 관계에서 완전한 평등권과 자주권을 행사한다. 국가는 우리나라를 우호적으로 대하는 모든 나라들의 완전한 평등과, 자주성, 호상 존중과 내정 불간섭, 호혜의 원칙에서 국가적 및 정치, 경제, 문화적 관계를 맺는다"라고 하여 내정에서의 자주성과 모든 국가들과의 평등을 명확히 하고 있다. 이러한 주체적 입장은 이념의 측면에서도 명시되고 있다. "조선민주주의 인민공화국은 막스-레닌주의를 우리나라의 현실에 창조적으로 적용한 조선로동당의 주체사상을 자기활동의 지도적 지침으로 삼는다"는 1972년 헌법 제4조의 규정이 바로 그것이다.

둘째, 제2장에 경제의 장을 둠으로써 그 중요성을 강조하였다. 중앙 집권적 계획 경제 원리를 표방하였고, 청산리 방법을 제시하였다.

셋째, 문화 정책에 관하여 별도의 장(3장)을 두어 17개 조의 장황한 규정을 두고 있다.

넷째, 재판 기관과 더불어 검찰 기관에 대한 자세한 규정을 두고 있다.

다섯째, 헌법 재판 기관이나 선거 관리 기관이 없다.

여섯째, 중앙인민위원회는 1972년 헌법에서 국가 주석제와 함께 '국가 주권의 최고 지도 기관'(100조)으로 신설되었다.

(다) 1992년 헌법(우리식 사회주의 헌법: 7장 171개 조문)

사회주의권의 몰락 및 남북 관계의 진전이라는 시대적 변화와 파탄 위기에 처한 북한의 경제난을 극복하기 위해 헌법을 개정하였다고 할 수 있다.

ㄱ. 구성 원리

주체사상의 내용 중에서 '마르크스-레닌주의 승계'라는 용어를 삭제하고, 주체사상을 '인민 대중의 자주성을 실현하기 위한 혁명 사상'으로 규정하고, 소련 및 동구 사회주의권의 몰락에 대응해 그들과의 맥을 끊고 있다.

북한이 특징이라고 언급한 내용을 소개하면, ① 당의 지도를 국가 활동의 기본 원칙으로 삼는다고 규정한 점, ② 국가의 정치적 기반을 강화하고 국가를 지지하는 계급과 계층을 확대한 점, ③ 인민 민주주의 독재를 새로이 규정한 점, ④ 사회주의 경제에 관한 지도 관리 원칙을 규정한 점, ⑤ 국방 문제를 독립된 장으로 규정한 점 등이다.

ㄴ. 내용상 특징

첫째, 북한의 정치 체제를 일당 독재 체제, 수령의 유일적 지도 체제로 하고 있다.

둘째, 19-38조에서 경제난 타개라는 목적 달성을 위하여 여러 가지를 개정하였다. 의식주 문제를 해결하기 위한 인민 복지 조항을 신설하고, 외국인 투자를 유치하기 위해 안전 보장 조치 등을 규정하였다.

셋째, 대외 관계에서 마르크스-레닌주의와 프롤레타리아 국제주의 원칙을 수정하여 '자주, 평화, 친선'의 대외 정책과 이념으로 전환하였다.

넷째, 문화 조항(39-57조)을 강화하였다

다섯째, 대남 관계에서 조국 통일 3대 원칙을 명기하고 대남 혁명 노선으로 간주되어 온 "전국적 범위"란 대목을 삭제하였다.

여섯째, 1972년 헌법 제14조에 포괄적으로 규정되었던 국방 조항을 독립된 장(4장: 58-61조)으로 규정하였다.

일곱째, 권력 구조면에서 김정일 후계 체제를 위한 변화를 꾀한다. 국가 주석이 있는데도 불구하고 국군 통수권 등을 국방위원장에게 넘겨주는 조치가 그것이다.

(라) 1998년 헌법(김일성 헌법)

1998년 9월 5일 북한은 또다시 헌법을 개정하였는데, 1972년 헌법을 2차 개정한 것으로 판단된다. 이것은 7장 166개 조문으로, 1992년 헌법(7장 171조문)에 비해서 5개 조문이 줄었다. 그 배경에는 김정일의 권력 승계를 공식적으로 마무리하고, 경제 회생을 위해 실용주의적 경제 정책을 표방할 필요성이 있었던 것으로 판단된다.

ㄱ. 주요 개정 내용

첫째, 이례적으로 서문을 신설하였다. 특히, 헌법 개정이 김일성의 국가 건설 사상과 국가 건설 업적을 법화 한 김일성 헌법임을 분명히 하고 있다(부록 참조).

둘째, 경제면에서 소유 구조의 조정과 개인 소유 범위의 확대, 경제 자율성 확대, 대외 경제 개방의 확대 등의 내용을 담고 있다. 국가 소유의 대상을 축소(21조)하고 사회 및 협동 단체의 소유 대상을 확대(22조)하였다. 개인 소유 주체 범위도 확대하고, 개인 부업 경리와 합법적인 경리 활동을 통하여 얻은 수입도 개인 소유에 속하게 하고(24조), 경제 특구에 대한 헌법적 근거도 명시하였다(37조).

셋째, 공민의 기본권과 관련하여 거주 이전의 자유(75조)를 신설하였

다. 이 조항은 그동안의 국제 사회의 요구와 식량난에 따른 명문화로
추측된다.

넷째, 국가 주석제를 폐지하였다.

다섯째, 국방위원회의 지위와 권한을 강화(김정일의 공식 직함을 헌
법적으로 보장하는 것이다)하고, 최고인민회의 상임위원회의 지위와 권
한을 대폭 강화하였다. 개정 헌법은 국방위원회의 법적 지위를 "국가
주권의 최고 군사 지도 기관이며 전반적 국방 관리 기관"(100조)이라
고 하고 있다. 이는 1992년 헌법에 비해 "전반적 국방 관리 기관"이라
는 규정을 추가한 것이다. 마찬가지로 102조에 국방위원장의 지위에
대해 '국방 사업 전반의 지도'라는 내용을 추가하였다. 상임위원회의
권한 강화는 1972년 이전의 국가 기구로 복귀하는 것을 의미힌다.

여섯째, 중앙인민위원회를 폐지하고 정무원을 개편하여 내각 체제로
복귀하였다.

4. 남·북한 헌법상 기본권의 차이점

대한민국 헌법은 인간의 존엄과 가치·행복 추구권을 국민의 권리
로 규정하고 있다. 조선민주주의 인민공화국 사회주의 헌법은 집단주
의 원칙에 기초를 두고 참다운 민주주의적 권리와 자유, 행복한 물질문
화 생활을 실질적으로 보장하고, 공민의 권리와 자유는 사회주의 제도
의 공고·발전과 함께 더욱 확대되고, 조선민주주의 인민공화국의 공
민된 영예와 존엄을 고수하여야 한다고 규정하여 오로지 사회주의 국
가를 위한 존엄성 보장과 행복 추구를 인정하지 인간의 기본적 권리로
보장하지 않는다.

대한민국 헌법은 법 앞의 평등과 성별·종교 또는 사회적 신분에 의
한 정치·경제·사회·문화 생활의 모든 영역에서 차별을 금지하고,

사회적 특수 계급 제도를 부인하고, 훈장 등의 영전은 이를 받은 자에게만 효력을 인정하고 있다. 북한은 국가와 사회의 모든 분야에서 누구나 다 같은 권리를 가진다고 규정하였다.

대한민국 헌법은 신체의 자유와 적법 절차의 원리, 인신 보호를 위한 기속 원리를 규정하고 있다. 북한 헌법은 미흡하지만 인신의 불가침과 법에 근거하지 않고는 공민을 구속하거나 체포할 수 없다고 규정하고 있다.

대한민국 헌법은 거주·이전의 자유를 가진다고 규정하고 있다. 북한 헌법은 거주·여행의 자유를 가진다고 규정하였다.

대한민국 헌법은 직업 선택의 자유를 규정하였고, 북한 헌법은 '노동 능력이 있는 모든 공민은 희망과 재능에 따라 직업을 선택하며'라고 규정하였다.

대한민국 헌법은 주거의 자유를 보장하며, 주거에 대한 압수나 수색을 할 때에는 검사의 신청에 의하여 법관이 발부한 영장을 제시해야 한다고 규정하였다. 북한 헌법은 주택의 불가침, 법에 근거하지 않고는 살림집을 수색할 수 없다고 규정하였다.

대한민국 헌법은 사생활의 비밀과 자유를 보장하였다. 북한 헌법에는 사생활의 비밀 보장에 관한 규정이 없다.

대한민국 헌법은 통신의 비밀을 보장한다고 규정하였다. 북한 헌법은 서신의 비밀을 보장한다는 규정이 있다.

대한민국 헌법은 양심의 자유를 보장하고 있다. 북한 헌법은 양심의 자유에 관한 규정은 없고, 헌법 제81조에서 "공민은 인민의 정치·사상적 통일과 단결을 수호하여야 한다"고 규정하여 실질적인 양심·사상의 자유는 인정하지 않는다.

대한민국 헌법은 종교의 자유를 인정하고, 국교를 부인하고, 종교와 정치를 분리한다고 규정하고 있다. 북한 헌법은, 신앙의 자유나 종교

건물, 종교 의식은 허용하되, 외세를 끌어들이거나 국가·사회 질서를
해치는 데 종교를 이용할 수 없다고 규정했다.

대한민국 헌법은 언론·출판·집회·결사의 자유를 보장하고, 언
론·출판에 대한 허가나 검열과 집회·결사에 대한 허가는 인정되지
아니한다. 북한은 언론·출판·집회·결사의 자유를 헌법에서 보장하
고 있다.

대한민국은 학문과 예술의 자유를 보장하고 저작자·발명가·과학
기술자와 예술가의 권리를 법률로써 보호하고, 북한은 과학과 문학·
예술 활동의 자유를 보장하고, 국가는 발명가와 창의·고안자를 배려
하고 저작권·발명권·특허권을 법적으로 보호한다.

대한민국 헌법은 재산권의 자유를 보장하고, 법률에 의한 제한을 규
정하고 있지만, 북한은 공민의 권리로서 보장하는 것이 아니라, 제2장
경제편 제24조에서 근로자들의 개인적이며 소비적인 목적을 위한 개인
소유만 인정하고 텃밭 경리, 개인 부업 경리에서 나오는 생산물과 그 밖
의 합법적인 경리 활동을 통하여 얻은 수입 및 노동에 의한 사회주의
분배, 국가와 사회의 추가적 혜택으로 개인 소유가 형성되고 있다.

대한민국 헌법과 북한 헌법은 정당 설립 및 활동의 자유, 공무 담임
권, 선거권을 참정권으로서 보장하고 있다. 다만 국민 투표권의 경우,
대한민국은 중요 정책이나 헌법 개정안에 대해 국민 투표를 규정하고
있고, 북한은 최고인민회의가 헌법 수정 권한, 국가의 대내외 정책의
기본 원칙을 세운다고 규정하고 있다(제91조).

대한민국 헌법은 정당 설립의 자유와 복수 정당제를 보장하고 있다.
또한 정당은 그 목적과 조직, 활동이 민주적이어야 하며, 국민의 정치
적 의사 형성에 참여하는 데 필요한 조직을 가져야 한다. 정당은 법률
이 정하는 바에 의하여 국가의 보호를 받으며, 국가는 법률이 정하는
바에 의하여 정당 운영에 필요한 자금을 보조할 수 있다. 다만 정당의

목적이나 활동이 민주적 기본 질서에 위배될 때에는 정부는 헌법재판소에 그 해산을 제소할 수 있고, 정당은 헌법재판소의 심판에 의하여 해산된다.

북한 헌법에는 국가는 민주주의적 정당·사회단체의 자유로운 활동 조건을 보장한다고 규정되어 있다. 하지만 "조선민주주의 인민공화국은 조선로동당의 영도 밑에 모든 활동을 진행한다"(북한 헌법 제11조)는 규정이나 "국가는 계급 노선을 견지하며 인민 민주주의 독재를 강화하여 내외 적대 분자들의 파괴 책동으로부터 인민 주권과 사회주의 제도를 굳건히 보위한다"(북한 헌법 제12조)는 규정을 고려할 때, 조선 노동당의 독재를 은폐하기 위한 규정에 지나지 않는다.

대한민국 헌법은 법률이 정하는 바에 의하여 선거권을 가진다고 규정하고 있고, 북한 헌법은 17살 이상의 공민에게 선거권을 보장하고 있다.

대한민국 헌법은 법률이 정하는 바에 의하여 공무 담임권을 가진다고 규정하고 있고, 북한 헌법은 선거 받을 권리를 보장하고 있다

대한민국은 국방·통일 기타 국가 안위에 관한 중요 정책이나 헌법 개정안에 대한 국민 투표를 인정하고 있다. 북한에는 국민 투표에 관한 규정이 없다.

대한민국 헌법은 기본권을 구제하기 위한 청구권으로서 청원권, 재판을 받을 권리, 국가 보상 청구권, 국가 배상 청구권, 범죄 피해자 구조 청구권을 규정하고 있다. 북한 헌법은 청원권을 보장하고 있다.

대한민국 헌법은 교육 받을 권리, 초등 교육과 법률이 정하는 교육을 받아야 할 국민의 의무, 무상 의무 교육, 교육의 자주성, 전문성, 정치적 중립성 및 대학의 자율성 보장, 평생 교육 진흥, 교육 제도와 운영, 교육 재정 및 교원의 지위에 관한 법률 제정 등을 규정하고 있다.

북한 헌법은 교육 받을 권리, 국가의 인민 교육 시책에 의한 보장을

공민의 기본 권리로 규정하고, 제3장(문화) 제43조에서 "국가는 사회주의 교육학의 원리를 구현하여 후대들을 사회와 인민을 위하여 투쟁하는 견결한 혁명가로, 지덕체를 갖춘 공산주의적 새 인간으로 키운다"고 규정하고, 제44조에서 "국가는 인민 교육 사업과 민족 간부 양성 사업을 다른 모든 사업에 앞세우며 일반교육과 기술교육, 교육과 생산 로동을 밀접히 결합시킨다"고 규정했고, 제45조에서 "국가는 1년 동안의 학교 전 의무 교육을 포함한 전반적 11년제 의무 교육을 현대 과학 기술 발전 추세와 사회주의 건설의 현실적 요구에 맞게 높은 수준에서 발전시킨다"고 규정했고, 제46조에서 "국가는 학업을 전문으로 하는 교육 체계와 일하면서 공부하는 여러 가지 형태의 교육 체계를 발전시키며 기술 교육과 사회과학, 기초 과학 교육의 과학 이론 수준을 높여 유능한 기술자, 전문가들을 키워낸다"고 규정했고, 제47조에서 "국가는 모든 학생들을 무료로 공부시키며 대학과 전문학교 학생들에게는 장학금을 준다"고 규정했고, 제48조에서 "국가는 사회 교육을 강화하며 모든 근로자들이 학습할 수 있는 온갖 조건을 보장한다"고 규정했고, 제49조에서 "국가는 학령 전 어린이들을 탁아소와 유치원에서 국가와 사회 부담으로 키워준다"고 규정하고 있다.

대한민국 헌법은 근로의 권리, 고용 증진과 적정 임금의 보장, 최저 임금제 시행, 여자와 연소자의 근로에 대한 특별한 보호를 규정하였다. 북한 헌법은 노동에 대한 권리, 어머니와 어린이에 대한 특별한 보호를 규정하고 있다.

대한민국 헌법은 근로자의 단결권·단체 교섭권·단체 행동권을 규정하고 있다. 북한 헌법은 제3장(문화), 제57조에서 "인민들에게 문화위생적인 생활환경과 노동 조건을 마련하여 준다"고 규정하고 있지만 노동 3권에 관한 규정은 없다.

대한민국 헌법은 인간다운 생활을 할 권리, 국가의 사회 보장·사회복지 증진 의무·여자의 복지와 권익의 향상, 노인과 청소년의 복지 정책, 생활 능력이 없는 국민의 국가 보호, 재해 예방과 위험으로부터 국민 보호를 규정하고 있다. 북한 헌법은 휴식에 관한 권리를 보장하고, 노동 시간제, 공휴일제, 유급 휴가제, 국가 비용에 의한 정·휴양제 등을 보장하고 있다.

대한민국 헌법은 건강하고 쾌적한 환경에서 생활할 권리, 국민의 환경 보전 의무, 주택 개발 정책을 통한 쾌적한 주거 생활 보장을 규정하고 있다. 북한 헌법은 공민의 기본 권리로 규정하지 않고, 제3장(문화) 제57조에서 국가의 환경 보호 대책, 자연 환경 보존, 환경오염 방지, 인민들에게 문화 위생적인 생활환경 보장과 노동 조건 마련 등을 규정하고 있다.

대한민국 헌법은 혼인과 가족생활의 보장, 보건에 관한 국가의 보호를 규정하고 있다. 북한 헌법은 결혼과 가정의 보호, 치료 받을 권리, 노동 능력 상실자, 늙은이, 어린이의 물질적 방조를 받을 권리, 국가 사회 보험과 사회 보장제를 규정하고 있다.

대한민국은 망명권에 관한 헌법 규정은 없지만, 정치적 망명을 인정하고 있다. 북한은 평화와 민주주의, 민족의 독립과 사회주의를 위하여 과학, 문화의 자유를 위하여 투쟁하다가 망명한 다른 나라 사람을 보호한다고 규정하고 있다.

5. 최근 북한 법의 동향9)

북한은 김정일 체제의 출범과 더불어 '사회주의 법체계의 완비'와

---

9) 최근 북한 법 변화의 내용은 '북한법 연구회'가 "분단 60년: 북한법의 어제와 오늘"이라는 주제로 2005년 8월 30일에 개최한 학술 발표회의 발표 자료를 참고하여 구성하였음을 밝혀둔다.

'사회주의 법제 사업의 강화'라는 기치 아래 폭넓은 법 제도 정비를 추진해 왔다. 이것은 북한의 대내외적 환경 변화에 대한 대응 조치라는 것이 일반적인 해석이다(장명봉, 2005). 북한 사회의 법률생활 분야에서 독특한 특성을 나타내는 이론으로 '사회주의 법무 생활론'이 거론되고 있는데, 이는 1982년 김정일의 「사회주의 법무 생활을 강화할 데에 대하여」라는 논문에서 비롯되었다. 그는 이 논문에서 사회주의 법무 생활의 강화를 위한 기본 요구로 온 사회에 대한 준법 기풍 수립을 강조하는데, 여기에는 사람들의 높은 준법 의식과 자각적인 준법 활동이 포함된다.

북한은 원칙적으로 "법의 사회"라기보다는 "도덕의 사회"라는 측면이 강했다. 법보다는 말씀과 교시가 더 우위에 있다는 차원에서 "정치의 사회"로 묘사할 수도 있다. 범죄자에 대한 처벌도 법적 제재보다는 사회적 교양이나 정치적 교화가 더 우선이었다. 사회주의 국가는, 인민 주권 원칙상 인민이 국가의 주인이므로 이론적으로 통치의 대상이거나 규율의 대상이기보다는 인민의 자발적 동의와 법의 준수를 통하여 통치가 이루어지는 것을 강조할 수밖에 없다. 그러므로 법에 의한 규율과 통제는 극히 예외적으로 이루어지는 것이 순리였다.

그러나 북한은 세계사적 흐름에 부응하지 않을 수 없는 상황에 직면하고 있다. 이러한 조치의 단적인 면이 법의 체계화라고 할 수 있다. 최근 북한은 이례적으로 『조선민주주의 인민공화국 법전(대중용)』(2004. 8)을 발간하였는데, 그 의의는 이 법전이 북한의 법체계에 대한 인식에서 하나의 전환점으로 생각할 수 있다는 것이다. 그 발간사에서 "법은 모든 공민들이 의무적으로 지켜야 할 행동 준칙이며 공민들이 법을 알고 스스로 지키는 데 도움을 주기 위하여" 이 법전을 발간한다고 밝히고 있다. 이 대중용 법전은 일반 자료로 분류되어 우리나라에서도 시판되고 있는데, 모두 112개의 법률을 수록하고 있다. 수록되어 있는 대표적 법 내용으로는 헌법, 민법, 형법, 민사 소송법, 형사 소송법으로서 주로 1990년대 이후 새로 제정된 법률들이라고 한다. 특히, 2000년대 이후에 제정된 상속법, 손해 보상법, 컴퓨터 소프트웨어 보호법, 소프트웨어 산업법 등 13개 법률이 들어 있다.

(1) 북한 법 변화의 특징

최근 북한의 이러한 법제화 및 법무 생활 강화는 과거와는 다른 많은 특징을 갖고 있는데, 일반적인 특징을 열거하면 다음과 같다.

첫째, 북한의 대내외적 환경 변화에 따른 법적 대응 현상이다. 북한은 김정일 체제 출범 후 여러 방면에서 변화를 모색해 왔는데, 개방과 개혁을 위한 투명성 및 안정성 제고라는 필요성이 강하게 영향을 미친 것으로 볼 수 있다. 특히, 대외 경제 개방 정책을 적극적으로 추진할 필요에 의한 노력이라고 할 수 있다.

둘째, 1990년대 이후 법제 정비는 김정일 주도로 이루어지고 있다. 이것은 김정일 체제의 공식 출범에 따라 정책 추진을 법 제도적으로 뒷받침하기 위한 조치로 이루어지고 있음을 알 수 있다.

셋째, 최근 북한의 법제 정비는 내용면에서 이념적 색채를 완화하고, 형식면에서 체계화를 이루고 있다. 이것은 종래의 법체계에 비하여 유기적 연관성을 가지면서 체계화가 시도되고 있다는 점에서 발전적 사실로 받아들여지고 있다.

넷째, 교시나 말씀, 당의 지시를 법률 속에 구현하면서 집행을 강조하고 있다. 과거에는 판결이나 판정의 집행에 대해서 소송법 상에 부분적으로 규정하여 오던 것을 별개의 집행법인 "판결판정집행법"을 제정할 정도에 이르렀다. 이것은 법률을 경시하던 데에서 그것을 집행하고 강제하는 데로 관심이 옮겨 가고 있음을 보여 주는 것이다.

다섯째, 실용주의적 입법화 경향과 객관적 사회 규범으로서의 역할을 강조하는 경향이라고 할 수 있는데, 이에 따라 인치에서 법치로의 변화 가능성을 보여 주고 있다.

이러한 일반적인 법체계의 변화에 따라 구체적인 부분의 변화도 주목된다. 그것을 사법과 형법 분야로 대별할 수 있는데, 특징적인 부분 몇 가지를 열거하면 다음과 같다. 먼저, 사법상의 변화로는 1) 일반적인 사법 분야의 공통 원칙인 공정성, 객관성, 과학성, 신중성 등을 담아 사법의 본질에 충실하려는 의지를 담고 있다는 점, 2) 교시나 말씀을 법제화하여 의제 자체를 법으로서 해결하려는 의지가 사법 분야에서도 정착되고 있다는 점, 3) 북한의 사법 체계가 대외 경제 관련 법들 다음으로 정비되어 있다는 평가를 받고 있다는 점, 4) 2000년대에 들어와 재산 소유 및 상행위에 관한 법률들이 속속 제정되고 있다는 점 등이다. 예를 들어, 상속에 대한 규정들이 특징적으로 보이는데, 상속법 (2002. 3)에 따르면, 개인 소유 재산에 대해서 국가가 법적으로 상속을 인정하고 있으며, 개인 소유 주택, 승용차뿐만 아니라 화폐, 저축, 가정 용품 등의 개인 소비재에 대해서도 상속을 인정하고 있다. 상속 순위를 정해서 분쟁의 소지를 없애고, 피상속인의 의사를 존중하고 상속인의 권리를 평등하게 보장하는 규정을 두고 있으며, 국가 소유 주택의 임차권까지도 상속의 대상에 포함시켰다.

다음으로 형사법의 주요 변화로 1) 죄형 법정주의의 채택은 가장 큰 질적 변화로서 그동안 허용되던 유추 해석 적용 규정을 삭제하고 죄형 법정주의로 명문화하였다는 점, 2) 사회적 일탈 행위에 대한 처벌 관점이 행위자 교양 처분에서 행위 처분으로 전환되었다는 점, 3) 신체와 인권에 대한 보호가 강화되어 야간 심문 금지, 체포 구속의 사유와 시기 통지, 사법 기관의 불법 행위 처벌 강화, 단순 탈북자 처벌 완화 등이 규정되었다는 점, 4) 사회 변화에 따른 새로운 범죄 유형의 신설이 이루어지고 있는데, 경제 변화와 상행위 증가에 따른 후속 조치로 '경제 관리 질서를 침해한 범죄' 부분이 대폭 추가된 점 등이다.

II. 북한의 역사 인식

북한의 역사 인식은 사회주의 유물사관을 근간으로 하고 있다. 그것은 마르크스주의를 근간으로 하는 사상 체계의 영향 때문이다. 우리나라는 다양한 역사관이 병존하고 있음에 비해 북한은 남한과는 전혀 다른 역사관을 발달시키고 있고, 그것은 분단 60년을 넘어서 여타 영역의 이질감보다 훨씬 커다란 문제를 야기할 수 있다.

북한의 역사책 서문에는 예외 없이 주체사상이 등장한다. 따라서 북한의 역사 교육은 "위대한 수령과 친애하는 지도자 동지의 현명한 영도와 세심한 가르치심"에 따른 기념비적인 주체사상을 학습하고 그에 이바지하기 위해 존재한다고 하겠다. 북한의 '주체 학습론'에 따르면, "력사 학습에서의 기본은 자주성을 위한 우리 인민의 투쟁의 력사, 창조적 력사를 학습하는 것"이며, 그들의 역사 교과서에도 "우리나라 력사는 슬기롭고 용감한 인민이 안팎의 원수 놈들을 반대하여 싸워 이긴 투쟁의 력사이며 생산과 문화를 끊임없이 발전시켜온 창조의 력사"라고 정의하고 있다. 이러한 사실들을 종합하여 볼 때, 북한 역사 교육의 목적은 계급의식을 고양하고 반외세 투쟁 정신을 고양하여 '주체의 조국,' '사회주의 모범의 나라'의 우월성과 그들의 혁명 위업을 드러내는 데 있음을 알 수 있다.

이 단원에서는 북한의 역사 인식에 대한 그동안의 연구 성과를 정리하여 제시하고 있는데,[10] 북한의 역사 인식의 특징과 남북 교과서 차이를 중심으로 살펴보고자 한다.

　북한의 역사 인식 체계가 우리나라와 근본적으로 다른 것은 유물 사관을 받아들이고 주체 사관을 강조한 점이라고 할 수 있다. 그 구체적인 차이점들을 살펴보면 다음과 같다.

　첫째, 북한 역사 인식의 근본은 마르크스의 유물 사관이다. 마르크스는 역사 발전의 법칙은 생산력과 생산 관계의 변화에 따른다고 하였다. 그는 역사 발전의 과정을 원시 공동체 사회 — 고대 노예제 사회 — 중세 봉건제 사회 — 근대 자본주의 사회 — 공산주의 사회(현대 사회)로 분류하고 있는데, 북한의 역사 발전 단계 분류 방식은 이에 따르고 있다. 우리나라가 원시 — 고대 — 중세 — 근세 — 근대 — 현대로 분류하고 있음에 반해, 북한은 원시 — 노예제 — 봉건 — 근대 — 현대 사회로 구분하고 있다. 따라서 각 시대의 기준점 및 시기의 연대가 다른 것은 당연하다 하겠다.

　유물 사관은 역사 발전을 합법칙성에 근거한 연역적 사실로서 설명하는데, 북한의 역사 서술 역시 이러한 방식을 따르고 있다. 따라서 역사를 전체사, 거시사, 일반사 등 큰 틀 속에서 정리하는 방식으로 전개하고 있다. 이것은 구체적 사실보다는 법칙성에 경도되는 문제점을 노정하고 있다고 하겠다.

　둘째, 투쟁 중심 사관이다. 북한의 역사는 인민들을 역사 창조의 주역으로, 지배 계급은 반역사성을 띠는 존재로 묘사하고 있다. 우리 역사에서 나타난 만적·효심·김사미·임꺽정에 대한 해석이 그러한 사실을 뒷받침하고 있다. 북한에서는 투쟁을 단계별로 묘사하는데, 원시 시대에는 '자연과의 투쟁,' 고대에서 근대까지는 '지주와의 투쟁' 및 '외적과의 투쟁,' 근대 이후에는 '민족의 독립과 사회주의 국가 건설을 위한 자본가와의 투쟁'으로 묘사하고 있다.

---

10) 여기서 기술하고 있는 것은 강우철·신형식(1990)과 신형식(1994)의 연구 자료를 참고하였다.

셋째, 현대 중심 사관이다. 북한에서는 역사 서술의 중심이 현대에 집중되어 있다. 이것은 김일성 가계의 정통성을 강조하려는 의도가 깊게 깔려 있다. 그리하여 근대 이전은 김일성 선대의 활동기로, 그리고 근대 이후, 즉 현대는 김일성 이후의 활동기로서 (김일성을 전후로 해) 김일성 시대와 김정일 시대로 나누고 있다. 북한의 역사 중심이 현대에 있다는 것은 분량 면에서도 드러난다. 우리나라의 『한국사』(국사편찬위원회) 총 22권 중에서 근대 이전 역사가 20권이고 현대사 부분이 2권인데 반해, 북한의 『조선전사』(조선력사편찬위원회) 총 33권 중에서 현대사 부분(1926년 이후)이 18권으로 압도적인 분량을 차지하고 있다.

넷째, 그들의 소위 주체 사관이다. 이것은 인민을 역사의 주체로 놓고 있을 뿐만 아니라 지리적 기원에 대한 것도 한반도를 중심으로 설정하고 있다는 점에서 확인된다. 우선 그들은 민족의 기원 문제에 대해서 '한민족 본토 기원설'을 주장하면서 이미 60만-40만 년 전에 한반도와 만주 일대에 원인이 거주하고 그들이 진화해서 오늘의 한민족이 되었다고 주장한다. 잘 알려져 있다시피 우리는 우리 민족이 '우랄·알타이'족의 한 분파에서 기원한 것으로 보고 있다.

다섯째, 고구려·고려를 강조하는 역사 서술이다. 북한은 한반도 기원설 및 평양 중심설을 뒷받침하기 위하여 고구려와 고려의 역사를 강조하고 있다. 따라서 신라에 의한 삼국 통일을 인정하지 않고 있으며, 단군릉 및 동명왕릉에 대한 대대적인 발굴 및 복원 활동을 진행하고 있다. 더구나 단군왕검의 발원 시기도 2993년으로 거슬러 올라가고, 고구려의 건국 시기도 B.C. 277년으로 설정하여 남한보다 약 250년 정도나 앞선 것으로 주장하고 있다.

이에 따라 고대사 및 고구려사와 고려사에 대한 내용이 강조되고, 대동강을 세계 5대 문명의 발상지로 설정하여 그에 대한 연구물들을 발표하고 있다(신형식, 1994).

왕조·남북 비교	남한		북한			
선사 시대	원시 시대	석기 시대	원시시대	원시 무리·모계 공동체		
		청동기·군장 시대		부계 씨족 공동체		
부족 국가		초기 국가 시대	노예제 시대	노예 소유자 사회		
삼국 시대	고대 시대	고대 국가 시대	봉건 사회	봉건 제도의 성립기		
통일 신라 시대		남북국 시대		봉건 제도의 발전기		
고려 시대	중세 사회	귀족 문벌 사회		봉건적 예속 강화기 (무신 관료배 권력기)		
		무신 정권				
		권문세족				
소선 시대	근세 사회	양반 관료 사회		봉건 체제의 재편성 (리조 봉건 국가 성립)		
		사림 정치				
		조선 후기 사회 변동		자본주의 관계 발생		
		양반 사회 피틴		봉선 제도의 위기		
		개화·보수 갈등	근대 사회	부르죠아 운동 시작		
		동학 혁명 근대 개혁		부르죠아 개혁		
		대한제국		부르죠아 운동의 종말		
일제 시대		일제·국권 회복 운동	현대 사회 (1926-)	김일성	26-45	항일 무장 투쟁
현대 사회	현대 사회 (1945-)				45-50	민주 건설
					50-53	조국 해방 전쟁
					53-68	사회주의 건설
					1994	김일성 사망
				김정일		승계

표 4. 남북한의 시대 구분 비교

한편 앞서 설명한 북한의 역사 인식뿐만 아니라 구체적인 역사 서술에서도 우리와 많은 차이를 보이고 있는데, 여기서는 그 예로 '역사 시대 구분'(표 4 참조), '역사적 사건명의 대비'(표 5 참조) 그리고 북한의 '고구려 초기 왕계표'(표 6 참조)를 제시하겠다.

우리나라	북한
이시애 난	1467년 함경도 농민 전쟁
홍경래 난	1811-1812년 평안도 농민 전쟁
병인양요	1866년 프랑스 침략자들에 대한 조선 인민의 투쟁
신미양요	1871년 미국 침략자들의 대규모 침공과 격퇴
갑오경장	1894년 부르죠아 개혁
광복	조국의 해방, 위대한 수령 김일성 동지께서 주체적인 새 민족 조선 건설 로선 제시
한국 전쟁	공화국 북반부에 대한 미제와 남조선 괴뢰 도당의 무력 침공, 정의의 조국 해방 전쟁의 개시

표 5. 역사적 사건의 북한식 표현

북한	남한
동명왕(B.C277-259)	동명왕(B.C37-19)
유류왕(B.C259-236)	유리왕(B.C19-A.D18)
여율왕(B.C236-223)	대무신왕(18-44)
막래왕(B.C223-209)	민중왕(44-48)
애루왕(B.C209-?)	모본왕(48-53)
□□왕(B.C?-19)	태조왕(53-146)
유리왕(B.C19-A.D18)	차대왕(146-165)
대무신왕(18-44)	신대왕(165-179)
민중왕(44-48)…	…
24)광개토왕(391-413)	19)광개토왕(391-413)

표 6. 고구려 초기 왕계표

III. 북한의 교육 제도

북한 체제는 한마디로 물리적 강제와 사상 통제를 양 날개로 해 유지된다고 할 수 있다. 군사력이 물리력의 원천이라면 북한의 교육과 문예는 사상 통제, 즉 정신력의 원천이라고 할 수 있다. 그러므로 북한의 교육과 문화 예술 영역은 북한의 체제 유지에 필수적이라고 하겠다. 김정일 국방위원장은 군사 분야와 함께 교육 분야의 세세한 부분까지 거의 장악하고 있다고 볼 수 있다.

북한에서 교육에 대한 기대는 그들의 교육 이념과 목표에서 분명하게 드러난다. 『김일성 저작집』, 「사회주의 교육에 관한 테제」, 『북한 헌법』 등에 나타난 교육 이념 및 목표를 살펴보면, "국가는 사회주의 교육학의 원리를 구현하여 후대들을 사회와 인민을 위하여 투쟁하는 견결한 혁명가로, 지덕체를 갖춘 공산주의적 새 인간으로 키운다"(헌법 제43조)고 되어 있다. 우리나라의 교육 목적이 홍익인간의 이념 아래 건강한 민주 시민을 양성함에 있는데 반해서 북한에서는 공산주의적 새 인간을 양성함에 목적을 두고 있는 것이다. 공산주의적 새 인간이란 첫째, 공산주의는 놀고먹는 사회가 아니므로 노동을 사랑하고 즐기며 이에 자각적으로 참여하는 사람, 둘째, 개인주의의 낡은 사상·자본주의 사상을 철저히 뿌리 뽑고 김일성 유일사상으로 무장된 사람, 셋째, 자기 이익을 돌보지 않고 오직 사회 전체를 위해서만 일하는 사람, 넷째, 공산주의의 승리를 확신하고 어떤 역경에도 혁명적 낙관주의를 찾는 사람으로 정의하고 있다(교육도서출판사 편, 1973, p. 27 참조).

북한의 교육 제도는 여타의 제도나 영역에 비해서 일반 사람들에게도 상당히 친숙하게 알려져 있다. 그러나 구체적인 부분으로 들어가면 현재 알려진 자료가 부정확하거나 부족함을 알 수 있다. 예를 들면, 교원을 양성하는 교육 대학 및 사범 대학의 교육 연한은 일반적으로 3년과 4년으로 알려져 있지만 김형직 사범 대학은 6년이라는(정종남, 2000) 것을 아는 사람은 그리 많지 않다. 더구나 일부 학자들이 김형직 사범 대학의 수학 연한을 7년으로 알고 있는 것(유영옥, 2002)은 그러한 사실을 잘 대변한다고 하겠다. 북한의 교육 내용을 이해하기 위해 몇 가지를 소개하면 다음과 같다.

1. 북한의 교육 기구와 교육 제도의 기본 틀

북한의 교육 정책은 '당적 지도'라고 하는 기본 이념을 바탕으로 수립되고 집행된다는 사실을 이해하는 것이 필요하다. 즉, '교육의 당적 지도'는 '당과 수령'에 무조건 충성하고, 당을 중심으로 일사불란하게 움직이게 하여 조직에 적응할 수 있게 하는 체제 적응 능력을 기르며, 당의 혁명 노선과 방침을 적극 관철하기 위한 절대적 이념이라고 할 수 있다.

이러한 기본 이념에 기초하여 북한의 교육 관련 정책은 당에서 수립하며, 그 집행을 담당하는 행정 기관은 교육성이다. 그렇지만 북한은 당이 절대적 권력을 독점하고 있으므로 행정부에 소속되어 있는 교육성보다 노동당의 과학교육부가 실질적 교육 정책의 집행 부서라고 할 수 있다. 즉, 노동당의 과학교육부는 교육에 관한 정책을 종합적으로 수립, 지도, 통제하는 곳이다. 당은 행정 기관과 일선 각급 학교 내에 있는 당 조직을 통해 교육 정책을 관장한다. 그리고 행정부에 소속되어 있는 교육성은 각급 도(직할시)·시·군 행정 기관(지방인민위원회) 및 교육 기관들을 통해 교육 행정을 집행한다(사이버 통일교육센터, 북한청소년백과 참조).

북한 교육의 기본 틀을 이루는 학제는 1-4-6-4년제(유치원 1, 소학교 4, 중학교 6, 대학교 4)라고 하겠다. 이와 같은 기본 학제와 별도로 각종 특수학교를 설치해 예체능 분야의 특기자 교육과 출신 성분에 의거한 특수 교육을 실시하고 있다. 특수학교로는 수재 양성을 목적으로 각 도·시·군 단위로 설치하고 있는 '제1중학교'(6년제)와 각 도 단위로 설치하고 있는 6년제의 '외국어 학교,' '예술 학교,' ' 체육 학교'와 혁명 유자녀들이 다니는 '만경대 혁명 학원'(10년)이 있다.

고등 교육과 고등 특수 교육을 간단히 살펴보면, 보통 일반 대학은

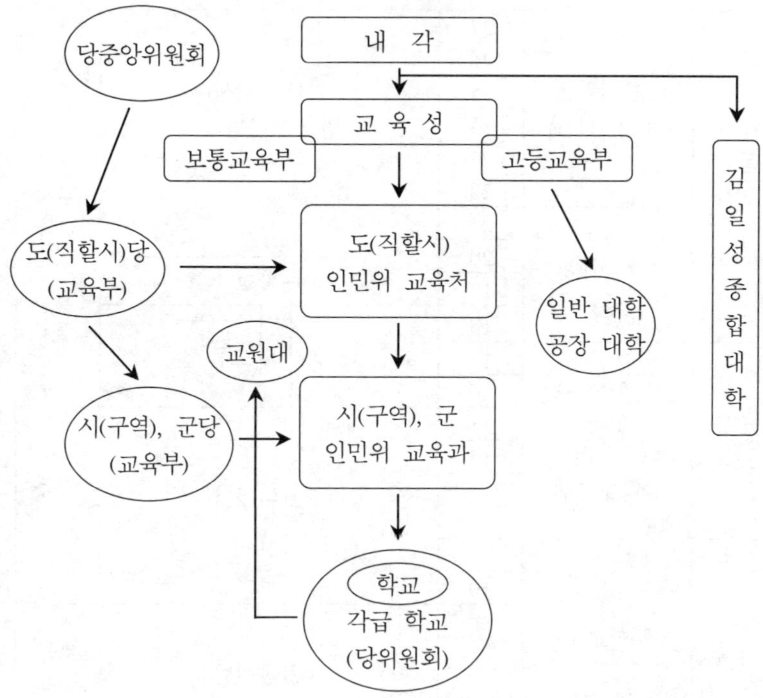

그림 3. 북한의 교육 행정 체계

4년제의 대학이나, 고등 전문학교(3년제), 교원 대학(3년제), 사범 대학 (4년제: 김형직 사범 대학은 6년), 일반 대학의 경우에도 학교와 전공에 따라 예과를 두는 등 4-7년의 학제를 이루고 있다(표 7 참조).

북한의 취학 전 교육 기관으로는 탁아소와 유치원이 있다. 유치원은 낮은 반(만 4세)과 높은 반(만 5세)으로 나뉘어 있는데, 높은 반은 의무 교육에 포함되어 있어 모든 어린이들이 이수해야 하는 것으로 되어 있다. 유치원을 마치면 소학교에 입학하게 되는데, 소학교는 얼마 전까지 인민학교라고 불렸다. 북한 어린이들은 소학교에서 4년간 공부를 하게 되므로 결과적으로 만 10살이 되면 소학교를 졸업하게 된다. 그런 다음 중학교(여기까지가 의무 교육 11년)를 졸업하게 되면 만 16세에 중등

남한		나이	북한		북한
고등 교육	대학원 (박사, 석사)	27	박사원(박사) 연구원(준박사)		고등 교육
		26			
		25			
		24			
		23			
		22			
	전문 대학 · 대학교	21	대학교		
		20			
		19			
		18	교원 대학	고등 전문학교	
중등 교육	고등학교 3년	17			
		16			
	중학교 3년	15	중학교 6년		중등 교육
		14			
		13			
		12			
초등 교육	초등학교 6년	11			
		10			
		9	소학교 4년		초등 교육
		8			
		7			
		6			
취학 전 교육	유치원 / 어린이집	5	유치원 2년	높은반 1년	취학 전 교육
		4		낮은반 1년	
		3			
	탁아 또는 자가 양육	2	탁아소		
		1			
남한		나이	북한		

표 7. 남북한의 학제 비교

교육을 마치게 된다.

중학교를 졸업하면, 보통은 70% 정도가 군에 입대(남자의 경우)하며, 20%는 직장에 배치된다. 그리고 나머지 10%가 중학교를 졸업하면서 곧바로 대학에 진학하는 소위 '직통생'이다. 직통생은 성분이 확실하고, 성적도 우수해야 하는 것으로 알려져 있으나, 반드시 그런 것은 아니라는 증언들이 있다. 그렇다고 '직통생'만 대학에 가는 것은 아니다. 중학교를 졸업하고 2-5년간 직장 생활을 하거나 7년 이상 군복무를 마치고 난 후에 추천을 받아 대학에 가기도 한다.

북한의 학기는 해방 이후부터 1968년까지 4월 1일에 시작되었다. 1969년 "당면한 경제 과업 완수를 위해 필요한 인력 수급을 원활히 한다"는 명목으로 9월 1일을 기해 학기가 시작되었다. 그러나 1996년부터 4월 1일로 다시 환원된 것으로 알려져 있다.

2. 교육 원리, 내용, 방법

북한 교육의 기본 원리 및 내용, 방법에 대해서는 「사회주의 교육에 관한 테제」(1977. 9. 5)에 자세히 설명되어 있다. 최근 발표된 『교육법』(2000. 4 승인)은 의무 교육의 내용을 구체적으로 규정한 것 외에는 「테제」의 내용을 정리한 수준이다.

북한의 교육 원리는 사회주의 교육 원리를 기반으로 하고 있다고 할 수 있다. 주로 크루프스카야와 마카렌코에 의해서 구체적인 교육 이념으로 체계화된 것을 북한의 실정에 따라 약간 보완한 것으로 볼 수 있다(크루프스카야, 1989). 대체로 집단주의 원리, 혁명 전통 교양의 원리, 이론과 실천의 결합 원리(노동 교육의 원리), 조기 교육의 원리, 증오 교육의 원리, 평등주의 원리를 들 수 있다.

'집단주의 원리'는 자유주의 국가의 개인주의 이념에 대응하는 논리로서 사회주의 국가의 정치, 경제, 사회, 문화, 교육 등 모든 영역에서 구현되어야 하는 원리로서 작용한다. 집단주의 원리는 소련의 크루프스카야와 마카렌코에 의해서 정립되고 체계화된 원리로 알려져 있다(홍석영, 1997). 그것은 중국에서는 '군중 관점'으로 표현되고, 북한에서는 '하나는 전체를 위하여, 전체는 하나를 위하여'라는 구호 속에 포함되어 있는데, 북한의 경우에는 그것을 헌법에 명시하고 있다(1998년 북한 헌법, 제63조 참조). 북한의 철학 사전에 의하면, "집단주의는 사회주의·공산주의 사회생활의 기초이며, 정치·경제·사회·문화 등 사회생활의 모든 분야에 집단주의 정신이 전면적으로 구현된다"고 하고 있다. 따라서 집단주의 원리는 교육의 방법이며 교육의 내용이고, 정치·경제적으로는 '군중 노선'으로 나타나며, 사회적으로는 '공산주의적 미풍'으로 표현된다. 군중 노선이란 당과 국가 기관 간부들의 관료주의를 타파하고 생산 과정에서 대중의 자발적인 참여를 유도하기 위한 계급 노선이다. 천리마 운동, 청산리 방법, 속도전, 그리고 각종 속도 운동 등이 그것이다. 공산주의적 미풍이란 고아 입양을 장려하고, 영예 군인과 결혼을 권장하며, 해외 유학생에게 일정 기간 동안 봉사하도록 하는 것 등이다.

이러한 집단주의 정신은 조직 생활을 통하여 구현되는 것으로 믿고 있다. 「사회주의 교육에 관한 테제」에는 "조직 생활은 사상 단련의 용광로이며, 혁명적 교양의 학교이다," "청소년 학생들을 정치 사상적으로 단련하고 혁명적으로 교양하기 위해서는 조직 생활, 사회 정치 활동을 강화하며 그것을 교수 사업과 밀접히 결합하여야 한다"고 되어 있다.

'혁명 전통 교양의 원리'는 김일성 주석이 1930년대 '항일 혁명 투쟁 시기'에 독자적으로 창안하였다는 "혁명적 전통"을 기본으로 하고 있다. 따라서 교육 사업을 충실히 수행하고 발전시켜 나가기 위해서는 김일성 사상으로 철저히 무장하여야 한다는 것이다. 사회주의 교육학의 기본 원리는 사람들을 "혁명화, 로동 계급화, 공산주의화" 하는 것이다. 즉, 사람들을 공산주의 사상 혁명으로 무장시키며, 그에 기초하여 깊은 과학 지식과 건장한 체력을 가지도록 하는 것이다. 그들은 사상 교양에 기반을 둔 덕德 중심 교육, 혁명과 건설에 유용한 지知 중심 교육, 튼튼한 체력을 키우는 체體 중심 교육을 강조하고 있다.

그리하여 "전면적으로 발전된 공산주의적 인간, 자주적이며 창조적인 인간을 키우기 위한 사회주의 교육에서는 사상 교양을 위주로 하면서 지식 교육과 체육 교육을 통일적 과정으로 다 같이 진행하여야 한다"는 것이다. 그들의 이러한 사고는 "사람의 사상과 지식과 체력은 밀접히 연관되어 있다"는 표현에서도 잘 나타나 있다. 교육 이념이 이처럼 공산주의적 인간을 구현하고 사상성을 굳건히 하는 담보로서의 기능을 강조하고 있다는 사실은 사회주의 교육 사업에 대한 그들의 규정 내부에도 명백히 나타나 있다. 즉, "사회주의 교육은 당의 혁명 사상을 유일한 지도 지침으로 삼고 그에 기초하여 진행하여야 한다. 우리나라 사회주의 교육의 지도 사상은 공산주의, 주체사상이다."

'이론과 실천의 결합 원리'(노동 교육의 원리)는 소련의 교육학자 우신스키와 피사레프에 의해서 정립된 이론으로, 일반 지식 교육과 기술 교육의 결합을 강조하고 정신노동과 육체노동의 구분을 막아 이론과 실천을 결합한다는 명분을 제공하고 있다. 책에서 배운 이론을 혁명의 실천에 써먹어야 '산지식'이라고 하면서 생산 노동에 직접 참가하게 하여 '노동 계급의 혁명성, 조직성'을 동시에 학습토록 하고 있다.

'조기 교육의 원리'는 소련의 교육학자 크루프스카야와 마카렌코에 의해서 정립된 원칙으로, 집단주의 원리와 밀접한 연관성을 갖는다. 사회주의 교육 심리학 이론에 근거하여, 그것은 사상 교육과 집단성을 높이기 위해서는 어린 나이에서부터 집단 교육과 생활이 시작되어야 공산주의 인간 형성에 유리하다고 강조한다. 이에 따라 북한은 1974년 '탁아소 규칙'을 제정하여 유아들의 집단 수용을 정당화하고, 1976년 '어린이 보육 교양법'을 통과시켰다.

'평등주의의 원리'는 사회주의 국가의 기본 이념에서 나온 것으로, 그를 바탕으로 북한은 1972년부터 '11년제 전반적 의무 교육'을 실시하고 있다. 최근 제정된 교육법에서는 특히 사회적 약자에 대한 규정을 구체화하면서 평등 교육의 이념을 강화하고 있다.

'증오 교육의 원리'는 북한의 교육이 '일본의 식민 지배,' '미국의 제국주의' 등에 대한 증오를 표현하는 방식으로 진행되고 있다는 점에서 유추할 수 있는 교육 방향 중 하나이다.

교육 내용 및 방법에 대해서는 「사회주의 교육에 관한 테제」 및 교육법, 그리고 교육 과정 안에 상세히 기술되어 있다. 교육 내용의 큰 그림은 「사회주의 교육에 관한 테제」에 세 가지로 정리되어 있는데, 정치사상 교육, 과학 기술 교육, 체육 교육이 그것이다. 「사회주의 교육에 관한 테제」 및 『교육법』 그리고 83년과 96년의 북한 교육 과정안을 근거로 한국교육개발원이 분석한 자료를 중심으로 하여 '교육 방법'을 소개하면 다음과 같다.

북한의 교수 방법은 이론상 '깨우쳐 주는 교육'을 중시하고 있다. 깨우쳐 주는 교육이란 '학생들 자신이 능동적인 사고 활동을 통하여 교수 내용을 깨닫도록 함으로써 그들로 하여금 사물 현상의 본질을 스스로 쉽게 파악하고 체득하게 하는 교육 방법'이라고 요약할 수 있다. 북한은 이것을 가장 우월한 교육 방법이라고 주장한다. 특이한 점은 북한에서 교수 방법이라는 용어는 많이 쓰이지만 학습 방법이라는 용어는 잘 쓰이지 않는다는 것이다. 그 이유는 교사 중심의 일방적인 교수가 주로 강조되고 있기 때문이라고 볼 수 있다. 북한의 교수 과정에서 중요하게 고려하는 '교수의 기본 요구' 원칙은 다음과 같다.

첫째, "교수에서 교육과 교양을 통일하는 것이다." 교수에서 교육과 교양을 통일한다는 것은 학생들에게 과학 지식과 기술을 가르치는 교육 과정과 그들의 공산주의 사상과 도덕 품성을 배양하는 교양 과정이 서로 맞물려 하나의 통일적 과정으로 진행되도록 한다는 것이다. 말하자면 교육은 지식의 학습인 반면에 교양은 정치사상 의식의 함양을 의미한다. 이러한 의미에서 교육과 교양을 통일해야 한다는 것이다.

둘째, "교수에서 쓸모 있는 산지식을 가르치는 것이다." 여기에서 쓸모 있는 지식이란 자연과 사회의 본성과 그 발전 법칙, 원리를 파악하고 그것을 사회주의 혁명과 국가 건설에 써먹을 수 있는 지식을 말한다. 실천 교육과 지식 교육을 구분하고 있으며, 이 두 가지 교육 형태가 적절하게 결합해야 한다는 것이다.

셋째, "교수에서 기본적인 것을 틀어쥐고 가르치는 것이다." 무엇보다 학과목의 종류와 학년, 학과목의 특성에 맞게 교수 내용에서 기본적인 문제들을 바로 선정하고 중심적인 주제를 정확히 파악한 후에 이에 적합한 효과적 교수 수단을 활용하여야 한다.

넷째, "교수를 통속화하여야 한다." 교수를 통속화하는 것은 학생들의 수준과 준비 정도에 맞게 교수 내용을 완전히 소화할 수 있도록 하는 것이다. '통속화'라는 말은 학생들의 수준에서 수업 내용을 이해하기 쉽고 적용하기 용이하도록 교수 방법을 구사하여야 한다는 것이다.

다섯째, "교수에서 학급 집단에 대한 지도와 개별 학생에 대한 지도를 옳게 결합한다." 교수에서 일반적 지도와 개별적 지도를 옳게 결합하는 것은 개성을 지닌 학생들의 준비 정도에 맞게 교수 사업을 진행하며 그 밀도를 높이는 것이다.

「사회주의 교육에 관한 테제」에 의하면, 사회주의 교육학에서는 깨우쳐 주는 교수 방법을 강조하고 있다. 테제에는 "학교 교육의 기본 형태는 교수이며 교수의 기본 방법은 깨우쳐 주는 교수이다"라고 하여 그 중요성을 강조하고 있다. 그들이 제시하는 깨우쳐 주는 교수 방법의 기본 원칙은 첫째, 교수의 전 과정에서 학생들의 자각성과 적극성을 높이 발양시키는 것이다. 둘째, 교수 내용의 론리성(논리성)과 체계성, 순차성을 철저히 보장하는 것이다. 셋째, 학생들의 준비 정도와 특성에 맞게 여러 가지 교수 수법(방법)을 적용하는 것이다.

깨우쳐 주는 교수 방법의 구체적 수업 방법을 보면, 설명, 토론과 논쟁, 문답식 방법, 직관 교육, 실물 교육, 긍정적 모범 등의 방법이 있다.

첫째, 교수 방법으로서 설명은 이야기와 담화의 형식으로 깨우쳐 주는 교수 방법의 중요한 한 가지 형식이다. 설명은 교수의 과업과 교재 내용의 특성에 따라 '이야기'와 '담화'의 형식으로 진행된다. '이야기'는 사실적 자료의 정확한 전달과 사물 현상에 대한 구체적인 묘사, 또는 사물 현상들 사이의 관련을 밝히거나 개념, 법칙, 원리 등 추상화된 지식을 분석적으로 설명할 때 사용된다. 반면에 '담화'는 교원이 문제를 제기하고 학생들과 이야기를 주고받음으로써 그들을 깨우쳐 주는 설명의 한 형식으로 사용한다. 특히 '담화'가 소기의 성과를 거두기 위해서는 교원이 문제 제기를 옳게 해야 하며, 물음에 대한 해명을 잘 하여야 한다.

둘째, 토론과 논쟁은 학생들의 사고를 적극적으로 계발하고 깨우쳐 주는 방법으로서 힘 있는 방법이라고 한다. 토론과 논쟁은 학생들의 창조적 사고를 계발하는 데 효과가 높은 교수 방법으로 소개되고 있다. 토론과 논쟁이 학생들을 깨우쳐 주는 수단이 되기 위해서는 토론의 문제도 옳게 설정하고 그것을 학생들이 똑똑히 파악하도록 해야 한다.

셋째, 문답식 방법은 이른바 '항일 유격대식 학습 방법'의 하나로 김일성이 항일 혁명 투쟁 시기에 동료들과 학습하기 위해 창조해 낸 전통적 학습 방법으로 소개되고 있다. 문답식 방법의 장점은 학생들의 이해도를 높이고, 학습 열의를 높이며, 교육과 실생활을 밀접히 결합시켜 준다는 점에 있다고 한다. 실제 현장에서는 고학년에게 많이 사용하며, 소설이나 김일성 저작 같은 작품을 탐독한 후 학생들이 그에 관해 소감을 발표하고 토론하는 형태로 활용된다.

넷째, 직관 교육, 실물 교육은 "추상적인 언어적 설명으로써가 아니라 생동한 실물이나 그를 묘사한 여러 가지 직관 수단을 가지고 학습

하는 것으로, 대상에 대한 생동한 표상을 형성시키며 그 본질을 파악시키는 방법"으로 정의한다. 직관 교육, 실물 교육은 특히 추상적 사고 능력이 덜 발달한 어린 학생들에게 중요한 교수 방법으로 사용된다. 직관 교육, 실물 교육의 수단으로는 사진, 그림, 도표, 도식, 지도, 모형, 박제품 등의 직관 실물 수단, 실제 동작 보이기, 영화, 환등기, 투영기 등을 활용하는 것이다.

다섯째, 긍정적 모범은 부정에 대해 적극적으로 비판하면서 사람들에게 어떻게 일하며 생활해야 하는가를 생동하게 가르쳐 주는 것이다. 청소년들은 새것에 민감하고 정의감이 강하며 다른 사람들의 모범을 본 따기를 좋아하므로 긍정적 모범은 사람들 속에서 부정을 이겨내고 새것, 진보적인 것을 조장 발전시키는 힘 있는 추동력이 된다고 한다. 이러한 긍정적 모범으로 감화시키는 것은 사상 교양의 기본 방법의 하나이다.

'깨우쳐 주는 교수 방법'과 더불어, 북한 이탈자들의 증언을 통해 밝혀지고 있는, 북한의 교수 학습 방법 가운데 가장 대표적 방법은 '원문 통달식'이다. 이것은 김일성에 관한 문헌을 그대로 읽고 암기하여 원문 전체를 기억하는 방법이나 「사회주의 교육에 관한 테제」에는 설명되어 있지 않은 교수 방법이라고 할 수 있다.

'깨우쳐 주는 교육'은 주로 과학, 수학 등에 적용되며, 혁명 역사, 국어, 현행 당 정책 등은 '원문 통달식'으로 진행하는 경우가 많다고 한다. 예컨대 현행 당 정책에서 신년 교시 등이 다루어지는데, 언제까지 모든 학생이 완전히 암기하겠다는 목표를 설정하여 결의하고 부분으로 나누어 암송하도록 한다. 학생들은 원문을 모조리 암기하기 이전에는 집에도 가지 못한다. 방과 후까지 학교에 남아서 한 학급에 1명씩 있는 사상담당위원(학생)이 암기 여부를 확인한 후에야 비로소 집에 갈 수 있다.

IV. 북한 주민의 생활 문화

원칙적으로 북한 주민의 생활 문화를 비교하거나 이해하기 위해서
는 과거부터의 자료를 제공할 수 있어야 할 것이다. 그러나 이 책에서
그러한 자료를 제공하는 것이 쉬운 일은 아니다. 따라서 현재의 의식주
생활을 이해할 수 있는 정도(현재 북한에서는 식량난과 식생활 문제의
우선성을 들어서 '식·의·주'라고 부르고 있다)의 자료를 제시해 보겠
다. 이 책에서도 북한 자료에 접근하는 데 따르는 한계를 극복하지는
못하였다. 자료의 출처도 100% 신뢰할 수 없다는 사실을 전제하여야
할 것이다. 북한의 자료가 제한적인데다가 깊이 있는 연구의 부재 때문
이기도 하다. 그러므로 이 책에서는 북한 생활 문화에 관한 자료를 통
일교육원에서 발행하는『북한의 이해』, 사이버 통일교육센터의『북한
청소년백과』및 통일부에서 제공하는 보도 자료, 각 언론 기관의 북한
관련 자료,『도덕』교과서, 그리고 각종 연구소에서 발간한 자료를 중
심으로 부분적으로 발췌하고, 최근의 자료를 첨부하였다.

1. 북한 주민의 식생활

북한은 최근 십여 년 동안 식량 부족으로 주민의 생활고는 물론 체
제 위기까지 경험하고 있다. 북한 식량 위기의 원인은 여러 가지를 들
고 있으나, 사회주의 경제 체제의 비효율과 자연 재해라는 두 가지 문
제점들이 근본적 원인이고, 여기에 여러 가지 요인들이 겹쳐서 작금의
식량난을 만들고 있다.

보도된 자료에 의하면, 2005년 북한의 식량 생산은 423.5만 톤(세계
식량계획WFP의 평가)으로 최근 십여 년 중에서 가장 생산량이 많았다.

그러나 대다수 일반 주민들은 아직도 정량 배급을 받지 못하고 있으며 (500그램 정량에 250그램 정도 배급), 유니세프는 2005년에만 4만 명 정도의 북한 어린이가 영양실조에 걸려 사망할 수 있다고 경고하였다.

북한 정부 당국도 이러한 사실을 직시하고 식량 문제 해결을 최우선 과제로 선정해 그것의 해결에 총력을 기울이고 있는 것 같다. 북한의 2006년 1월 1일자 『당·군·청년보』 공동 사설[11]에서는 작년에 이어 올해도 「농업을 경제건설의 주공전선」으로 설정한 가운데, "농사에 모든 역량을 총동원·총집중할 것"을 촉구, 농업 증산을 통한 "먹는 문제" 해결을 최우선 경제 과업으로 제시하였다. 사설은 "현 시기 경제건설과 인민 생활에서 나서는 모든 문제를 성과적으로 풀어나갈 수 있는 기본 고리는 농업 생산을 결정적으로 늘리는 데 있다"는 것이다. 그만큼 북한의 식량 문제는 체제의 안정과 유지와 연결되어 있는 절실한 문제로 인식되고 있는 것이다.

여기서는 식량 문제에 대한 정책적 조치 등에 대해서는 다루지 않고, 대체로 북한의 식생활에 중요한 영향을 미치고 있는 '북한의 식량 배급제,' '북한의 대표적 음식'을 간단히 소개하고자 한다.

(1) 북한의 식량 배급제

북한은 1957년 11월 '내각 결정 96호 및 102호'인 "식량 판매를 국가적 유일 체계로 함에 있어서"가 발표되면서 식량의 자유 판매제가 폐지되고 노동자·사무원에 대한 식량 공급이 완전 배급제로 전환되었다. 그래서 자급자족을 위한 생활필수품 생산이 이루어지기 시작했다.

---

11) 북한은 2006. 1. 1. 09:00-09:35 사이에 중·평방, 중앙TV를 통해 "원대한 포부와 신심에 넘쳐 더 높이 비약하자" 제하의 「당·군·청년보 공동사설」을 발표하였는데, 『당·군·청년보』는 노동신문·조선인민군·청년전위 등의 3대 기관지이다.

내각 결정에 의한 이러한 식량 배급제는 현재도 계속 이어져 내려오고 있다. 북한에서는 「7.1 경제 조치」(2003) 이후 이와 같은 식량 배급제를 일시 중단하였다가 최근 다시 재개한 것으로 알려져 있다. 그러나 그 배급량이 줄어 주민들의 식량난은 더욱 가중되고 있다. 주민들의 기호는 물론이고 절대 소비량마저 충족시키지 못하고 있다. 주민들은 지역에 따라, 즉 평양과 대도시, 지방의 중소도시에 따라 배급에 차별을 받고 있다.

쌀이 부족한 관계로 북한 주민들은 오래 전부터 옥수수를 주식으로 하였으며, 최근에는 이마저 부족해 감자를 주식으로 하고 있다. 이에 따라 북에서는 옥수수와 감자를 주재료로 하는 음식들이 많이 개발되어 있다. 원칙적으로 북한은 배급제를 통해서 주민 생활의 차이를 없애고 균등한 생활 향상을 꾀한다고 선전하고 있으나 실제로는 많은 빈부 격차, 지역별 격차가 있는 것으로 알려져 있다.

1960년대에 들어서 조선노동당 5차 대회에서 인민 생활 분야의 정책은 노동자와 농민의 생활수준 차이, 도시와 농촌 주민들의 생활 조건 차이를 없애기 위한 과제로 제시되었다. 인민경제발전 7개년계획(1961 -1967) 기간에 북한은 모든 근로자들의 생활수준을 높이면서 특히 농민들의 수입을 늘리고 농촌 주민들의 생활 조건을 개선하는 데 깊은 관심을 돌릴 것을 촉구하였다. 1970, 1980년대부터 오늘에 이르기까지 북한의 식품 생산 체계에서 중심 비중은 제분 정미, 옥수수 가공, 무알코올 음료 생산에 두어졌다. 식료품 공업은 대개 지방 공장에서 이루어졌으며, 주요 기업소에 속하는 것도 여럿 있었다고 한다. 그러나 1990년대 대재해로 인한 식량난으로 이러한 식량들도 부족해짐에 따라 배급이 줄어들고 끊길 때도 많아 주민들은 생활고 속에서도 비싼 암시장 제품 등을 구입해 섭취하고 있다.

구분	대상	공급량	공급기관	비고
주 3회 이상 공급	정치국 위원	백미: 1인당 800g씩 15일분 공급, 잡곡: 별도 공급 맥주: 월 60병(용성맥주) 담배: 월 60갑(용성, 대성, 평양담배공장 제품, 일명 8호 제품) 육류: 월 15-20kg, 과일: 주당 5-10kg 생선: 주당 6-15kg 기타: 야채·술·당과류 등은 요구대로 공급	호위사령부2국 공급과(평양시 대성 구역 아미산 소재)	· 요구 시 추가 공급 치량으로 직접 배달 · 국정 가격 이하로 공급
	당중앙위원회 비서, 정치국 후보위원	백미: 1인당 800g씩 15일분 공급, 잡곡: 별도 공급 맥주: 월 40병(용성맥주) 담배: 월 60갑(대성담배공장 제품 '건설') 육류: 주 5kg, 월 20kg, 과일: 주당 5-10kg 생선: 주당 6-10kg 기타: 야채·술·당과류 등은 요구대로 공급	중앙당 재정경리부 공급과(평양시 중구역 동흥동 소재)	
	정무원 총리	백미: 1인당 800g씩 15일분 공급, 잡곡: 별도 공급 맥주: 월 40병(용성맥주) 담배: 월 60갑(대성담배공장 제품 '건설') 육류: 주 5kg, 월 20kg, 과일: 주당 5-10kg 생선: 주당 6-10kg 기타: 야채·술·당과류 등은 요구대로 공급	정무원 사무국 공급과(평양시 중구역 중성동 소재)	
주 2회 공급	당중앙위 부장	백미: 1인당 800g씩 15일분 공급 맥주: 월 30병(용성, 낙원) 담배: 월 30갑(건설, 대성) 육류: 월 10kg, 생선: 월 30kg 야채: 월 30kg, 과일: 주당 5-10kg 기타: 당과류·술·음료 등(사탕·과자 5kg, 술 5병)	중앙당 재정경리부 공급과	
주 1-2회 공급	정무원 부장	백미: 1인당 600g씩 15일분 공급 맥주: 월 20병(용성, 용학) 담배: 월 30갑(평양, 건설) 육류: 월 8kg, 생선: 월 8kg, 야채: 월 30kg, 과일: 주당 5kg, 기타: 당과류, 술, 음료 등(사탕·과자 5kg, 술 5병)	정무원 사무국 공급과	
주 1회 공급	중앙당 부부장	백미: 1인당 600g, 맥주: 월 20병(용성, 낙원) 담배: 월 30갑(건설), 육류: 월 8kg 생선: 월 8kg, 야채: 월 30kg 과일: 주당 6kg, 기타: 당과류·술·음료 등	중앙당 재경경리부 공급과	
	당중앙위 과장, 부과장, 지도원	식량: 7:3(쌀:잡곡) 비율로 공급 육류: 과장 월 5kg, 지도원 월 4kg 생선: 월 8kg, 채소류: 월 20kg, 기름: 월 4병 담배: 월 30갑(건설), 기타: 당과류·술·음료 등		공급소에서 구입
격주 1회 공급	정무원 사무국 지도원 이상, 항일 혁명 투사 가족	식량: 7:3 비율로 공급 육류: 월 5kg, 생선: 월 8kg, 채소류: 월 20kg 기름: 월 4병, 담배: 월 30갑(건설) 당과류: 월 3-4kg 등	정무원 사무국 공급과	

표 8. 북한의 계급별 배급 기준

구체적으로 계급별 공급 기관, 공급 방법, 공급 횟수 등과 같은 배급 기준을 소개하면 표 8과 같다.

(2) 북한의 지역별 대표 음식

황해도 음식

쌀과 잡곡이 풍부하여 구수하고, 소박한 음식을 즐긴다.

굵고 차진 조를 넣은 잡곡밥, 큼직큼직하게 빚은 만두, 해주 비빔밥, 농마국수 등이 유명하다.

김치는 맑고 시원한 맛이 많아 국수나 찬밥을 김치나 동치미 국물에 넣어 김치말이 밤참을 해 먹기도 한다.

농마국수

함경도 음식

가자미를 토막 내서 갖가지 양념으로 맛을 낸 가자미식해 같은 해산물 요리가 발달했다.

품질이 좋은 고구마와 감자녹말로 만든 냉면과 국수가 대표적인 음식이다.

감자농마국수, 강냉이, 농마 지짐, 장국밥, 태식, 빙어 반찬, 감자떡이 유명하다.

가자미식해

평안도 음식

성품이 대담한 평안도 사람들을 닮아 음식도 먹음직스럽고 큼직하다. 메밀, 콩, 녹두로 만든 음식이 많다. 야외에 나가서는 닭죽이나 어죽 등을 해 먹으며 평양냉면, 온반, 어복쟁반 순대, 온면이 유명하다.

추운 날씨의 영향으로 기름기 있는 음식도 즐긴다.

평양냉면

양강·자강도 음식

배추 농사가 어려운 산간 지방의 특성상 김장용 갓김치, 상갓김치, 풋갓김치, 깃짠지 등 깃김치를 즐겨 먹는디.

감자농마국수, 감자떡, 당면, 감자농마강정, 강냉이가루강정 등이 유명하다.

감자떡

강원도 음식

생선회와 북어, 지누마리, 오징어, 미역, 마른 낙지 등 해산물이 풍부하며 해물 김치, 편포(말린 낙지)를 즐겨 먹는다.

두릅, 고사리 등 산나물과 녹두묵, 도토리묵 등 낟알 음식이 많다. 인삼 닭곰, 인삼정과, 금강 신선로, 송도 신선로가 유명하다.

인삼 닭곰

2. 북한의 의생활

1970년대까지만 해도 북한의 의복은 '천리마 시대와 사회주의 생활

양식'이라는 구호 아래 획일적으로 통일되어, 남자는 인민복에 레닌모(모택동복)를 쓰고, 여자는 흰 저고리에 검정 통치마 한복이 일반적이었다. 그러다 1979년 4월 김일성이 "평양시 등 대도시 주변 인민들은 발전하는 시대의 요구에 맞게 유색 복장을 해야 한다"는 교시를 내린 후, 평양, 원산, 청진 등 대도시 주민들은 양장을 하기 시작했다.

1982년 4월 최고인민회의에서 김일성이 "여성들이 소매 없는 옷과 앞가슴이 많이 패인 옷을 입고 다닌다고 해서 사회주의 양식에 어긋나는 것은 아니다"라고 언급한 후 색상과 디자인도 다양해졌다. 1980년대에는 당 기관지와 매체에 패션 기사들이 많이 게재되었고, 1990년대 들어 그 영역이 머리 모양과 화장법으로까지 넓혀졌다. 그 뒤 평양시 피복연구소 주관 하에 춘추 의류 전시회·평양시 옷 전시회 등이 열리다가 1995년 4월에는 '평양체육문화축전'을 앞두고 처음으로 패션쇼가 열렸다.

말하자면 북한 당국은 1980년대 이전까지 사회주의 생활양식이라는 전제 아래 의복의 1차적 기능(몸의 보호 기능)만 강조하다가, 시대의 변화에 맞추어 의복의 2차적 기능(멋의 창조)도 인정하기 시작했던 것이다. 이에 북한 여성들의 옷차림이 눈에 띄게 활달하고 화려해지고, 화장도 진하게 하는 등 변화하는 모습을 볼 수 있게 됐다.

『천리마』나 『조선여성』 같은 잡지에 피부 미용 정보, 화장법 등이 실리거나 심지어 헤어 스타일링 무스에 대한 안내가 게재되기까지 하였다. 또 북한은 1987년 북일 합작의 '너와나 미용연구회'와 화장품 공장을 설립해 다량의 화장품도 생산하고 있는데, 아직은 기초 화장품이나 메이크업 제품 중심이고 색조 화장품의 생산·유통은 제한되어 있다.

대상	품목 및 수량(횟수)	가격
4호 대상(시·군·당 비서) 이상 간부	양복지 1벌(연 1회) 기성복 1벌(2년 1회) 내의류 무제한	반액 공급
기사 교원 등	양복지 1벌(3-4년 1회)	염가 공급 또는 의류 특혜
학생	교복 1벌(연 1회)	염가 공급
노동자	작업복 1벌(연 1-2회) 런닝, 내의 3매(연 1회) 양말 4족(연 1회)	무상 공급

표 9. 계층별 의류 보급 체계

(1) 북한의 이류 배급 체계

1990년대 중반부터 의류 공급이 중단되고 있지만, 1990년대 초반까지 공식적으로 의류 역시 식량과 마찬가지로 배급제로 계층에 따라 차별적으로 공급되었는데, 그 실태는 표 9와 같다.

중앙 공급 대상인 당·정 간부들에게는 기성복이나 양복지가 공급되고 최상위 간부급에게는 고급 모직물이 지급되지만, 하위로 내려갈수록 반 모직, 대마직 등 질에서 차이가 나는 것들이 공급되었다. 중앙 공급 대상자는 지정된 상점에서 양복, 모직물 심지어 모피까지 살 수 있는 기회가 주어졌다. 일반 공급 대상인 노동자들에게는 '노동용 물자'로서 '주체 직물'이라 부르는 포플린, 광목 등의 직물과 작업복이 염가 또는 무상으로 공급됐다. 그러나 사무원, 부양가족, 농민들에게는 인민반을 통하여 공급 카드를 발급함으로써 각자 돈을 주고 구매하도록 되어 있지만, 대개 차례가 돌아오지 않아 국영 상점이나 직매점보다 암시장에서 구입하여 소비한다.

(2) 북한의 의복 실태

옷차림이나 머리 모양에 변화를 가져온 결정적 계기는 1989년에 개최된 '세계 청년 학생 축전'이라고 알려져 있다. 당시 1만 5,000여 명이나 되는 외국인들의 세련되고 활달한 옷차림은 북한 주민들에게 의복에 대한 새로운 시각을 제공한 것으로 분석된다.

이처럼 북한 주민들의 옷차림이 1980년대 들어 화려하고 다양한 양복·양장 차림으로 변화하고 유행도 타는 양상을 보이는 것 같지만, 이는 주로 평양 등 대도시 특권층들에 해당되는 것이며, 일반 주민들은 대체로 잠바나 스웨터, 인민복, 작업복차림으로 일반화되어 있다.

그러나 1990년대 중반부터 북한 당국은 체제 단속의 일환으로 '김일성 민족'다운 옷차림을 할 것을 권유하고 있다. 이는 1990년대 초반까지 권유되었던 색깔 있는 옷차림에서 다시 단색 위주의 옷차림으로 회귀하고자 하는 시도인 듯하다.

1997년 7월 『노동신문』에서 "옷차림에는 민족성, 애국심 그리고 인민들의 강인한 성품들이 잘 나타난다. 모든 인민들은 김일성 민족의 우수성을 만방에 떨칠 수 있는 우아하면서 소박한 옷, 조용하고 점잖으면서도 쾌활하고 활동적인 옷을 입어야 한다"고 강조하고 있다.

기본 의복 외에 털모자, 면장갑, 셔츠, 블라우스, 스타킹, 운동화 같은 보조 의복들은 공급 대상 품목이 아닌 자유 구매품이다. 이들 물품들은 경제난 이후는 물론 그 이전부터 물품 부족으로 주민들 대부분이 이를 암시장에서 몇 배의 가격을 주고 사서 썼다고 한다.

3. 북한의 주생활

북한에서 주택은 사회주의 헌법 제22조에 따라 국가 예산으로 건립되는 '집단적 소유물'이기 때문에 개인은 주택을 건축할 수 없으며, 개인 소유 역시 원칙적으로 허용되지 않는다. 따라서 주민들은 주택을 국가로부터 공급받아 매달 월수입의 0.3%(4호 주택의 경우)의 사용료를 내는 임대 형식으로 살고 있다. 주거 지역은 직위와 직장을 고려해 결정되고, 주택 형태는 "민족적 양식에 사회주의적 내용을 담으라"는 당의 시책 하에 주민 동원의 용이성, 노동력의 조직화와 통제 등을 위해 주로 집단 거주 형태를 띠고 있다.

일반 주민들의 경우, 방 1개, 부엌 1개의 2칸 주택이 보통이고, 방 2개, 부엌 1개의 3칸 주택에 2가구가 동거해야 하는 경우도 있다. 그러나 경제난 이후 일반 주민들의 경우 국가에서 배정받는 것이 매우 어렵기 때문에 동거인으로 등록 후 세대주를 변경하는 등의 편법을 통해 돈을 주고 집을 구입하기도 한다. 이러한 편법 매매는 주택에 대한 개인 소유를 인정하지 않는 북한 사회에서 불법이지만 그동안 사실상 묵인되어 왔다. 또한 최근에는 빈부 격차가 더욱 커지면서 대도시에서는 당 간부가 아니어도 부를 축적한 계층에서 보다 좋은 아파트를 구입하는 현상도 나타나고 있다. 북한은 주택 문제 해결을 위하여 1981년부터 1990년대 초까지 10만여 세대의 주택을 평양의 문수·창광·광복·통일 거리 등에 건설하였으며, 원산·함흥·청진 등 지방 도시에도 같은 시기에 3,000여 세대의 아파트와 공동 주택을 건설하였으나 공급 부족 현상은 해결하지 못하고 있다.

(1) 북한의 주택 임대 형태

전체 주택에서 상층 계급이 거주하는 특호·4호는 15%, 중급 계층이 거주하는 3호·2호 주택은 25%, 일반 주민들이 거주하는 1호 주택은 60%를 차지한다고 한다. 당·정 고위 간부급의 가구당 거주 공간은 66m^2, 1인당 거주 공간은 13.2m^{2}이지만, 일반 주민들은 각각 22.3m^2, 4.5m^{2}이다. 그러나 이것 역시 공식적인 수치이고 실제로는 일

구분	입주 대상자	가옥 구조	입주 대상자
특호	독립 고급 주택	독립식 단층 또는 2층 주택, 정원, 수세식 변소, 냉난방 장치	중앙당 부부장급 이상 내각 부상급 이상 인민군 소장급 이상
4호	신형 고층 아파트	방 2개 이상, 목욕탕, 수세식 변소, 베란다, 냉온수 시설	중앙당 과장급 이상, 내각 국장급 이상, 대학 교수, 인민군 대좌, 문예 단체 간부, 기업소 책임자
3호	중급 단독 주택 및 신형 아파트	방 2개, 부엌, 창고	중앙기관 지도원 도 단위 부부장급 기업소 부장
2호	일반 아파트	방 1-2개, 마루방 1, 부엌 1	인민학교, 고등중학교 교장, 일반 노동자, 사무원
1호	집단 공영 주택	방 1-2개, 부엌 1	말단 노동자 및 사무원
	농촌 문화 주택	단층 연립 주택, 방 2개, 부엌 1, 창고 1	협동 농장원
	구옥	방 2-3개의 농촌 기존 구옥	변두리 농민

표 10. 북한의 주택 임대 형태

반 주민들의 가구당 평균 거주 공간은 7-8평에 지나지 않는다고 한다. 당·정·기업소 간부들은 쉽게 주택을 배정받는 반면 일반 주민들은 그렇지 못하기 때문에, 당·정·기업소 간부들의 주택 보급률은 높은 편이지만 일반 주민들의 주택 보급률은 평균에 미치지 못하는 50-60% 수준으로 알려져 있다.

(2) 북한의 주거 실태

일반적으로 중소 도시나 농촌에서는 일자형으로 연결된 단층 주택,

2-3층짜리 연립 주택, 문화 주택, 한옥식 구옥, 하모니카 아파트 등이 많고, 대도시에는 아파트나 연립 주택이 일반적이며 평양에는 초고층 아파트도 있다. 북한은 평양과 지방 도시를 중심으로 대규모 아파트 건설 계획을 세우고 공사를 추진해 왔으나 공사의 부실 문제가 매우 심각한 상태이다. 더욱이 최근에는 북한의 심각한 경제난으로 자재 수급도 되지 않아 공사가 제대로 추진되지 않고 있으며, 주민들의 주거 부족은 날로 가중되고 있는 실정이라고 한다.

주민들이 주택을 배정 받기 위해서는 우선 입주증을 교부받아야 하는데, 이 입주증을 받는 데 3년 이상이 걸리기도 한다. 신혼부부가 주택을 배정 받는 데도 통상 4-5년 이상 걸린다. 그리하여 결혼 후에도 부모 집에 같이 기거하며, 부모와 신혼부부가 단칸방에서 동숙을 히는 경우도 많다. 심지어 방 한 칸에 부모, 자녀, 손자녀 등 3대가 동거하거나 장모, 처남, 처제와 한 방에 기거하는 경우도 있다고 한다.

난방이나 취사 연료로 대도시 아파트에서는 석유나 가스 또는 인근 화력 발전소에서 나오는 폐연료를 사용하고, 중소 도시나 농촌에서는 갈탄, 구멍탄, 석탄, 나무 등을 사용한다. 이러한 연료 역시 배급제인데, 구공탄을 사용하는 가정에는 한 달에 60-70장, 석탄은 연 2.5톤가량이 배급된다. 전기와 수돗물도 공급되지만 단전 단수가 매우 잦다고 한다.

최근 경제난과 식량난이 심각한 가운데 이사를 가거나 식량을 비롯한 가재도구를 구입하기 위한 방편으로 주택을 파는 일이 많다고 한다. 탈북자들의 증언에 의하면, 주택 한 채의 가격은 마당이 있는 재래식 단독 주택의 경우 1-3만 원을 호가하며, 신의주에서는 세 칸짜리 집이 7만 원에 달한다고 한다. 그리고 두세 칸짜리 집을 팔아 한 칸짜리 집으로 옮겨 그 차액으로 식량 등 필요한 물건을 구입한다고 한다.

V. 북한의 언어생활

북한의 언어는 자본주의 국가들의 일반적인 언어관과는 본질적인 부분에서 차이가 있다고 할 수 있다. 자본주의 사회에서는 언어를 자연 발생론적 입장에서 바라보고 있는 반면, 사회주의 국가에서는 소련의 언어학자 마르Mar에 의해 정립된 언어 도구주의와 언어의 계급성, 혁명성에 기초하고 있다.

이러한 도구주의 언어관 및 언어의 계급성, 혁명성은 그들의 각종 문서에 나타나는데, "오늘날 문화어는 사회주의와 공산주의 건설을 위한 우리 인민의 힘 있는 무기로 복무하고 있다. 위대한 주체사상과 그를 구현한 당의 로선과 정책이 문화어에 의하여 인민 대중에게 침투되고 인민 대중은 이것을 수단으로 하여 혁명 투쟁과 건설 사업을 해나간다"(『현대 조선말 사전』, 1983)라고 하거나, "사상을 나타내며 사람들이 서로 교제하는 데 쓰이는 중요한 수단, 혁명과 건설의 힘 있는 무기로 이바지한다"(『조선 문화어 사전』, 1973) 등의 표현에서 명확히 드러난다.

이 책에서는 북한의 이러한 언어관에 의한 언어 변천 과정과 현재의 언어 모습을 소개함으로써 남북 간의 언어 차이를 인식하고 이에 대한 극복 방안을 모색해 보고자 한다.

1. 북한 문화어의 특징

북한의 언어는 우리와 동일한 근원을 갖고 있기 때문에 본질적인 부분에서는 큰 차이가 없다고 할 수 있다. 그러나 언어가 사상적 도구라는 언어관과 그것을 정책적으로 보급하고 장려하려는 노력의 결과, 오늘날 남과 북의 언어는 여러 가지로 다른 모습을 띠고 있다. 앞서 언급한 북한의 언어관과 주체사상에 입각하여 그들이 시행한 언어 정책은 시대에 따라 약간씩 다르게 전개되어 왔다.

북한은 해방 이후 정치적으로 '우리말 다듬기 운동'을 대대적으로 전개하였다. 일제의 잔재를 청산하고 어려운 한자어나 생소한 외래어를 다듬는 것을 주요 내용으로 하였다. 그리하여 북한은 '한자말과 외래어를 우리말로 바꾸기,' '일본식 고장 이름을 우리말로 바꾸기' 등의 구체적인 운동을 전개하다가 1966년 5월 "조선어의 민족적 특성을 옳게 살려나가는 데 대하여"라는 교시를 통해 '표준어'를 '문화어'로 고쳐 부르게 된다.

김일성이 말한 문화어란 "사회주의 건설 시기 주권을 잡은 로동 계급이 당의 령도 밑에 혁명의 수도를 중심으로 히여 이루어지는, 로동 계급의 계급적 지향과 생활 감정에 맞게 혁명적으로 세련되고 문화적으로 가꾸어진 언어이다." 이것은 곧 평양 말을 중심으로 노동 계층이 쓰는 말이라고 할 수 있다.

문화어의 적용 예를 보면, 1) 한자어는 한글 고유어로 대체하고 고유어가 없을 때는 그 뜻을 풀어 쓰고, 2) 외래어는 고유어로 대체하고, 3) 정치 용어는 사상 교육을 하는 데 활용하기 위하여 한자어라도 수정을 금하고, 4) 과학 기술 용어 및 대중화된 한자어나 외래어는 그대로 사용한다는 것이다. 이러한 내용 기준에 따라 형식적인 특징을 살펴보면 다음과 같다.

1) 두음 법칙을 인정하지 않는다. 예) 량심(양심), 리유(이유), 녀자(여자) 등.
2) 된소리 현상이 두드러진다. 예) 아빠트(아파트), 핵씸(핵심), 아까데미즘(아카데미즘) 등.
3) 억양과 리듬을 사용하는 데 있어 높내림조의 억양을 사용하여 전

정책 시기	주요 특징	비고
제1기: 통일안 시대 (1945-1954)	한글 맞춤법 통일안 시대	
제2기: 철자법 시대 (1954-1966)	① 24개 자모 대신 40개 자모 제도 시행(된소리 5개, 중모음 11개) ② 두음 법칙의 파기 ③ 사이 'ㅅ'을 없애고, (')사용 ④ 한자어, 외래어 표현은 가능하면 우리말로 함 ⑤ 수사 체계를 1000단위에서 10000단위로 바꿈	「조선어철자법」제정
제3기: 규범집 시대 (1966-1988)	① 표준어를 문화어로 고쳐 부름 ② 일본식 표현을 우리말로 전환 ③ 폐지되었던 한자어 부활(1964년 폐지) ④ (')를 없애고 가로 쓰기를 함 ⑤ 영어식 외래어를 우리말과 러시아식으로 바꿈	「조선어규범집」제정(문화어 시대)
제4기: 새 규범집 시대(1988-현재)	① 한문 교육 강화 ② 영어식 발음 부활	「새 규범집」제정

표 11. 북한의 언어 정책

투적이고 선동적인 효과를 가져온다.

4) 외래어를 고유어로 바꿔 사용하는 단어가 많다. 예) 구석차기(코너킥), 콩크리트 혼합 운반차(레미콘) 등.

5) 봉건 시대의 청산과 우리말의 주체적 발전을 도모한다는 명목 하에 한자어를 많이 정리하고 우리말을 도입하였다. 예) 마사버리다(부숴버리다), 불무지(우등불이나 모닥불을 피워 놓은 무더기), 우등불(나무를 쌓아 피워 놓은 불) 등.

6) 남한이 영어 외래어가 많은 것과 대조적으로, 북한은 러시아어 외래어가 많다.

7) 의성어, 의태어가 발달해 있다. 예) 왈랑절랑 방울소리, 씨엉씨엉
배를 몰았습니다, 아글타글 애를 쓰면서 등

8) 평안도, 함경도의 방언 어휘를 수용하였다. 예) 망돌(맷돌), 부루
(부추), 아츠럽다(애처롭다), 게사니(거위) 등

9) 문체에 있어서 간결하고 명료한 표현, 말과 글로 전투성과 호소성
을 높이려 하였다. 따라서 선동형, 감탄형 등의 문체를 사용해 전
투적인 성격을 띠고 있다.

2. 언어 정책의 변화와 남북한의 언어 차이

북한의 언어 정책은 표 11과 같이 4단계의 과정을 거쳐서 변화하였
다.

이러한 원칙에 따라 달라진 언어생활을 비교할 수 있는 예를 일부
소개하면 다음과 같다. 최근에는 특히 컴퓨터 용어 같은 것들은 많은
차이를 보이고 있다.

북한어(문화어)	남한식 표현	북한어(문화어)	남한식 표현
가위 주먹	가위 바위 보	잠약	수면제
게사니	거위	등불 게임	야간 경기
상학	수업	튀긴 고기떡	어묵
녀성고음	소프라노	직장 세대	핵가족
가가	가게	가두녀성	가정주부
가을남새	가을 채소	검문빛의 물감	검정 물
경표	경계 표시(경고 표시)	고추보찜	고추쌈
골서방	꽁생원	곽지	갈퀴
강심살이	고생살이	갈음옷	나들이옷

통일 교육의 평화 교육적 접근

I. 평화 교육의 의의 및 내용

1. 평화 교육의 의의

평화 교육을 논의하기 위해서는 '평화'라는 개념이 어떻게 논의되고 있고, 사람들이 그것을 어떻게 바라보고 있는가를 살펴볼 필요가 있다. 평화에 대해 전 세계적으로 관심을 갖게 된 것은 바로 유네스코 제18차 총회(1974)였으므로, 먼저 그 결의 내용을 살펴보는 것이 좋을 것 같다.

평화는 단지 전쟁이 없는 상태가 아니라, 원칙적으로 진보와 정의의 그리고 모든 사람이 자신의 진정한 위치를 찾을 수 있고, 자기 몫의 정신적, 물질적 자원들을 향유할 수 있는 국제 사회의 건설을 굳건히 하는 일에 뜻을 두고 있는 모든 민족들 간의 상호 존중의 과정을 함축하고 있다.

광고주, 정치가, 설교자, 활동가, 대중 가수 등 모든 사람들이 평화를 호소하기 때문에 우리는 평화에 관한 말잔치 속에서 살아간다. 평화라는 단어는 우리 생활의 모든 영역, 모든 차원에서 등장한다. 부모들은 아이들에게 '평화와 정숙'을 요구한다. 데모대들은 '지금 당장의 평화'를 요구하면서 '평화를 깨뜨리고,' 경찰관들은 '평화를 유지한다.' 우리는 '평화 수호군'과 '평화 수호자'라는 이름이 붙은 핵무기를 가지고 있다… 자칫 명료해 보이는 평화라는 단어가 사용되는 방식에 주의를 기울이면, 우리는 평화의 본질이 복잡하고, 그 의미가 종종 말장난에 의해서 흐려진다는 것을 알게 된다(Gil Fell, 1992, p. 108).

평화에 대한 정의는 위의 내용에 비추어 볼 때 단순한 것이 아님을 알 수 있다. 평화를 정의하기 위해서 그것을 소극적 개념과 적극적 개념으로 나누는 방식이 매력적으로 받아들여지고 있다. 현재 대부분의 학자들은 적극적 평화관을 지지하는 입장이다(Gil Fell, 1992; Hicks, 1992; 강순원, 2000; 박덕기, 2002). 박덕기에 의하면, 적극적 평화관을 주장하는 이유는 소극적 평화관이 인간의 행복을 고려하지 않기 때문이다. 평화를 소극적으로 정의하는 것은 그 자체로서 적극적인 어떤 것을 정의하기보다는 전쟁이나 폭력이 없는 상태를 의미한다. 그러나 최근 들어서 그러한 소극적 의미는 큰 설득력을 갖지 못하는 것 같다. 평화는 우리 사회 곳곳에 그리고 우리 일상생활 속에 때로는 가시적으로, 때로는 부지불식간에 모세혈관처럼 퍼져 있는 폭력들을 없애는 데에서 출발한다. 여기에서 폭력은 물리적인 폭력만이 아니라, 구조적 폭력이나 잠정적 폭력도 포함한다(Hicks, 1992). 결국, "평화란 분쟁이 없는 것이 아니라 정의가 실현되는 것이다"(Carter, 2002, p. 53)라고 하는 마틴 루터 킹 Martin Luther King, Jr의 표현으로 평화를 정의할 수 있을 것이다.

2. 평화 교육의 내용

길펠Gil Fell은 적극적인 평화를 탐색하면서 '평화로운 상태'가 되기
위한 조건을 제시하고 있다. 먼저, 자아에 대한 긍정적 이미지를 심어
주는 것이다. 이는 우리가 자식을 키울 때 범하는 폭력, 즉 '유해한 교
육학'이라고 부르는 것에 대한 경계에서 시작된다. 둘째, 평화란 특정
의 상황을 수동적으로 받아들이는 것이 아니라 현 상황과 관련을 가질
수 있는 비폭력적이고 창의적인 방법들을 모색하는 능동적인 과정이
다. 이는 갈등을 성장을 위한 도약대로 인식하는 것이다. 셋째, 평화는
정의, 특히 사회 정의와 밀접한 관련을 갖는다.

한편, 길펠은 '평화의 장애물'로 다음의 것들을 얼거하고 있나. 첫째,
요람에서부터 빚어지고 있는 남녀 차별 교육, 둘째, 경쟁과 갈등에 대
한 해석을 긍정적으로 승화시키지 못하는 것, 셋째, 장애에 대한 두려
움, 넷째, 인간의 공격성에 대한 일반적인 생각들, 즉 인간의 본성에 대
한 편견, 다섯째, 언론 및 대중 매체가 행하는 선전이 그것이다.

그는 특히 평화에 관한 전망과 전략을 굳건히 해야 한다고 주장한다.
평화에 관한 우리의 생각들 중 상당 부분이 실제 혹은 상상의 미래에
대한 희망과 두려움 모두를 가지고 있기 때문에, 평화의 개념이 창의적
이고 적극적인 것이 되게 하기 위해서는 우리 사회가 어떠한 상태로
변할 수 있는가를 명확히 해야 한다는 것이다.

우리나라에서 평화 교육의 역사는 그리 길지 않지만, 세계적으로도
1980년대에 이르러서야 현대적 평화 교육의 개념이 정착되었다(Hicks,
1992, pp. 20-1). 오늘날 여러 지역에서 여러 가지 이유로 평화 교육을
시행하고 있다. 화이트P. White는 평화 교육이 필요한 이유를 다음과
같이 설명하고 있다(White, 1992, pp. 77-9).

첫째, 우리는 도덕적 존재로서 직접적인 개인적 관심사뿐만 아니라

우리가 속한 사회, 심지어는 세계의 사회 질서와 관련된 문제들에도 관심을 갖는다. 달리 표현하면, 인간의 도덕적 관심은 개인적 수준에 머무르는 것이 아니라 정치 영역에까지 확대된다. 우리는 도덕적 존재로서 또한 공동체의 구성원으로서의 책임을 갖는다는 것이다.

둘째, 우리 사회의 젊은이들은 중등 교육 단계 바로 직후, 혹은 그 기간 중에 투표권을 얻게 되며, 투표권 행사를 통하여 시민으로서 정치적 결정에 어느 정도 영향을 미친다는 점이다.

셋째, 이러한 투표권을 올바르게 행사하기 위해서 그들은 도덕적으로, 정치적으로 교육되어 있을 필요가 있다. 그래서 최소한 문제가 무엇인지를 이해하고, 자신들의 이러저러한 결심들이 자신들의 삶, 자신들이 속한 사회, 더 나아가 세계의 나머지 사람들의 삶에 어떠한 영향을 주는지를 이해할 수 있어야 한다. 학교는 위에서 설명한 요소들을 지닌 교육을 할 책임을 가지고 있으며, 이것이 바로 학교에서 도덕-정치 교육을 해야 하는 기본적 이유이다.

따라서 평화 교육은 갈등하는 국가나 사회 집단 간의 분열을 극복하는 것만이 아니라 양 집단 간의 상호 작용을 활발하게 하여 공동의 이익을 증진하고 평화를 실현하는 적극적인 평화 전략에 기초해야 한다. 그러기 위해서는 지켜지는 평화protected peace가 아니라 작용하는 평화working peace, 평화 유지peace keeping가 아니라 평화 만들기peace making를 지향하여야 한다. 평화 교육의 다양성을 염두에 둔다면, 다음과 같은 평화 교육 접근 방법이 가능하다. 첫째, 힘을 통한 평화로서의 평화 교육, 둘째, 갈등 해소로서의 평화 교육, 셋째, 개인적 평화로서의 평화 교육, 넷째, 세계 질서로서의 평화 교육, 다섯째, 권력 관계 폐지로서의 평화 교육이 그것이다(Hicks, 1992 참조).

평화 교육에 대한 다양한 견해에도 불구하고 평화 교육이 평화로운 개인과 평화로운 세계를 만드는 것과 관련되어 있다는 점에 대해서는 합의가 이루어지고 있다(추병완, 2003). 한편, 평화 교육의 다양한 접근 방식이 완전히 일치하지도, 완전히 배타적이지도 않다고 하는 것(Hicks, 1992)도 같은 맥락이라고 할 수 있다.

현재 국내 평화 교육의 특징을 들면 다음과 같다. 성인 평화 교육의 경우, 먼저 평화 교육을 실시하는 단체들이 적고 그 역사도 짧으며 내용도 다양하지 못하다. 둘째, 프로그램이 일반인 대상이라기보다는 단체의 회원 혹은 전문가나 지도자들을 위한 훈련용이다. 셋째, 평화 교육의 내용 역시 총론 수준에 머물고 있는데, 미시적 영역과 거시적 영역을 통합하는 내용 구성과 접근 방식이 구체적이고 전문화되어야 한다는 점을 들 수 있다.

청소년 평화 교육이 경우, 첫째, 청소년에 대힌 교육 내용과 빙법론을 담은 구체적 자료(매뉴얼)가 부족하고, 둘째, 평화 심성이나 평화 감수성, 평화 능력 신장을 위한 비판적 평화 의식, 반평화적 현실에서 소외된 사회적 약자와의 연대를 위한 '정의 교육' 등이 수반되지 못하고 있다는 점 등의 과제를 안고 있다(김정수, 2002).

3. 통일 교육의 평화 교육적 접근

최근 들어, 이러한 평화 교육관에 입각하여 우리나라에서 평화 교육을 통일 교육에 접목하려는 노력이 일고 있다. 이것은 크게 보아 두 가지 입장으로 나눌 수 있다. 하나는 통일 교육을 평화 교육으로 대체하려는 입장이고(평화를 만드는 여성회, 2001), 다른 하나는 통일 교육의 방법으로 평화 교육적 방법을 동원하려는 것이다. 현재 통일 교육을 담당하고 있는 사람들은 대체로 평화 교육과 통일 교육의 관계에 대해서는 후자의 관점에 있는 것으로 보인다(황인표, 2002a; 추병완, 2003).

통일 교육으로서 평화 교육의 목표는 "남북이 같은 민족으로서 통일의 필요성을 절감하고 동시에 남북의 다름을 인정하면서 평화롭게 함께 살아갈 수 있는 태도와 자세를 기르기 위한 것”이다(박찬석 외 7인, 2000, pp. 98-9 참조). 이는 기존의 정치적 내용 중심의 통일 교육을 계속할 경우, 체제 논쟁에 휘말릴 염려가 있지만, 평화 교육적으로 접근하면, 이런 갈등의 소지를 약화시킬 수도 있다. 우리가 지금 과도기적 단계에 있음을 고려하면, 통일 교육과 평화 교육의 결합은 불가피한 측면이 있다.

우리는 남북 간에 평화 공존 체제를 모색하는 것 못지않게 ‘일상생활의 평화’를 강화해야 하고, 이를 통해 군사주의와 고도성장을 위한 경쟁 체제 속에서 잃어버린 평화에 대한 감수성을 회복해야 한다. 평화 교육의 결과, 긍정, 좋은 의사소통, 협력, 갈등 해결이라고 하는 산출물을 얻을 수 있다(Gil Fell, 1992). 그러므로 과도기적인 단계가 요구하는 통일 교육의 또 다른 참여 방식은 우선 남한 사회 내에서의 대북 문제와 관련하여 ‘남-남 대화’에 보다 집중하는 일이다.

일반적으로 평화 교육은 두 가지 측면을 가지고 있다고 본다. 한 측면은 아동들이 다른 사람들과 평화롭게 살도록 가르치는 것과 관련이 있는 좋은 태도에 관한 측면이고, 다른 하나는 ‘평화, 전쟁, 군축’ 등에 관한, 논란의 여지가 있고 정치적으로도 부담이 되는 토론에 참여하는 것과 관련이 있는 좀 더 모호한 측면이다(Hicks, 1992).

이러한 관점에서 첫 번째 내용에 대한 접근은 장기적 관점에서 우리의 평화 교육이 발전적으로 나아가야 할 길이다. 평화 교육과 통일 교육의 접목이 필요한 이유를 살펴보면 다음과 같다.

첫째, 비록 현재의 통일 교육이 정책 중심의 교육이라는 점을 십분 인정한다 하더라도, 평화 교육에서 제시하고 있는 힘을 통한 평화 교육 또는 세계 질서로서의 평화 교육 내용은 우선적으로 고려할 수 있다. 군사적 낭비의 문제, 국가 간의 대립 문제, 국제 사회에서의 갈등 문제

등을 다룰 수 있을 것이다.

둘째, 우리가 통일을 과정 중심으로 보는 유연한 자세의 평화 교육적 접근이 필요하다(추병완, 2003). 과정을 중시하는 단계에서는 상호 공존공영의 덕목을 습득할 수 있다. 이것은 전쟁의 공포로부터의 해방이며, 대립과 경쟁에서 오는 낭비를 줄이고 상대방에 대한 지원과 이해를 가져올 수 있기 때문이다.

셋째, 통일 이전 단계에서는 공존의 논리에 의해서, 통일 이후의 단계에서는 세계 시민주의적 입장을 함양하는 것에서 평화 교육의 의의를 찾을 수 있다. 이를 위해서 우리 모두에게는 세계에 대한 안목을 필요로 하고, 구조적 폭력을 문제 삼는 자세가 필요하다.

넷째, 갈등의 중재와 해소 도구로서 평화 교육이 필요하다. 통일 이전이나 통일 이후에 나타날 수 있는 갈등의 문제는 너무도 많다. 지역 갈등, 남북의 의식 갈등, 사고방식의 갈등, 남북의 빈부 차에 의한 갈등 등의 문제를 예상할 수 있기 때문이다. 평화 교육은 이의 해결을 위한 현명한 도구이다.

다섯째, 통일 교육에서 평화 교육적 접근을 하여야 하는 이유는, 통일 이후에도 우리 민족이 희구하고, 역사적 과정을 통해서 확인된 우리 민족의 평화 애호 정신을 드높이기 위해서이다. 평화의 이념을 통일 이후의 과정에서도 확인하여야 하는 이유는 역사적으로 우리 민족에 대한 주변국들의 침략상에서도 연유한다고 하겠다(허영, 2006 참조). 우리 주변국들은 아직도 대립 상태를 벗어나지 못하고 있다. 통일 이후의 국제 관계에서 상존하는 위협에 대응하는 방식은 평화의 이념을 통해서이다. 한반도의 평화는 곧 세계 평화의 초석이 될 수 있는 것이다.

	공통점	차이(남북한의 비교)	
		남한	북한
1950년대	총선거를 위한 통일 정책	·유엔 감시하의 총선거	·외세 개입 없는 총선거
1960년대		·선 건설 후 통일 ·유엔 감시하의 총선에 의한 통일 정책 지속	·남북 연방제 통일안 제의 ·남조선 혁명론(3대 혁명 역량)
1970년대	7·4 남북 공동 성명에서 통일 원칙 합의 (자주·평화· 민족)	·선 평화 후 통일 정책 기조 ·할슈타인 원칙 폐기 ·조건 없는 남북한 자유 총선거에 의한 통일론 ·1972. 7. 4 남북 공동 성명–남북한 최초 합의문서– 통일 원칙: '자주, 평화, 민족 대단결'	·과도적인 연방제 통일안 → 연방 정부의 권한을 강화시킨 고려연방공화국
1980년대	·상대방을 동반자로 인식 ·1988년을 기점으로 북한은 대남 유화 정책으로 방향 전환	·제5공화국–민족 화합 민주 통일 방안: 최초의 통일 방안 ·제6공화국–한민족 공동체 통일 방안 – 통일의 원칙: '자주, 평화, 민주' ·1988. 7. 7 민족 자존과 통일 번영을 위한 특별 선언 (7.7선언) – 북한을 '선의의 동반자'로 간주, 함께 번영 – 민족 공동체 형성을 위한 남북 간 인적, 물적 교류 협력의 기본 방향 설정	·고려민주연방공화국 창립 방안을 제안하여 혁명 전략을 연방 전략으로 전환 – 내용: 상대방의 사상과 체제를 인정하면서 남북이 동등하게 참여 하는 연방 형태의 통일 정부를 세우고, 그 밑에서 남북이 같은 의무와 권한 을 지니는 지역 자치제 실시 – 특징: 과도기적 조치가 아닌 완성된 형태로의 연방 국가(고려민주연방공화국) 통일을 제안
1990년대	·남북 기본	·1993. 7. 3기조·3단계의 민족 공동체 통일 방안 3단계 – 화해 협력, 남북 연합, 통일 국가	·수정된 고려민주연방제 통일안

1990년대	합의서 채택 ·남북 관계 개선되지 않음	3기조 – 민주적 합의, 공존공영, 민족 복리 의의 – 국민 합의에 의한 통일 정책 추진, 북한 고립보다 민족 복리 우선 입장을 통한 통일 추구 · 1994. 8. 15 '한민족 공동체 건설 위한 3단계 통일 방안(민족 공동체 통일 방안)' – 한민족 공동체 통일 방안(1989)과 3단계 3기조 통일 정책(1993)을 수렴하여 종합 – 약칭–민족 공동체 통일 방안: 화해 협력 단계 → 남북 연합 단계 →통일 국가 완성 단계	· 통미봉남通美封南 정책 조국 통일을 위한 전 민족 대단결 10대 강령 발표 (1993): 남북한 두 지역의 정부가 동등하게 참가하는 연방 국가, 자주적, 평화적, 블록 불 가담 '중립 국가' 주장 · 이중적 적화 전술 구사(1997): 남한의 민족 통합 역량을 약화시키는 한편, 남한의 정부를 배제 하는 가운데 기존의 통일 전선 전술을 지속적으로 추진
2000년대	남북 정상 회담으로 화해와 교류 확대 – 6·15선언, 평화 정착, 냉전 구조 해체	한민족 공동체 통일 방안을 계승하여 과도적 통일 체제인 연합제(남북 연합) 화해 협력 정책(대북 포용 정책, 햇볕 정책) – 1998. 2. 25 대통령 취임사: 대북 포용 정책(햇볕 정책)의 출발점 – 북한 무력 도발 불용, 남한에 의한 무력 또는 흡수 통일 반대, 남북 화해 적극 추진 정책 2000. 6. 13-15 역사적인 남북 정상회담 – 6.15 남북 공동 선언	남북 정상 회담 이후 남북 공동 선언에서 제시된 '낮은 단계의 연방제'

표 12. 남·북한의 통일 정책 변천 과정

II. 남한과 북한의 통일 정책

우리나라의 평화 통일을 위해서는 정치적, 경제적, 문화적, 군사적 접근이 이루어져야 한다. 경제적 접근과 문화적 접근의 내용은 주로 이익을 모색하고 상호 간의 이해를 증진하는 차원에서 이루어진다고 할 수 있는 반면, 정치적 접근과 군사적 접근은 명분과 안보라는 차원에서 이루어진다고 할 수 있다. 따라서 정치적 명분의 내용으로서 통일 정책에 대한 이해는 나름의 가치를 가진 것으로 볼 수 있다.

최근 통일 교육은 '사회·문화적 접근'이 중심이 되다 보니 정치적, 이데올로기적 요소가 지나치게 경시되거나 아예 무시되는 사례가 팽배하고 있다. 지나친 정치적, 이데올로기적 접근이 우리나라의 본질적 통합에 우선할 수 없다는 것을 인정한다 하더라도 통일 교육에서 여전히 중요한 위치를 차지하고 있다는 것을 인정하지 않을 수 없다. 통일 교육은 정치 문제의 하나인 통일 문제를 교육하는 것으로 정의할 수도 있기 때문이다.

다만, 이 책에서는 통일 정책의 문제를 서술하면서 당시의 시대적 배경이나 정치적 상황 같은 부분을 상세히 언급하지는 않을 것이다. 당시의 정치적 상황을 지배하던 사람들이나 그 상황 속에 있던 사람들에게는 절박하고 심각한 내용일지라도 역시 현재의 상황에서 정책의 내용을 이해할 필요도 있기 때문이다.

대체로 우리나라의 분단에 대해서는 이데올로기적 요인과 내부적 독립 역량의 부족을 들고 있다. 광복(1945. 8. 15) 직후 38도선을 경계로 미·소의 한반도 분할 점령이 이루어지면서 남한은 미국식 자유주의 국가로, 북한은 소련식 사회주의 국가로 분리 독립되는 형태가 되었다.

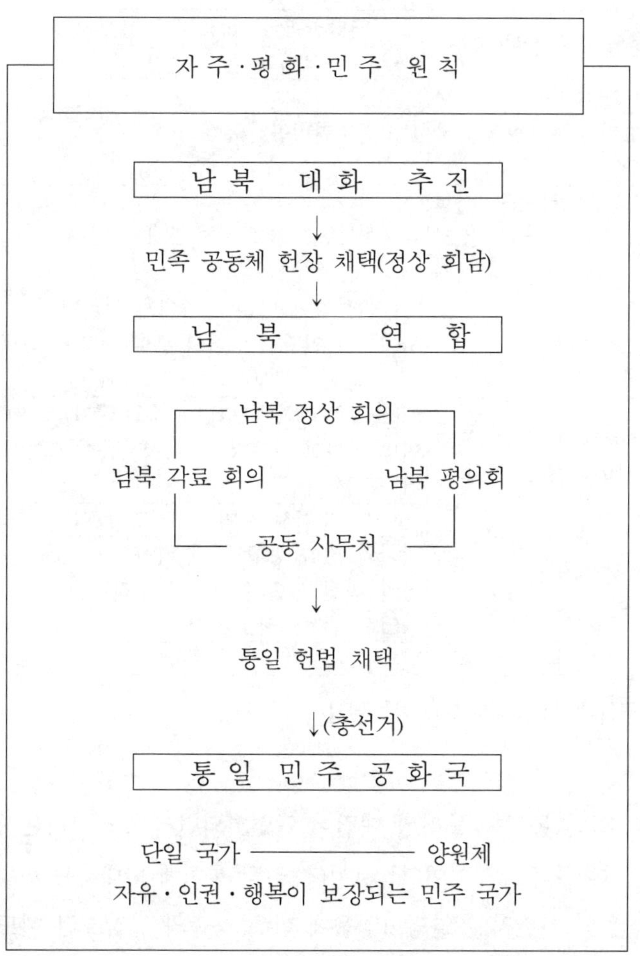

그림 4. '한민족 공동체 통일 방안'의 기본 구도

변천 과정	내　　용
남북 연방제(1960. 8)	남북 조선의 연방제 실시 제의, 남북의 현존 정치 제도와 독자적 활동 보존, 최고 민족 회의(두 정부 대표로 구성)
조국 통일 5대 강령(1973)	'고려연방공화국' 국호의 연방제 제의 단일 국가로서의 유엔 가입 등 제의
1980년 10월 제6차 노동당 대회-고려민주연방공화국 창립 방안	고려민주연방공화국
1980년대 후반 동구 사회주의 국가들의 붕괴, 소련의 해체, 중국 천안문 사태	북한의 안보 환경을 악화시킴
1991년 신년사	'어느 한쪽이 다른 한쪽에게 먹히지 않는 원칙' 하에서의 연방제 방식의 통일 주장 - 1민족, 1국가, 2제도, 2정부
조국 통일을 위한 전 민족 대단결 10대 강령	2제도 2정부 하에 '범민족 통일 국가'의 창립 제안 연방 국가와 자주적 · 평화적 · 블록 불가담의 '중립 국가' 제안
'유훈 통치'(1994)	1994년 김일성 사망 후 김정일 실권 장악
이중적 적화 전술 (1997. 6. 이후)	남한의 민족 통합 역량 약화 통일 전선 전술의 지속적 추진 김일성 주체사상 강조
2000년 신년사	반외세, 민족 대단결 주장

표 13. 북한의 연방제 통일 방안 변천 과정

　　이후, 신탁 통치를 둘러싼 대립이 표면화되면서 우리나라는 분단의 길로 접어들었다고 보아야 할 것이다. 신탁 통치에 반대하는 반탁 운동이 국민들의 일반적인 열망이었음에 반해 북측의 갑작스런 태도 변화는 우리 민족의 이념적 대립과 분열을 가져와 자주 독립의 역량을 약화시키고 강대국들의 한반도 문제 개입의 명분을 제공하였다.

　　이러한 이데올로기적 분열은 남북의 독립 정부 수립을 통하여 분단의 고착화 과정을 밟아 갔다. 그리고 이어진 민족상잔의 비극은 지금도

구 분	한민족 공동체 통일 방안	북한의 고려연방제 방안
통일 원칙	자주, 평화, 민주	자주, 평화, 민족 대단결
전제 조건	없음	국가 보안법 폐지, 공산주의 활동 합법화, 주한 미군 철수
과도 체제	남북 연합	없음
과도 기구	남북 정상 회의 남북 각료 회의 남북 평의회	없음
통일 국가 실현 절차	통일 헌법에 의거한 총선을 통해	연석회의 방식으로 연방제 실현 방법 협의, 결정
통일 국가 기구	국회는 양원제	최고 민족 연방 회의 연방 상설 위원회
통일 국가 정책 기조	민주 공화제, 민족 성원 모두의 복지 증진, 민족의 항구적 안전 보장, 대외 선린 우호 관계	10대 시정 방침 ※자주적 정책 실시, 민족 경제 발전 보장, 민족 문화·교육의 통일적 발전, 민족 연합군 조직, 평화 애호적 대외 정책 등
통일 국가의 미래상	자유·인권·행복이 보장되는 민주 국가	없음

표 14. 한민족 공동체 통일 방안과 고려연방제의 비교

씻기 어려운 민족의 상처로 남아 있다. 6.25 이후 남북은 상호 비방과 적대 및 책임 떠넘기기를 반복하다가 오늘에 이르러 상호 간의 '평화 공존'을 모색하면서 각자의 이익을 추구하는 방향으로 나아가고 있다. 개략적인 남북 간의 통일 정책 변천 과정을 도식화하면 표 12와 같다.

그리고 남과 북의 통일 정책의 변천 과정에서 가장 중요한 남한의 '한민족 공동체 통일 방안'(그림 4 참조)과 북한의 '연방제'의 변천 과정(표 13-14 참조)을 알기 쉽게 정리하였다. 참고하기 바란다.

III. 헌법의 영토 조항과 평화 통일 조항 논쟁

현 정부 들어서 남북 관계의 새로운 현안들과 관련해 헌법 개정 논의가 심심치 않게 거론되고 있다. 여기에는 당리당략에 따라 각자의 이익을 도모할 방법 차원에서 통치 체제(대표적으로 내각제 논의)에 대한 논의부터 경험적으로 정권 차원에서 악용된 사례가 있는 특정 법률을 개정 또는 폐지하기 위한 논의까지 현행 헌법 개정의 필요성에 대한 양상은 나름대로 복잡하게 드러나고 있다.

그러한 양상 중에서 통일 교육과 관련하여 관심을 가져야 할 헌법 개정 논의 중의 하나가 '영토 조항'(제3조)과 소위 '평화 통일 조항'(제4조)의 충돌에 관한 것이다. 영토 조항의 폐지를 주장하는 입장에서는 이 조항이 우선 규범적 의미를 잃었으며, 제4조의 평화 통일 조항과 충돌하고 있어서 시대적 조류에 역행하고 있다고 주장한다. 한편, 영토 조항이 가지는 의의를 강조하는 입장에서는 통일 후의 주변국과의 관계에서 영토를 확정한다는 의미를 가지고 있으므로 그 규범적 의미가 더욱 크다고 하는 주장을 견지하고 있다.

두 방향에서 제시되고 있는 위의 주장들이 보기에 따라서는 규범성을 강조하는 쪽과 사실적 관계를 강조하는 쪽의 대립 양상으로 보일 수는 있으나, 헌법 해석의 묘미에 의해서 어느 정도 극복할 수 있는 여지는 있다고 생각된다. 실제로 영토 조항의 존치를 주장하는 사람들은 평화 통일 조항의 '보완'을 강조하고 있는데, 그것은 영토 조항이 평화 통일 조항과 대치되는 내용으로만 볼 수는 없기 때문이다. 다만, 평화 통일 조항과 대치된다고 보는 입장에서는 북한의 실체 인정이라는 요구에 부응하고 '국가 보안법'이라는 현실적 문제의 해결을 위한 방안으로 그러한 주장을 하는 것으로 볼 수 있다.

1. 헌법상 영토 조항의 의의

대한민국 헌법 제3조는 "대한민국의 영토는 한반도와 그 부속 도서로 한다"라고 규정하고 있다. 이 조항은 건국 헌법부터 존속하고 있는 우리나라 헌법의 하나의 특색이라고 할 수 있다. 헌법학자 권영성은 이 조항이 갖는 의의에 대해, 첫째, 대한민국의 영역이 구한국 시대의 국가 영역을 기초로 하고 있음을 의미하는 것이고, 둘째, 우리나라의 영토를 명백히 하여 타국의 영토에 대한 야심이 없음을 표시하는 국제 평화주의적 의미가 내포되어 있는 것이고, 셋째, 한반도에서 유일한 합법 정부는 대한민국만이고 휴전선 이북 지역은 이른바 불법 점유된 미수복 지역이라는 점을 명백히 한 것이라고 주장하고 있다(권영성, 1988, pp. 142-3).

이 영토 조항은 북한 정권을 인정하지 않는 중요한 논거였으며, 그동안 사법부에서 '간첩죄'와 '국가 보안법'을 적용할 때는 예외를 인정하여 가벌성의 논거로 사용하였다. 다시 말하여, 원칙적으로 휴전선 이북 지역의 북한 정권을 '반국가적 불법 단체'로 간주하여 간첩죄나 국가 보안법상의 위반 행위를 처벌의 대상으로 하였던 것이다.

국내의 헌법 관련 서적들이 공통적으로 인용하고 있는 구체적인 판례의 입장을 살펴보면, 분단 이후 그 견해를 일관되게 적용하고 있다고 할 수 있다.

"6. 25 남침은 국내의 일 지방 폭동에 불과하다 관념할 것이니, 공산군의 일 경찰이 범한 범죄행위에 대해서 그의 직무 행위인 경우에 있어서도 해아육전법규 적용을 논할 여지가 없다." (대법원 판례: 1955. 9. 27)
"북한 지역은 대한민국의 영토에 속하는 한반도의 일부를 이루는 것이므로 이 지역에는 대한민국의 주권이 미칠 뿐 대한민국의 주권과 부딪치는 어떠한 주권의 정치도 법리상 인정될 수 없다." (대법원 판례: 1961.
9. 28)

"북한은 헌법상 대한민국의 영토의 일부이지만… 간첩죄 소정의 적국에
준하는 집단으로 보아야 한다." (서울고법: 1972. 12. 7)

"북한은 우리 헌법상… 국가로 볼 수 없으나, 간첩죄의 적용에 있어서
는 이를 국가에 준하여 취급하여야 한다." (대법원 판례: 1983. 3. 22)

"북한이 자유민주적 기본 질서에 대한 위협이 되고 있음이 명백한 상황
에서 우리 정부가 북한 당국자의 명칭을 사용하고 남북 동포 간에 자유
로운 왕래와 상호 교류를 제안하였으며 남북 국회 회담과 같은 회담을
병행하고 나아가 남북한이 유엔에 동시에 가입하였다고 하거나 남북 기
본 합의서(남북 사이의 화해와 불가침 및 교류 협력에 관한 합의서)에
서명하였다는 사유가 있다고 하여 국가보안법상의 반국가 단체가 아니
라고 할 수 없다." (대법원 판례: 1992. 7. 24)

이러한 견해는 헌법재판소의 판결에서도 동일하게 유지되고 있다.
그리고 우리 대법원의 일관된 입장은 규범적으로는 북한 당국을 인정
할 수 없으나, 실제의 필요상(주로 간첩죄 소정) 적국으로 간주하고 있
다고 할 수 있다.

문제는 이러한 영토 조항이 가지는 의의가 시대적 조류에 부합하지
않고 남북 관계 및 통일 한국에 장애가 될 소지를 내포하고 있다고 보
아야 하는가에 있다. 이에 대해서는 양자의 입장이 팽팽하게 대립하고
있다고 하겠다.

2. 영토 조항과 통일 조항의 논쟁

헌법 제3조와 제4조의 관계에 대해서는 학자들 사이에 상당한 논란

이 되고 있다. 평화 통일 조항은 분단 상황과 북한의 실체 인정을 전제로 하고 있고, 영토 조항은 규범적 의미에서 북한의 실체를 인정할 수 없는 딜레마가 동법에 규정되어 있다고 볼 수 있기 때문이다. 학자들의 견해는 대립되고 있는데, 유일 합법 정부론 등에 의한 '영토 조항 우위론'과 헌법 사실의 변천과 신법 우위에 입각한 '평화 조항 우위론,' 그리고 '이중적 성격론'으로 대별된다. 이와 관련하여 시대적 변화에 맞추어 근본적인 문제 해결을 위해서 개헌하자는 주장이 제기되고 있는 것이다.

영토 조항(제3조)은 제헌 헌법 당시부터 규범적으로 존재하였음에 반해, 평화 통일 조항(제4조 및 기타 조문)의 각 내용은 1972년 제7차 헌법 개정 때 본격적으로 규성되었다.

"…조국의 민주개혁과 평화적 통일의 사명에 입각하여…" (헌법 전문)
"대한민국은 통일을 지향하며, 자유 민주적 기본 질서에 입각한 평화적 통일 정책을 수립하고 이를 추진한다." (제4조)
"대통령은 조국의 평화적 통일을 위하여 성실한 의무를 진다." (제66조 3항)
"…조국의 평화적 통일과… 국민 앞에 엄숙히 선서합니다." (제69조)

이러한 규정들은 과거에는 선언적인 규정으로 존재하다가 최근 변화된 국제 환경 속에서 이데올로기적 대립이 해소되고 남북 관계에 있어서도 '평화 공존'이 중요한 관심사로 자리 잡으면서 실제적 규정으로 다가오게 되었다고 할 수 있다. 더구나, 1990년 "남북교류협력에 관한 법률"이 통과되고, "남북 사이의 화해와 불가침 및 교류 협력에 관한 합의서"(이하 남북기본 합의서)에 서명하는 등 평화 통일에 대한 가시적인 성과들이 나타나게 되면서 국제 정치 현실론자들을 중심으로

소위 '영토 조항'과 상충되는 현실 타개의 필요성을 절감하게 되었다
고 하겠다. 이들은 영토 조항의 유일 합법 정부론이 평화 통일 정책에
독소 조항이 되고 있으며, 따라서 시대에 부합하도록 이를 폐지하여야
한다는 것이다. 이러한 입장이 '평화 조항 우위론'이라고 할 수 있다.

한편, 영토 조항 우위론의 입장에서는 위와 같은 사실들이 북한의
국가 실체성을 인정하고 있는 것은 아니라는 논거를 들고 있다. 헌법재
판소(1996. 10. 4)도 유엔 동시 가입이 북한의 국가성을 승인하는 것은
아니며, 북한이 대남 혁명 노선을 포기한 것도 아니라고 하고 있다. 특
히 영토 조항 우위론을 주장하는 사람들은 통일과 관련하여 앞으로 통
일 한국에 닥쳐올 문제를 사전에 준비하는 차원에서 영토 조항이 갖는
의의는 더 크다고 한다. 이들은 평화 조항이 영토 조항을 보완하는 것
으로 보고 있다. 이들이 들고 있는 논거는 대체로 다음과 같다(허영,
2006; 정종섭, 2006).

영토 조항은 분단된 국가나 영토 분쟁이 있는 나라에서 중요한 의의
를 갖는다. 첫째, 건국 헌법에서부터 영토 조항을 규정한 것은 우리의
진정한 미래가 통일 한국이라고 상정한 것이다. 둘째, 주변국인 중국,
일본, 소련과의 영토 분쟁에서 통일 한국의 경계가 어디인가를 국제법
적으로 천명하는 효과가 있다. 셋째, 현재의 분단 상황에서도 양쪽 주
민이 외국인이 아닌 내국인(현재는 남과 북의 특수 관계) 지위를 유지하
며 양자 간의 관계에서 국제법의 예외를 가능하게 한다. 넷째, 영토 조
항의 존재는 현재의 분단 상황을 일시적인 것으로 간주하게 하며, 국제
적 변화와 관계없이 분단 당사자 간의 노력으로 통일을 가능하게 하는
근거로 작용할 수 있다. 다섯째, 남과 북의 통합 이전에 북한이 붕괴되
거나 중국이나 소련의 강점이 있을 경우, 국제법적인 정당성을 확보할
수 있다.

이러한 견해에 대해서 양 조항의 규범 조화적 해석을 주문하는 입장

이 있다. 영토 조항은 국가 형성이라고 하는 미래에 달성해야 할 목표인 미래 지향적, 역사적, 미완성적, 개방적, 프로그램적인 규정인 반면, 평화 통일 조항은 조국의 평화 통일을 선언함으로써 영토 조항을 재확인한 후, 이의 달성을 위해 현행 국가가 취해야 할 절차와 방법과 내용을 규정하는 현실적, 구체적, 법적 성격의 조항이다(권영성, 2006). 이와 같은 견해를 따른 것은 아니지만 헌법재판소는 북한의 이중적 성격을 근거로 양 조항의 등가성을 인정하는 견해를 피력하고 있다. 동 판결에 의하면, "현 단계에서 북한은 조국의 평화적 통일을 위한 대화와 협력의 동반자임과 동시에 우리 자유 민주주의 체제의 전복을 획책하고 있는 반국가 단체라는 성격을 갖고 있음이 엄연한 현실인 점에 비추어, 남북 교류 협력에 관한 법률이 공포되었다고 하더라도 국가 보안법의 필요성이 소멸되었거나 북한의 반국가 단체성이 소멸되었다고 볼 수 없다"(헌재, 1997. 1. 16).

현재의 국제 환경 변화와 북한의 변화 노력, 그리고 북한에 대한 우리의 시각 변화가 이루어지고 있는 현실적 필요성을 전제한다 하더라도, 여전히 영토 조항이 갖는 의의는 존재한다는 점과 현실적인 정치 문제들은 정치적으로 해결할 수 있다는 전제에서 영토 조항 폐지론은 사회적 합의를 좀 더 거쳐야 할 사안이라고 판단된다. 허영도 무조건적인 영토 조항 폐지론은 경계해야 한다는 견해를 피력하고 있다(허영, 2006, p. 188).

제3장

통일 교육의 민족 공동체 교육 접근

I. 민족 공동체 교육의 의의 및 내용

1. 민족 공동체 교육의 의의

민족 공동체 교육을 위해서는 민족 공동체의 개념을 설정하여야 한다. 민족 공동체는 공동체 개념 중의 한 영역이므로 공동체의 핵심 개념에 대한 이해 및 공동체 교육에 대한 이해가 선행되어야 한다. 공동체를 형성하는 데 필요한 기본 조건으로 첫째, 일정한 지역적 범위, 둘째, 공동체 의식의 공유, 셋째, 구성원들의 자발적 참여, 넷째, 규범 및 가치의 공유를 요건으로 한다. 민족 공동체란 동일한 역사, 언어, 생활 양식을 공유하고 민족의식을 가진 사람의 집단을 말한다(신용하, 1994; 서울대학교 사범대학 국정도서편찬위원회, 2002 참조).

오늘날 공동체주의의 관점들은 '사회적 협력 관계social affiliation'가 아주 중요한 인간적 욕구일 뿐만 아니라, 모든 사고와 가치, 자기 인식을 위한 기반이 되는 것이라는 아주 세속적이고, 심리학적인 통찰력으로부터 나온 것이다. 이 표현을 바꾸어 말하면, 공동체주의는 정서情緒

에 바탕을 둔 본능적인 요구라고 할 수 있다.

오늘날의 공동체주의는 과거 아리스토텔레스 시대의 공동체주의와는 다소 상이한 관점에 서 있다. 그것은 자유주의자들과의 치열한 논쟁 속에서 상호 모순점을 극복하려는 노력을 경주하였기 때문이다. 하지만, 공동체주의자들의 일반적 대전제는 개인은 공동체라는 맥락 안에서만 도덕적 존재로서 그리고 정치적 행위자로서 제 기능을 다할 수 있다는 것이다.

공동체주의자들은 무엇보다도 현대 사회에서 공동체와 공동선의 중요성을 강조하는 데 초점을 맞추고 있다(Etzioni, 1987: pp. 171-6). 공동체주의는 공리주의와 칸트주의자들의 핵심 가치인 '합리성' 개념과 '인간 행위자'에 대한 이해를 비판하였다. 첫째, 공동체주의자들은 공리주의자들이 합리성을 '손실과 효용'의 도구적 계산에만 국한시키고 있으며, 그에 따라 인간 행위자를 효용의 극대화를 기하려는 계산적인 사람으로 단순화하고 있다는 것이다. 둘째, 공동체주의자들은 칸트주의가 합리성을 순수하게 형식적이고 절차적인 맥락에서 파악하고 있으며, 인간 행위자를 어떤 구체적인 역사적, 사회적, 정치적 상황으로부터 추상화되어 있는 것으로 보고 있다고 한다(Noddings, 1996, pp. 245-67).

헤크만(Heckman, 1995)은 자유주의자들에 대한 공동체주의자들의 비판을 다음과 같은 두 가지 특징으로 요약하고 있다. 첫째, 공동체주의자들의 비판은 롤즈에 의해 시도된 자유주의의 부활에 대한 하나의 사상적 반작용이다. 둘째, 오늘날 자유주의자들에 대한 공동체주의자들의 비판은 주로 해석학, 기호학, 해체 이론 같은 새로운 지적 조류에 그 기반을 두고 있다. 이것은 단순한 내적 비판이 아니며, 근대성에 대한 전면적인 비판이라고 평가할 수 있다.

공동체주의자들은 성찰, 숙고, 합리적 평가의 역할을 강조하는 보다 실제적인 합리성 개념을 주창하고 있고, 인간 행위자를 구체적인 도덕적, 정치적 상황 속에 놓여 있는 존재로 보고 있으며, 그러한 '상황 속에 놓여 있는 자아situated self'를 위하여 공동의 목적이나 애착을 전제하는 구성적 역할을 강조하고 있다.

공동체주의라는 이념을 만들어 내는 데 결정적인 역할을 한 매킨타이어Alasdair MacIntyre, 샌델Michael Sandel, 테일러Charles Taylor, 웅거Roberto M. Unger, 윌쩌Michael Walzer, 바버Benjamin Barber, 셀즈닉Philip Selznick, 에치오니Amitai Etzioni 등은 오늘날 가장 대표적인 공동체주의 사상가로 꼽히고 있다. 다만, 1990년대 들어서면서 자유주의와 공동체주의가 수렴하고 있는 상황이라고 할 수 있다. 공동체주의자인 에치오니(Etzioni, 1996), 셀즈닉(Selznick, 1992) 같은 학자들은 '자유주의의 공동체화communalization of liberalism,' '공동체주의적 자유주의communitarian liberalism,' '자유주의적 공동체주의liberal communitarianism,' '반응적인 공동체responsive community' 같은 수렴적인 용어를 쓰고 있고, 자유주의자인 롤즈(Rawls, 1985)는 공동체의 역할을 인정하면서 그의 초기 입장을 다소 수정하였다.

우리 교육 현장은 자유주의와 개인주의가 만연한 교육 풍토 속에 있다. 그러한 속에서 개인주의적 사고방식, 즉 개인의 자유와 권리를 중시하는 풍토가 생기는 것은 당연하다고 하겠다. 지역적 공동체의 범위를 확대하여 남북이 하나 되는 공동체는 상상하기 어려웠다. 만약, 개인주의가 개인의 격정passion을 이기면서 '합리적 공동체'로 나아갈 수만 있다면(박효종, 2001), 이것은 우리가 바라는 통일 공동체의 모습일 수 있다.

그러나 현실적으로 개인주의는 이기주의로 치환되고 있으며, 그러한 사회의 산물인 우리 청소년들은 우리 민족 공동체의 범위를 이기적 관점에서 해석하고 있다. 통일을 부정하거나 회피하는 청소년의 비율이 10명 중 4명이라는 것은 그러한 증거의 단적인 예라고 할 수 있다.

이러한 점에서 우리의 민족 공동체를 형성하기 위한 통일 교육은 더없이 중요한 시점에 와 있다고 할 수 있다. 그러나 민족 공동체의 형성을 위한 통일 교육에서 정작 공동체 형성을 위한 교육 내용 및 방법은 구체적으로 적용되지 않고 있다고 해도 과언이 아니다. 연구자들이 제시한 내용들도 민족 공동체의 형성 방안을 구체적이고 직접적으로 논의하지 않고 선언적으로 접근하고 있다.

2. 공동체주의 교육의 내용

공동체주의는 역사와 전통, 사회 상황적 맥락, 실재적 합리성을 강조하고, 규율 정신과 집단에 대한 애착, 상징을 통한 교육을 강조한다. 매킨타이어의 다음 말은 우리의 공동체 교육에 시사하는 바가 크다.

"나는 누군가의 아들이고 딸이며 다른 어떤 사람의 사촌이고 아저씨다. 나는 이 도시나 저 도시의 시민이고 이 조합 또는 저 조합의 구성원, 어떤 직업의 구성원이다. 나는 이 부족이나 저 종족, 민족에 속한다. 따라서 나에게 선인 것은 이 역할에 종사하는 사람들에게도 선이다. 이처럼 나는 과거의 나의 가족, 나의 도시, 나의 종족, 나의 민족, 유산, 정당한 의무들과 기대들로부터 물려받았다. 이것들이 나의 삶을 구성한다."
(신현우, 2002에서 재인용)

공동체 교육을 위해서는 그 공동체가 공동으로 추구하여야 할 공동의 가치가 있어야 한다. 탐H. Tam에 의하면, 공동의 가치를 추구하려는 노력을 통하여 상호 책임의 원리를 구현할 수 있다고 한다. 공동체주의자들은 다양한 문화적 변수 속에도 명확한 가치가 존재한다고 주장한다. 탐은 그것을 다음과 같이 네 가지 형태로 정리하였다(Tam,

1998, pp. 14-6 참조).

첫째, 사랑의 가치이다. 사랑을 받아보거나 사랑을 하는 것, 다른 사람에 대한 애정, 열정, 부드러움, 우정, 동정, 친절, 희생 같은 경험들이다.

둘째, 지혜의 가치이다. 이해, 사고의 명쾌함, 스스로 생각할 수 있는 것, 훌륭한 판단을 할 수 있는 것, 증거를 검토할 수 있는 것과 같은 것들은 그러한 가치를 구성한다.

셋째, 정의의 가치이다. 다른 사람에게 공정하게 대우 받는 것, 다른 사람으로부터 차별 받는다고 느끼지 않는 것, 상호 관계가 존중 받는다고 이해하는 것과 같은 경험들이다. 이러한 것들을 '네가 받고자 하는 대로 행하라'는 황금률에 포함된 가치들이다.

넷째, 실행의 가치이다. 자신의 잠재력을 향상시키거나 실현하는 것, 자신을 즐길 수 있는 것, 자신의 성취나 행동을 자랑스럽게 느끼거나 만족스럽게 느끼는 것과 같은 경험들이다.

이러한 네 가지 가치들이 모든 가치를 망라한 것은 아닐지라도 상호 간의 책임을 위한 명백한 근거를 제공할 수는 있다.

따라서 공동체 형성을 위해서는 이러한 공동의 가치를 근거로 공동체 교육을 충실히 이행하여야 한다. 공동체를 위한 교육에서는 학교 환경을 도덕적인 공동생활의 장소로 만들어야 할 필요성이 있다. 뒤르켐 Durkheim은 그 방법으로서 다음과 같은 방법을 제시하였다(정인석, 1982). 첫째, 교실에 "규칙의 법전"을 만들 것. 둘째, 학급 집단에 "공통된 책임"을 부여하고 집단적인 벌과 보상을 이용하여 아동 사이에 연대감을 심어줄 것. 셋째, "학급의 정신," "학급의 명언"을 존속시켜 갈 것을 지적하였다.

이들 방안은 학급에 일정한 규칙을 설정하고 이에 충분한/일정한 제재·상·벌을 수립함으로써 학급은 시민 사회에 부합하는 도덕적 환경과 집단적 개성을 갖는 환경이 될 수 있고, 아동은 여기서 시민적 도덕과 집단적 책임을 학습할 수 있다. 그리고 규율과 더불어 집단에 대한 애착심을 획득할 수 있게 된다.

3. 통일 교육의 민족 공동체 교육 접근

위에서 살펴본 공동체와 관련한 기본 논의들을 '민족 공동체'라는 단위로 확대하여 교육하는 것이 바로 통일 교육에서 민족 공동체 형성을 위한 과제라고 할 수 있다. 문제는 민족 공동체 형성을 위한 공동체 교육 접근이 자칫 국가주의나 국수주의로 오해될 수 있다는 사실이다. 그러나 통일의 당위성이라는 문제에 동의한다면, 현시점에서 공동체 교육의 중요성은 아무리 강조해도 지나치지 않다.

실제로 2002년 전국 대학생(약 2,200명)에 대한 "통일 문제 현안 및 대학생 여론 조사"에서 통일 교육에서 중점을 두어야 할 사항으로 '민족 공동체 형성과 통일 이후의 통합 문제'를 꼽은 학생이 가장 많았고 (43.2%), 이어 북한 바로 알기(24.2%)가 필요하다고 꼽았다. 한편, 1997년 통일 문제 전문가 100인이 응답한 바람직한 통일 교육의 목표에서도 '민족 통합과 동질성 회복' 항목(34명 응답)을 가장 중요하게 생각한다고 하였다(민족통일연구원 · 한국교육개발원, 1997). 따라서 우리에게는 민족 공동체 형성을 위한 교육 방향 정립이 급선무라 할 수 있을 것이다. 그러한 방향을 언급하면 다음과 같다.

첫째, 남북의 통합이 우리가 추구해야 할 공동체라고 할 때, 거기에는 그 구성원들이 함께 해야 할 공동의 가치와 공동선이 전제되어야 한다(황인표, 2001a). 이는 남북한 주민의 실질적 통합을 위해서 반드시 필요한 것이다. 상이한 이념과 가치 체계 속에서 살아온 청소년들이 그들의 통합과 동질성을 확인하는 데 가장 중요한 것은 '같음'이라는 공통 분모를 확인하는 작업이라고 할 수 있다. 통합 과정에서 '우리는 하나다'라는 생각을 갖게 하는 다양한 상징, 공동의 이념, 목표를 제시하는 것은 통합 과정을 실질적으로 촉진시켜 줄 수 있기 때문이다.

이러한 공동의 가치를 이끌어 내는 일은 남·북 당사자들의 합의에 의하여야 한다는 것은 당연하다. 우선은 체제와 정치적 이념과 무관한 가치들을 대상으로 하여야 한다. 공동의 가치를 찾는 일은 사회 문화적 접근이 실질적으로 먼저 진행되고, 정치적 부분은 걸림돌을 제거하는 수준에서 이루어져야 하기 때문이다. 그리고 그 대상은 생활 속에서, 전통의 문화 속에서 추출하여야 수렴할 수 있을 것이다.

다만, 사회 문화적 접근에서 이러한 목적 이념 설정이 지나치게 표면화되는 것은 자칫 거부감을 줄 수 있다. 그러므로 추구할 공동의 가치 등은 표면적으로 드러나지 않는 것이 바람직할 것이다. 그러한 이념과 목표로는 '인간의 존엄과 생명 존중,' '인권 중시,' '집단과 개인 가치의 중시,' '가정의 소중함,' '우애' 등이 될 수 있다. 이러한 개념의 설정은, 특히 북한 청소년들의 통합을 유도하는 데 대단히 중요한 과정이라고 생각된다. 남한 사회의 청소년들은 자유로운 사고를 가지고 있으나, 북한의 청소년들은 훨씬 더 편향된 사고를 가지고 있기 때문이다. 북한 청소년들의 의식 구조는 김일성 신격화, 우상화, 호전성, 타율성, 획일성, 폐쇄성, 조직 생활과 비판 의식, 노력 동원의 당연성, 단순한 욕망, 자기 운명에 대한 고정 관념, 자유와 인권에 대한 무지, 현대 문명에 대한 무지, 전통 문화에 대한 무지를 보이고 있다고 한다(정종남, 2000).

둘째, 남북 간의 공통된 민족 정체성, 국가 정체성이 부각되어야 한다. 독일의 통일은 동서독 국민의 정체성 문제에서 완전히 새로운 상황을 전개시켰는데, 이를 한마디로 표현한다면 기존의 "한 민족 두 국가" 또는 부분적으로 "두 국가 두 민족"이라는 도식이 "한 국가 한 민족"

이라는 새로운 도식에 의해 대체되었다는 것을 의미한다(허영식, 1996).

통일 이전에 통용되고 있던 "한 민족 두 국가"와 "두 국가 두 민족"이라는 상이한 해석의 틀은 특히 1970년대에 민족 문제에 관한 동서독 정부의 서로 다른 입장에서도 나타났으며, 서독의 청소년들이 민족, 국가, 국민 등의 개념에 대해서 갖고 있던 태도에서도 읽어낼 수 있다. 정체성과 민족 문제에 관한 동독 청소년들의 태도와 그 변화에 대해서 말하면, 1980년대 중반까지만 해도 동독에 대한 긍정적인 정체성이 대체로 확고하게 기반을 잡고 있었다고 할 수 있으며, 그 이후에 독일 정체성, 즉 동서독 전체에 공통된 민족 정체성이 부각되기 시작하였다. 이러한 정체성의 변화는 1989년 가을의 정치적인 대변혁에서 그 정점에 도달했다고 할 수 있다. 우리나라에서 이러한 정체성을 제시하는 것은 공유된 전망과 이해를 표출하는 것이다.

셋째, 민족 공동체 형성을 위해서 우리 민족 공통의 역사와 문화를 강조하는 내러티브narrative적 사고방식과 접근이 중요하다(박병춘, 2000). 다시 말해 '다름'을 강조하기보다는 '같음'을 강조하는 일에 비중을 두어야 한다는 것이다. 체제 비교나 우월성을 강조하는 단계에서 벗어나 공유된 부분을 부각시키는 일에 우선성을 두고 서로를 이해하려는 노력이 병행되어야 한다.

이처럼 남북 통합 과정에서 향후 예상되는 갈등 구조를 효율적으로 관리하고 해소하는 방법을 모색하는 것은 공동체 형성의 중요한 요소이다. 이에 대해서 남북한이나 그 내부의 각 집단 모두가 이익을 극대화하고 손실을 최소화하는 매끄러운 통합을 위해 결사체주의의 이익 조정 메커니즘을 활용하는 것도 대단히 의미 있어 보인다(선학태, 1998).

II. 북한의 변화와 남북 교류

현재 남한과 북한 사이의 교류와 접촉은 과거에는 상상할 수 없을 정도로 증대되고 있다. 특히, 국민의 정부 이후 소위 '햇볕 정책'과 '대북 포용 정책'은 적극적으로 북한을 교류와 협력의 장으로 불러들였다. 이것은 민족의 통합을 위한 전단계로서 중요한 의의를 가지는 것으로 보인다.

북한이 이러한 교류와 협력의 장으로 나온 데는 우리 정부의 노력이 중요한 단서가 된 것이 사실이지만, 북한 당국의 변화 노력과 필요, 그리고 시대적 요청이 어쩌면 더 중요한 동기가 되었음을 부정할 수 없다. 이러한 상호 간의 노력과 필요에 의한 교류와 협력은 우리 민족 통합에 진일보한 모습으로 고무적인 현상이라고 하지 않을 수 없다.

따라서 통일 교육을 위해서는 통합의 대상인 북한이 어떻게 변화하고 있고, 남과 북 사이의 접촉과 왕래 및 교류가 어느 정도로 이루어지고 있는지를 아는 것도 중요하다. 이 책에서는 남북 교류가 민족 통합의 첫걸음이라는 차원에서 민족 통합 교육의 내용 단원에 이를 배치하고 그 자료의 신빙성을 높이기 위해서 통일부가 공식적으로 배포한 자료를 참고하여 소개하고자 한다. 특히, 『6.15 선언 5주년 남북 교류 추진 현황 및 평가』를 중요한 자료로 활용하였다.

1. 최근 북한의 변화

북한의 변화 모습은 연일 뉴스거리가 되고 있는 김정일 국방위원장의 행보에서도 일면을 볼 수 있다. 무엇보다도 경제 영역에서의 가시적인 성과가 돋보인다고 하겠다. 시장의 인정, 경제 관련 법의 정비, 소유와 상속의 인정 등의 조치는 과거에는 상상도 하기 힘든 모습들이라고 할 수 있다.

북한의 공식적인 변화는 "6.15 공동 선언"(2000. 6)을 기점으로 한다고 볼 수 있다. 그 이후 "신사고"(2001. 1)로 대변되는 개혁 조치의 과정을 거치더니 2002년 7월에는 "7.1 조치" 등의 과정을 거쳐 변화의 항상성을 유지하고 있는 것으로 판단된다. 더욱 고무적인 것은 경제 제도의 변화보다도 주민들의 의식 변화 속도가 훨씬 빠르며, 이러한 의식 변화는 향후 북한의 변화가 가속화될 수 있는 토대가 됨과 동시에, 구조적으로 북한 당국의 과거 회귀를 제어하는 역할을 수행할 것으로 기대된다는 점이다. 북한의 이러한 변화를 발표된 자료를 근거로 분야별로 좀 더 살펴보면 다음과 같다.

경제 분야에서는 시장 기능을 경제의 한 축으로 공식 인정하고, 경제 각 부문에 시장 경제 요소 도입을 단계적으로 확대하고 있다. 잘 알려진 바와 같이 "7.1 조치"를 통해 물가·임금·환율 인상, 배급제 폐지, 경영 자율권 확대 등 경제 전반에 시장 경제 요소를 도입하였다. 물론, 배급제같이 일반 주민 70% 정도가 의존하고 있는 것은 완전히 폐지하지 못하고 있는 것이 사실이지만, 자본주의의 핵심이라고 할 수 있는 '시장'이 설치된 것은 중요한 변화라고 보아야 한다. 시장은 2003년 3월 김정일 위원장의 지시로 공식적으로 인정되고 있으며, 시장을 상업 유통의 한 축으로 육성하고 있다. 보도된 자료에 의하면, 북한에는 2005년 9월 현재 95개의 종합 시장이 설치되어 있다고 한다. 이와 더불어 현재 자본주의의 핵심 시스템의 하나인 재정·금융 개혁을 준비 중이라고 한다.

이러한 경제 분야의 변화의 영향으로 정치 분야에서도 당성보다는 실력을 고려한 전문 관료의 등용을 확대하고 있으며, 특히 경제 관료들의 세대교체(전문화·연소화)를 단행하고 있고, 경제 사업에 대한 당의 과도한 개입 방지를 통해 내각의 자율성을 강화하고 있는데, 이를 위해 내각에 "민족경제협력위원회" 신설(2005. 6)과 "북남경제협력법"을 제정(2005. 7)하고 당에서 주도하던 남북 경협 사업을 내각으로 이관하였다. 그리고 그 실무를 맡을 관료 200-300여 명을 유럽, 중국, 동남아 등 자본주의 현장에 가서 연수토록 조치하였다. 전문 관료들의 해외 경제 연수 인원은 해마다 늘어서 2000년에는 158명, 2001년 186명, 2002년 227명, 2003년 237명에 이어 20004년에는 220여 명에 이르는 것으로 알려졌다.

외교 분야에서도 정치적 행보에 변화가 나타나고 있다. 김정일 위원장은 정상 외교를 통해 폐쇄적 이미지를 불식시키고, 실리를 위한 외교 다변화를 추구하고 있는 것으로 알려져 있다. 김일성 사후 약 5년 동안(1994-1999)에는 정상 외교가 전무하였으나, 2000년 6월 '남북 정상회담' 이후, 김정일 국방위원장은 총 12회의 정상 외교를 실시하는 등 외교 무대 전면에 등장하고 있다는 점이 그러한 사실을 반증하고 있다. 그 결과 2000년 이전에는 134개국과 수교를 하였으나, 2000년 이후에는 유럽연합 25개국 중 프랑스, 에스토니아를 제외한 모든 EU국과 수교하는 등 21개국(15.7%) 증가한 155개국과 수교를 맺고 있다.

사회적 측면에서도 주목할 만한 변화가 목격되고 있다. 특히, 주민들 사이에 자본주의 가치관이 확산되는 것은 사회 전체 시스템 변화의 중요한 단서로 작용할 수 있다. 평균주의를 배제하고 자신이 번 수입으로 생계를 책임진다는 사고방식이 점차 확산되어 재산을 모으고 돈을 버는 것에 많은 관심을 갖게 된 것이다. 이러한 과정에서 필연적으로 가치관의 혼란, 사회 일탈 현상 같은 사회적 문제도 나타나고 있는 것으로 파악된다.

다만, 이러한 변화들은 아직까지 기존 정치 이념과 체제의 범위 내에서 실리 추구에 중점을 두는 "체제 내적 개혁" 단계로 평가하는 것이 타당하다고 보인다. 하지만 남북 관계 개선과 다른 나라와의 수교 증대로 개방이 가속화되고 '접촉을 통한 변화의 확대'가 하나의 경향이 될 때, 북한의 변화는 말 그대로 '호랑이 등에 탄' 형상이 되지 않을 수 없을 것으로 보인다.

2. 남북 교류의 실태

남과 북 사이에 상당한 교역 및 교류가 이루어지고 있는 것은 알고 있으나, 그것이 구체적으로 얼마나, 어느 정도로 이루어지고 있는가를 아는 사람은 그리 많지 않다. 마침, 통일부는 6.15 남북 공동 선언 5주년을 맞아 남북 교류 실태에 관한 자료를 발표하였다. 북한과의 교류에 대한 구체적인 자료 부족을 어느 정도 해소할 수 있을 것으로 보인다. 여기에서는 '남북 회담 추진 현황,' '남북 인적·물적 자료 교류 현황,' '금강산 관광객 추이' 등의 자료를 제시한다.

구 분			합계	2000	2001	2002	2003	2004	2005
합 계			163	27	8	33	38	25	32
정치 분야 (40)	정상 회담	남북 정상 회담	1	1					
		남북 특사 접촉	4	4					
		남북 정상 회담 준비 접촉	5	5					
		통신·보도 실무 접촉	2	2					
		의전·경호 실무 접촉	1	1					
	남북 장관급 회담		16	4	2	2	4	2	2
	장관급 회담 실무 접촉		1			1			
	남북 차관급 회담		1						1
	특사 파견		4	1		1	1		1
	6.15 남북 당국 공동 행사 관련 실무 접촉		3						3
	8.15 남북 당국 공동 행사 관련 실무 접촉		2						2
군사 분야	남북 국방장관 회담		1	1					

구분		계	2000	2001	2002	2003	2004	2005
(34)	남북 군사 실무 회담·수석대표 접촉	10	3	2	3	2		
	남북 군사 실무 접촉	10			6	4		
	군사 통신 실무자 접촉	1			1			
	동해선 통신선 연결 실무 접촉	2				2		
	장성급 군사 회담	2					2	
	장성급 실무대표 회담·수석대표 접촉	6					3	3
	장성급 군사 통신 실무 접촉	2					2	
경제 분야 (61)	남북경제협력추진위원회·위원급 접촉	14	1		2	4	2	5
	남북농업협력위원회	1						1
	남북경제협력 실무 접촉	2	2					
	금강산 관광 활성화 당국 회담	2		1	1			
	남북 철도 도로 연결 실무 협의회	5			1	2	1	1
	남북 철도 도로 연결 실무 접촉	10			3	5	2	
	임남댐 공동 조사 실무 접촉	1			1			
	개성 공단 건설 실무 협의회	2			1		1	
	개성 공단 건설 실무 접촉	1			1			
	임진강 수해 방지 실무 협의회	3		1	1		1	
	남북 전력 협력 실무 협의회	1		1				
	남북 해운 협력 실무 접촉	5			2	1	1	1
	남북 해운 협력 협의회	1						1
	남북 수산 협력 실무 협의회	1						1
	경공업 및 지하자원 개발 협력 실무 협의	1						1
	원산지 확인 실무 협의회	1			1			
	청산 결제 실무 협의	3				1	2	
	청산 결제 거래 위한 은행 접촉	2					2	
	남북 경제 협력 제도 실무 협의회	4			1	3		
	남북 경제 협력 제도 실무 접촉	1					1	
사회 문화 인도 분야 (28)	남북 적십자 회담	6	2	1	1	1		1
	남북 적십자 실무 접촉	6			2	3	1	
	이산가족 화상 상봉 적십자 실무 접촉	3						3
	면회소 건설 추진단 회의	3				3		
	북측 조류 인플루엔자 관련 실무 접촉	1						1
	8.15 통일 축구 경기 실무 접촉	2						2
	안중근의사 유해 발굴 및 봉환 실무 접촉	2						2
	용천 재난 구호 회담	1					1	
	아시아 경기 대회 참가 실무 접촉	2			2			
	U대회 참가 실무 접촉	1				1		
	아테네 올림픽 공동 입장 실무 접촉	1					1	

표 14. 연도별 남북 회담 추진 현황(2000-2005)

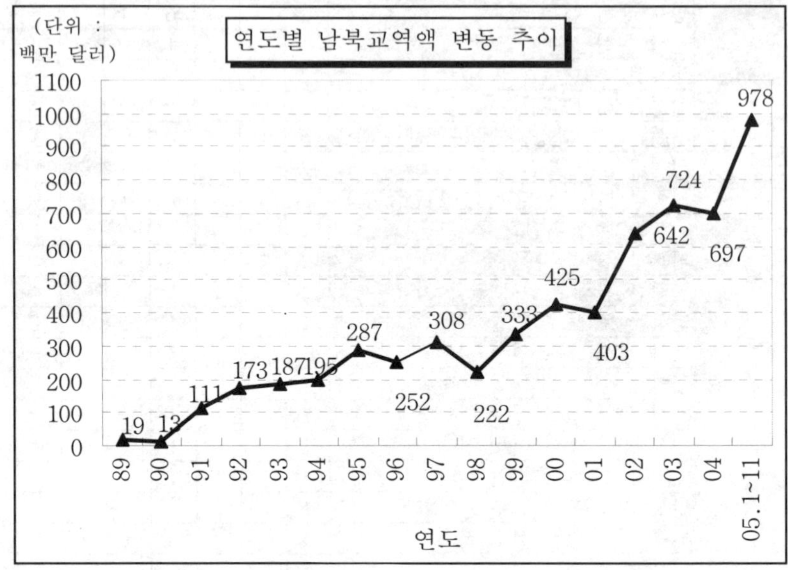

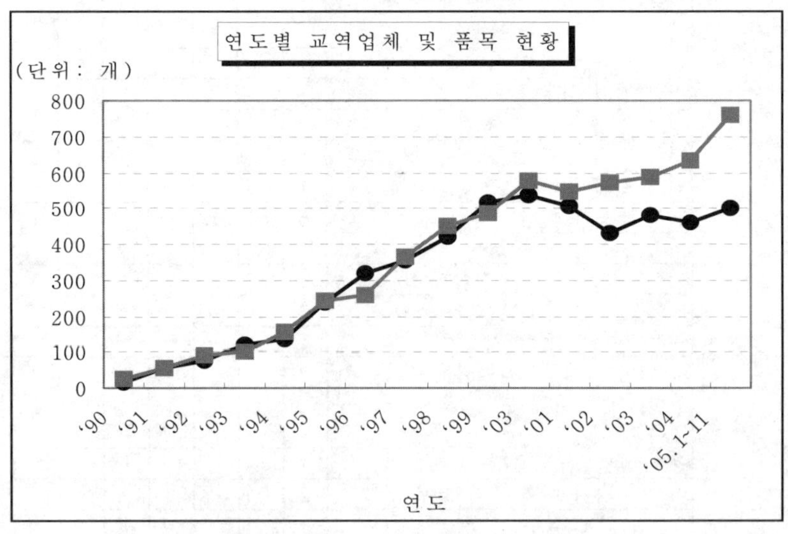

그림 5. 남북 인적·물적 자료 교류 현황

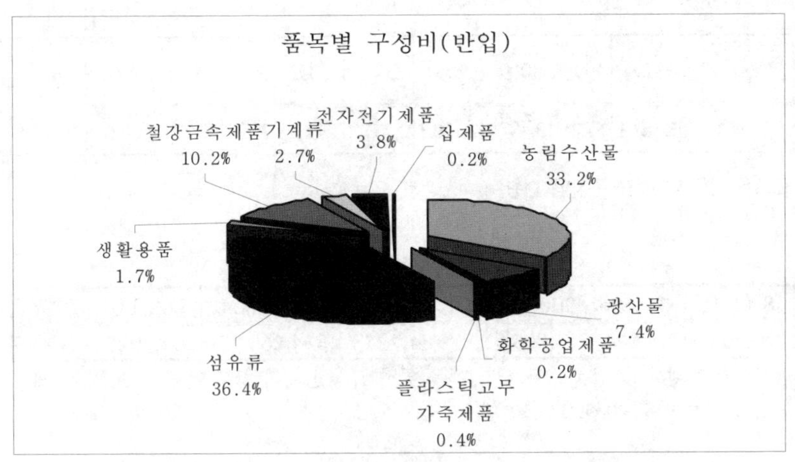

○ 북한에서 반입되고 있는 품목별 구성비는 섬유류 36.4%, 농림 수산물 33.2% 등

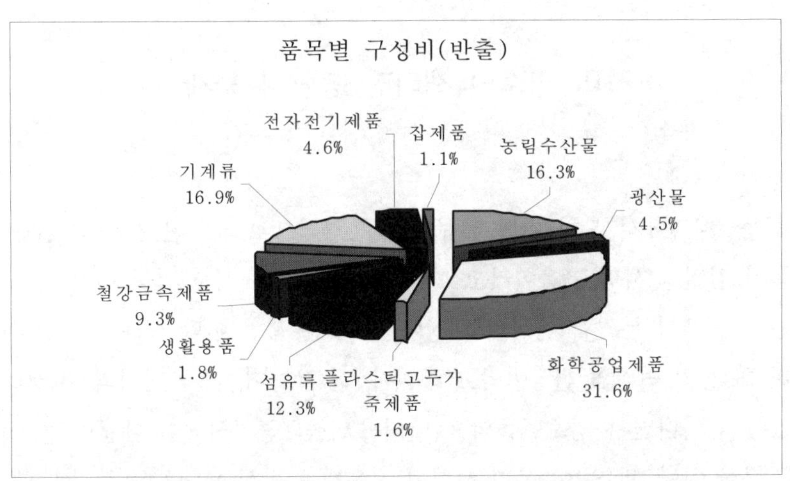

○ 남한에서 반출되고 있는 품목별 구성비는 화학 공업 제품 31.6%, 기계류 16.9%, 농림 수산물 16.3%, 섬유류 12.3% 순

그림 6. 반출입 품목별 구성비

(단위: 만 불)

연도 구분	1996	1997	1998	1999	2000	2001	2002	2003	2004	2005	합계
투자액	512	87.1	140.1	12,487.7	2,170.1	2,757.2	1,211.3	755.6	1,179.9	1,866.9	23,167.9

표 15. 연도별 대북 투자액 현황

98.11-12	1999	2000	2001	2002	2003	2004	2005.11	총계
10,554	148,074	213,009	57,879	84,727	74,334	268,420	284,502	1,141,499

· 이산가족 행사 및 남북 공동 행사 등을 위한 금강산 지역 방북 인원 11,590명은 제외
· 관광 개시 이후 2005. 11. 30 현재까지 해로 554,594명, 육로 586,905명으로 100만 명 돌파

표 16. 금강산 관광객 연도별 현황

III. 청소년 새터민 통합의 문제

우리나라에서 북한 이탈자 문제가 본격적으로 제기된 것은 1994년 북한 김일성 사망 즈음이라고 할 수 있다. 그중에서도 북한 이탈 청소년[12] 문제가 본격적 관심의 대상이 된 것은 북한 이탈 형태가 다양화된 최근 몇 년간의 현상이라고 하겠다. 최근 들어, 가족 단위의 이탈이 많이 늘어나면서 청소년들의 이탈이 그만큼 증가하였기 때문이다.

북한 이탈 청소년이 우리 사회에 적응하는 방식과 내용은 성인과 다를 수밖에 없다. 적응 유형을 어떻게 분류하든 북한 이탈 청소년의 중

---

12) '북한 이탈 청소년'을 '탈북 청소년' 등의 여러 명칭으로 부르고 있지만, 여기에서는 법으로 규정된 용어를 사용하고자 한다. 따라서 '북한 이탈 청소년'으로 통일하여 사용한다(북한 이탈 주민의 보호 및 정착 지원에 관한 법령 제2조 1항을 준용한 것임).

심 과제는 학업이라는 형태의 적응에 집중될 수밖에 없기 때문이다. 이기영은 교사와 관련한 적응, 교우와 관련한 적응, 학습 활동 적응, 자기 통제와 관련한 적응 등을 소개하면서, 결국 모든 적응 유형이 학업 성취와 연결되고 있음을 지적하고 있다(이기영, 2001, pp. 26-7참조). 그러나 현재 우리나라에는 북한 이탈 청소년의 학업 적응을 위한 제도와 시설이 갖추어져 있지 않을 뿐만 아니라 이에 대한 실태 파악 및 대응 방안이 충분히 연구되어 있다고 보기도 어렵다.

그것은 그간 북한 청소년들의 숫자가 많지 않았을 뿐만 아니라 구체적인 문제가 드러나지 않은 것도 요인일 수 있다. 그러나 현재 약 400여 명의 북한 이탈 청소년이 우리의 교육 과정 속에 있으며, 입국하지 않고 떠돌고 있는 잠재적 대상을 고려하면 시기적으로 오히려 늦은 감이 있다. 특히 최근 들어 가족을 동반한 북한 이탈이 증가하고 있으며, 2002년 한 해만 해도 입국자 중 20세 미만의 청소년은 18.4%인 210명 정도였다. 통일부 자료에 의하면, 우리나라에 들어온 북한 이탈 주민은 2005년 12월 31일 현재 6,426명인 것으로 나타났다(통일부 자료 일부 참조). 따라서 현재 우리나라에는 교육 대상인 북한 이탈 청소년이 1,300명 정도 있는 것으로 추정된다.

여기서는 이들에 대한 관심을 제고하기 위하여 구체적인 실태를 파악하고, 무엇이 문제인가를 찾아내고자 한다. 그리고 그들에 대한 실질적 지원 방안을 제안하고자 한다. 여기에서 대상으로 하는 북한 이탈 청소년에는 가족과 함께 탈북한 경우와 식량난 등으로 탈북하였지만 우리나라에 들어와 있지 않은 북한 이탈 청소년(잠재적 대상) 모두를 염두에 둔 것이다. 그리고 연령 대상도 19세 미만의 청소년이라고 획일적으로 적용하는 것보다는 대학 재학 중인 학생(만학도는 제외)도 포함하는 것이 좋을 듯하다.

2. 탈북 청소년 대상의 학업 관련 지원 실태

현재 정부를 통한 북한 이탈 청소년에 대한 사회 적응 및 학업 지원이 구체적으로 잘 이루어지고 있는 것은 아니다. 그나마 민간단체를 중심으로 한 학업 지원이 정부보다 좀 더 활성화되어 있다. 북한 이탈 청소년의 사회 적응 문제는 그들의 학업 성취에서 가장 민감하게 나타나고 있으므로, 결국 그들의 학업 관련 적응 문제를 어떻게 해결하느냐에 그들의 사회 적응 여부가 달려 있다. 다만, 우후죽순처럼 생겨나고 있는 이들 관련 민간단체들의 프로그램은 그 의의에도 불구하고 체계적이지 못하고 여러 가지가 미비한 실정이며, 다소 시류에 편승한 부분이 없지 않다. 일부 민간단체(NGO 및 종교 단체)를 중심으로 이루어지고 있는 학업 관련 지원 실태는 다음과 같다.

(1) 정부 차원의 학업 지원 실태

현재 정부 차원에서 북한 이탈 청소년들을 우리 학교 교육 제도에 편입시키는 형태로 학업 관련 지원이 이루어지고 있다. 북한에서의 학업 진행 단계와 연령을 감안하고 우리 교육 내용에 대한 습득 정도를 고려하여 편입이 이루어지고 있는데, 현재까지는 그들을 위한 별도의 시스템을 갖고 있는 것은 아니다. 북한 이탈 주민 및 자녀에 대한 교육 지원 시스템을 보면, 본인의 신청, 교육 보호 대상자 증명서 발급, 학교의 편입학, 공납금 지원(해당 학교의 면제 또는 통일부의 공납금 지원)의 형태로 이루어지고 있다(통일부 인도지원국 자료 참조). 따라서 학자금을 제외한 지원은 현실적으로 많은 제한이 있으며, 그렇다고 실질적인 추가 지원 제도가 마련되고 있는 것도 아니다.

하나원을 퇴소한 북한 이탈 청소년들은 교육부의 초·중등교육법시행령에 의해 북한에서의 학력을 인정받아 학교 단계별로 남한 학교로 편입학하게 되는데, 학습 수준이나 학습 능력의 차이로 대개의 경우 1-3년 정도 수준을 낮춰 편입학한다. 그럼에도 불구하고 학업에서 어려움을 느낀다고 한다(북한 이탈 청소년 학업 지원 자원 봉사자의 증언). 초·중등교육법시행령의 관계 규정을 소개하면, 제96조 외국 또는 군사 분계선 이북 지역에서 6년 이상의 학교 교육 과정을 수료한 자에게는 초등학교 졸업자와 동등의 학력을 인정, 제97조 9년 이상의 학교 교육 과정을 수료한 자에게는 중학교 졸업자와 동등의 학력을 인정, 제98조 12년 이상의 학교 교육 과정을 수료한 자에게는 고등학교 졸업자와 동등의 학력을 인정한다고 되어 있다.

현재 교육인적자원부(학교정책과와 지방행정지원과)에서 그들에게 어떤 교육 내용 체계를 적용할 것인지, 대안 학교를 설립히는 것이 다당한지에 대해서 연구와 준비를 하고 있는 정도이다.

(2) 민간 차원의 학업 지원 실태

북한 이탈자들의 정착 지원을 위한 단체는 상당수 있으나, 북한 이탈 청소년의 남한 사회 적응을 위한 사업을 주로 하는 시민 단체는 그리 많지 않다. 눈에 띄는 민간단체로 북한인권시민연합, 불교의 좋은 벗들, 천주교의 민족화해위원회, 탈북난민보호운동 등이 있는데, 북한인권시민연합이 몇 년간 사업을 지속적으로 추진해 오고 있다.

이들 민간단체에서 실시하고 있는 남한 적응 지원 형태는 학력 향상 프로그램(계절 학교 및 방문 과외 형태, 대안 학교 운영, 학업 보충에 대한 재정 지원)과 인성 교육 및 남한 사회 적응 프로그램으로 이루어져 있다. 다만, 이들의 경비는 주로 '프로젝트'에 응모하여 충당하거나 후원회의 모금(북한 이탈 주민 후원회 등)으로 이루어지고 있고, 경비를 줄이기 위해 자원 봉사자 대학생들을 중심으로 운영되고 있기 때문에 북한 이탈 학생들에 대한 지속적이고 체계적인 지원은 기대하기 힘든 현실이다.

한겨레 계절 학교 실시

일시: 2002. 8. 1-21(3주)

장소: 통일교육원

참가 인원: 탈북 청소년 24명, 정교사 13명, 보조 교사 23명

내용: 사전 설문 조사(학생) 1회/기초학력 테스트(학생) 1회/국어, 영어, 수학, 과학, 사회, 컴퓨터 정규 교과 수업 각 14, 14, 14, 12, 12, 10시간/특별 활동(검정고시, 태권도, 판단력 키우기, 힙합 댄스) 총 18시간/특강(남북한 대중문화와 매스미디어의 차이) 1회/현장 체험학습 1회: 도라산역, 오두산 전망대/진로·진학 지도 각 1회/봉사 활동(신목종합사회복지관 내 치매노인단기보호센터) 1회/자치회 활동 2회/기초 학력 평가(학생) 2회/사후 설문 조사(학생, 정교사, 보조 교사) 1회 실시

표 17. 한겨레 계절 학교 실시 개요

1) 학력 향상 프로그램 운영

북한 이탈 청소년(주로 학업 대상자)들의 가장 큰 문제는 학업 능력에서 격차가 크다는 것이다. 그들은 북한 이탈 과정에서 상당 기간 수업을 받지 못했을 뿐만 아니라 남한의 학제와 교과 내용 구성 등의 차이 때문에 학업에 적응하지 못하는 모습을 보이고 있다.

민간단체에서 실시하고 있는 학력 향상 프로그램은 '계절 학교'와 '대안 학교,' 그리고 '가정 방문 학습 지도' 등이 있다. 다만, 그것을 운영하는 주체의 역량에 따라 내실 있게 운영하는 단체가 있는가 하면 형식적으로 운영하는 단체도 있다.

가) 계절 학교 운영

민간단체들의 탈북 청소년에 대한 학업 지원 체계가 대부분 임의적

00년 8월 ○일

시 간	일 정		장 소	비 고
	기 참가자반	첫 참가자반		
07:00-07:30	아침 운동		생활관	공터
07:30-08:00	세면		〃	
08:00-09:00	아침 식사		후생관	
1 09:00-09:45	수학	사회	각 교실	*조회 08:40
2 09:55-10:40				매주 월요일
3 10:50-11:35	국어	영어	〃	*동기 유발식
4 11:45-12:30				회화 수업
12:30-13:30	점심 식사		후생관	
5 13:30-14:15	과학	컴퓨터	각 교실	*컴퓨터 실기는
6 14:25-15:10				컴퓨터실
15:10-16:00	자유 시간			
7 16:00-17:30	자유 특별 활동		운동상 각 교실	검정고시반 판단력 키우기반 태권도반 힙합 댄스반
17:30-19:00	저녁 식사		후생관	
19:00-19:30	학생 자치활동 외		소강의실3	
19:30-20:45	야간 학습 ①		〃	
20:45-21:00	휴식			
21:00-22:00	야간 학습 ②		〃	
22:10-23:00	취침 준비		생활관	

· 수업 분반은 기 참가자반과 첫 참가자반 2개 반으로 구성
· 수업은 2시간 연강으로 이뤄지며, 월, 수, 금은 수학 국어 과학, 화, 목, 토는 사회
  영어 컴퓨터 수업(출처: 2002년 한겨레 계절 학교 운영 보고서)

표 18. 일일 교육모델

이고 일시적인데 비해, 일부 민간단체는 몇 년간의 노하우를 축적하는
과정에서 상당히 체계적인 교육 시스템을 갖춘 곳도 있다. 다만, 정식
교육 체계를 대신하는 것이 아니라 학력 부진을 보완하는 형태라는 한
계가 있다. 이것은 재정적인 문제, 인적 구성(정규 교사 및 상담 전문가
들이 자원 봉사자 형태로 이루어져 있음)의 한계 때문인 것으로 보인다.

'북한인권시민연합'에서 진행하면서 현재까지 상당한 효과를 보이고 있는 '한겨레 계절 학교'의 교육 과정과 프로그램을 소개하면 다음과 같다. 이 프로그램 및 시스템은 차후 탈북 학생들에 대한 적응 프로그램에 많은 시사점을 줄 것으로 생각된다.

한겨레 계절 학교의 운영 보고서에 의하면, 이러한 교육 과정 운영 결과 기초 학력 증진에서는 약간의 효과를 보았으나(응답자의 41.2%가 향상에 긍정적 답을 함), 직접적인 성적 향상에는 큰 효과를 보지 못한 것(응답자의 52.9%가 성적 변화 없음을 답함)으로 보고하고 있다.

이곳에는 정규 교사(자원 봉사 정규 교사), 보조 교사(자원 봉사 대학생)들이 학생들과 숙식을 함께하면서 학업 지도는 물론이고 청소 지도, 취침 지도, 생활 예절 지도 등을 통해 남한에서의 생활방식을 자연스럽게 체득할 수 있도록 하고 있다.

다만, 1인당 교육비가 약 100여만 원으로 책정되어 많은 학생을 가르치지는 못하고, 또 지원하는 학생들을 항상 받아줄 수 있는 것은 아니어서 2회에 한하여 지원을 받는다고 한다. 지원금이 주로 북한 이탈 주민 후원회 같은 민간단체에 의존하거나 각 기관에서 실시하는 프로젝트에 제안서를 냄으로써 마련하고 있기 때문이다.

나) 대안 학교의 운영

대안 학교는 정규 교육을 받지 않은 북한 이탈 청소년을 대상으로 이루어지는데, 학업 교육을 중심으로 남한 생활 적응 프로그램 및 인성 교육 프로그램을 운영하고 있다. 그러나 실제로 학업 교육은 제대로 진행되지 않는 것으로 알려지고 있으며, 북한 이탈 청소년들의 모임 장소 또는 놀이 장소로 운영되고 있다고 한다.

다만, 최근 교육인적자원부에서는 북한 이탈 청소년들의 효율적인 학업 성취를 도와주기 위해 대안 학교 설립의 타당성을 면밀히 검토하고 있다고 한다. 북한 이탈 청소년들이 일정한 요건을 갖추고 있는 경우에도 연령차나 문화 차이로 인해 우리 교육 현장에 바로 적응하지 못하는 현실을 보면, 대안 교육은 어떤 형태(정규 과정 또는 보완 과정)로든 필요하리라고 생각된다.

다) 가정 방문 학습 지도

대학생 중심의 자원 봉사자를 모집하고 일정 기간 훈련을 행한 후에 북한 이탈 청소년의 집을 방문하여 학업 지도를 하는 경우를 말한다. 북한 이탈 청소년들은 여러 가지 이유로 학업이 많이 부진하기 때문에 하나하나 가르쳐 주어야 할 필요가 있는데, 이것은 그 필요를 충족시키는 프로그램이다.

더구나, 북한 이탈 청소년들은 학교 부적응 때문에 검정고시를 보는 사례가 많은데, 이 프로그램은 그런 북한 이탈 청소년들에게 많은 도움이 되고 있다고 한다. 이들은 가정 방문 지도를 통해 학습 지도뿐만 아니라 진로 지도 및 대학 생활과 입시 관련 정보까지 얻게 된다고 한다.

2) 종교 단체 등을 통한 지원 형태

북한 이탈 청소년들은 종교 단체에 상당한 신뢰를 가지고 있다. 종교 단체는 북한 이탈 과정에서 이들에게 많은 지원을 해주었을 뿐만 아니라 생활비를 지원하는 등 실제적인 도움을 주고 있어서 교회에 나가는 북한 이탈 청소년이 많다고 한다.

이들 교회에서는 선교 목적이기는 하지만, 학원을 보내 주기도 하고 과외를 연결해 주기도 한다. 북한 이탈 청소년들은 이러한 방식으로 학력 향상 지원을 받고 있는 셈이다.

3. 북한 이탈 청소년의 학업 지원의 문제점

현재 북한 이탈 청소년들에 대한 포괄적인 남한 적응 교육은 별도의 교육 기관을 두지 않고 '하나원'에서 부모들과 함께(개별적으로 북한을 이탈한 경우에는 홀로) 일반적인 적응 교육이 이루어진다.

감수성이 예민하고 사회생활에 대한 폭넓은 경험이 부족한 이들 청소년들이 별도의 교육 없이 남한의 학교 시스템에 들어오다 보니 각종 부적응 사태가 발생하고, 이로 인해 심리적 갈등 외에도 급기야는 제도권을 이탈하는 사례까지 급증하고 있다. 더구나, 가족과 동반한 청소년은 가족의 우산이라도 있어서 일탈이 적으나, 단독으로 북한을 이탈한 청소년들은 그 정도가 심각한 것으로 조사되고 있다(자원 봉사자 김민정 등의 증언). 그 일탈과 부적응의 중심에 학업 부적응이 자리하고 있는 것이다.

따라서 북한 이탈 청소년의 남한 사회 적응을 위해서는 학업 지원에 대한 인식과 제도적 뒷받침이 절실한 상황이다. 그러나 현실은 대상 청소년에 대한 실태 파악조차 이루어지지 않고 있다. 그 구체적인 문제점을 살펴보면 다음과 같다.

(1) 국가 차원의 인식 미비

북한 이탈자 문제가 최근의 문제이듯, 북한 이탈 청소년의 문제는 더더구나 관심의 대상이 아니었다. 초기에는 숫자도 미미했을 뿐만 아니라 청소년의 적응도가 더 뛰어날 것으로 예측했기 때문이기도 하다. 그러나 청소년의 문제도 성인 문제 못지않은 다양성과 심각성을 갖고 있다는 것이 현실로 나타났다.

현 상황을 보면, 국가에서는 이들의 사회 편입이 학교를 통해 자연스럽게 이루어질 것으로 예측했다는 것을 쉽게 알 수 있다. 학제가 다르고, 교육 내용이 다르고, 남한 학생들과의 관계가 다르고, 생활 문화가 다르다는 것을 반영하지 않고 단순히 연령이나 최종 학력 같은 것만을 고려해 편입시키고 있는 현실을 보면 쉽게 알 수 있다.

대표적인 예로, 북한 이탈 청소년의 정확한 연령 분포 및 학업 지체 기간, 단독 북한 이탈 여부, 진로 적성(대학생의 경우, 북한의 진로 선택은 노동당에 의해서 상당히 자의적으로 이루어지고 있기 때문이다) 등에 대한 대체적인 통계 조사도 이루어지지 않고 있다. 청소년을 주 대상으로 하는 중간 단계의 전문 교육 기관도 마련되어 있지 않다(일종의 Halfway house[13]). 이러한 상황에서 청소년 부적응 문제가 드러나는 것은 당연한 일인지도 모른다.

북한 이탈 청소년의 제도권 수용에 대한 법적 장치로는 초·중등교육법시행령과 통일부 인도지원과를 통해 실시되고 있는 '북한 이탈자 지원에 관한 규정과 절차' 정도이다. 이들의 적응을 돕기 위한 예산 및 제도의 정비, 각종 조사 통계 자료의 정비가 필요한 이유가 여기에 있다.

(2) 학력 격차에 대한 원인 분석의 미비

이들이 비슷한 연령의 남한 학생들과 비교해서 학업 격차가 나는 이유는 크게 세 가지로 볼 수 있다. 첫째, 북한 이탈 과정에서 오랜 기간 동안 학업에 전념할 수 없는 상황에 있었기 때문에 수학(修學) 지체 현상을 겪을 수밖에 없다는 점이다. 둘째, 학제 차이에서 기인하는 것으로 단순히 연령 비교만으로 해결될 수 없는 것이다. 우선, 유치원-소학교-중학교(고등중학교)-대학교의 체계라고는 하나, 교육 내용의 난이도 구성에서 차이가 있기 때문에 남한 학생들과 동일 학년에 해당한다 하더

---

13) Halfway house는 원래 사회에서 격리되었던 사람들을 사회에 적용시키기 위해 과도기적 단계로 두는 제도다.

라도 적응이 쉽지 않다. 다음으로, 교과목에서 차이가 날 수밖에 없다. 수학이나 과학처럼 동일한 체계를 이루고 있는 것은 문제가 덜하지만, 국어, 역사, 도덕 등의 과목에서는 심한 괴리감을 느끼지 않을 수 없다. 그러나 아이러니하게도 실제 프로그램을 진행한 결과 북한 이탈 청소년들이 많은 곤란을 느끼는 것은 '영어,' '수학' 과목이라고 한다. 그런데, 이것은 과목의 특성에서 기인하는 것이라기보다는 그들의 수업 공백과 내용의 난이도, 일반적으로 영어, 수학 과목에 대한 학습의 어려움에서 기인하는 것 같다(2002 한겨레 계절 학교 운영 보고서 참조). 셋째, 남한 학생들도 마찬가지이지만, 북한 이탈 학생들의 분포가 다양하기 때문이다. 북한 이탈 가족 및 단독 북한 이탈 청소년의 형태가 다양화되는 추세에 있으므로 그들 중 상당수가 우수한 학업 성취를 보일 수는 없기 때문이다.

(3) 북한 이탈 청소년의 의식에 대한 파악 미비

북한 청소년들은 공통적으로 나이에 민감하다고 한다(북한인권시민연합 자원 봉사자들의 증언). 그런데, 그들이 남한의 교육 제도에 편입될 경우에는 연령이나 북한에서의 학업 이수 과정에 따라 들어가게 되는데, 그 둘 다 문제가 있다는 것이다. 연령에 맞추어 편입할 경우에는 실력 부족으로 적응을 못하게 되고, 실력에 맞추어 편입할 경우에는 나이 또래가 맞지 않아서 적응을 못하게 되어, 결국 학교를 자퇴하고 검정고시를 본다는 것이다.

검정고시와 특별 전형을 통하여 대학에 들어간 청소년의 경우에도 또다시 부적응 상황이 발생한다. 확실한 통계는 없지만, 검정고시를 통하여 대학에 들어간 북한 이탈 청소년 중 대부분이 중도 하차하고 있다는 경험적 실태 조사가 있다.

남한 사회의 적응 과정에서 왜곡된 정보의 습득도 그들의 조급함을 부추기고 검정고시로 나아가게 하는 요인이다. 그들은 소위 서울에 있는 명문대를 나오지 못하면 행세하지 못한다는 자신들끼리의 정보를 지나치게 신뢰하여 나름대로 지름길을 선택한다는 것이다. 검정고시와 특별 전형이라는 방법을 선택하는 이유는 정규 과정에서 남한 학생들과 동일한 경쟁을 하면 어렵기 때문이기도 하다(면담 결과에 의하면, 연·고대 편향 사고는 특별 입학 전형 제도와 하나원에 출강하는 교수들의 영향도 있다고 한다).

(4) 체계적인 학력 향상 지원 시스템의 미비

현재 북한 이탈 청소년을 위한 프로그램들은 여러 민간단체에서 다양한 형태로 이루어지고 있다. 그러나 북한 청소년의 특성, 학업 성취 수준, 가정환경 및 인성 등 남한 사회 적응에 필요한 확고한 목적의식과 장기 계획을 가진 프로그램은 없다고 보아도 과언이 아니다. 그것을 개발할 기관의 역량이 부족하기 때문이라고 할 수 있다. 그리고 그것은 주로 인적·재정적 자원 부족 때문이다.

특히, 학업 증진을 위한 프로그램은 남북한의 교육 시스템과 교육 내용, 그리고 대상 청소년의 인지 발달 정도 등을 고려한 장기 계획이 있어야 하는데, 현재 일부에서 진행되고 있는 프로그램도 일회적이거나 단기간(몇 주 정도)에 이루어짐으로써 소기의 성과를 거두기 힘든 상황이다. 학습 보충 과정은 많은 시간을 투자해야 한다는 것을 무시한 것이라고 하겠다.

(5) 민간단체와 민간단체, 국가와 민간단체의 연계 미비

북한 이탈 청소년 프로그램에 참여했던 한 자원 봉사 학생의 증언에 의하면, "저쪽에서는 …주던데, 거기서는 뭐 줘요? 에이 그러면 저쪽 갈래요" 하는 대답을 듣는 경우가 있다고 한다. 전부가 그런 것은 아니

지만, 북한 이탈 청소년을 대상으로 하는 민간단체가 그만큼 늘어났다는 것을 대변하는 것이다. 그러다 보니, 대상 청소년들이 거기서 거기라는 인식과 더불어 자신들의 값어치를 높이는 일까지 발생하게 되는 것이다.

많은 민간단체가 생겨났다고 하는 것은 위에서 지적한 일련의 체계적 프로그램 제작과 더불어 단체 간의 역할 분담과 프로그램의 연속성을 구축할 필요가 있다는 것을 말하는 것이다. 또한, 국가와 민간단체의 역할 분담 및 연계 작업이 필요하다고 하겠다. 정규 학업 과정은 국가가 맡고, 학습 보완 교육 및 인성 교육 프로그램, 적응 교육 등은 민간단체가 분담하는 것도 가능할 것이다.

4. 북한 이탈 청소년의 학업 지원을 위한 방안들

북한 이탈 청소년의 학업 증진을 위한 지원 방안으로는 우선, 문제 인식 제고부터 법적·제도적 장치 마련, 예산 및 재정적 지원 체제 마련, 대상 청소년에 대한 분석 및 적용 이론 검토, 체계적이고 장기적인 프로그램 마련, 교육 기관(민간 및 국가 교육 기관)의 연계 마련, 동료 학습 지원 체제 형성 등이 검토되어야 한다.

(1) 문제 인식 제고를 위한 방안

북한 이탈 청소년의 남한 사회 부적응 문제는 단순히 소수의 청소년 부적응 문제로 볼 것이 아니다. 그것은 통일 이후의 사회 통합의 차원에서 검토되어야 할 문제이다. 더구나, 지금 상호 교류와 평화 공존의 단계에서 부정적 문제가 표출되는 것은 통일 과정의 여타 문제에 지대한 영향을 미칠 수 있기 때문이기도 하다.

우선, 이 문제를 진지하게 다룰 '북한 이탈 청소년 적응을 위한 국가

위원회'를 발족하여야 한다. 이것은 두 가지 차원에서 의미가 있는데, 하나는 전 국민에 대해 그리고 관련 연구자들에게 관심을 제고하는 것이고, 다음으로는 여러 기관 사이의 역할 조율 문제를 총체적으로 접근할 수 있는 기구 역할을 할 수 있기 때문이다. 북한 이탈 청소년의 부적응 문제는 여러 관련 기관(청소년보호위원회, 교육부, 통일부, 국정원, 시도 교육청, 교육개발원, 청소년개발원 등)의 협조가 있어야 한다. 동시에 언론을 통하여 북한 이탈 청소년 문제의 심각성을 홍보하는 것도 필요하다.

(2) 관련 제도 및 규범의 정비

정부 차원에서 북한 이탈 청소년 문제를 해결하는 최선의 방안은 관련 규범을 정비하고 그에 부합하는 제도를 마련하는 것이다. 현재 북한 이탈 청소년의 학업 관련 제도 편입은 '초·중등교육법시행령'의 일부 규정에 의해 시행되고 있다. 새로운 규정을 마련하는 것보다는 현재 시행되고 있는 내용을 여러 차원에서 보완하는 방법이 필요하다고 본다. 교육법시행령에 북한 이탈 청소년들의 '편입 관련 규정'뿐만 아니라 '대안 교육을 통한 학력 인정 가능성,' 검정고시 등으로 진학하는 청소년들을 위해 '필요한 이수 교육(소양 교육) 과정' 등이 규정되어야 할 것이다. 현재 북한 이탈 청소년의 대부분이 정규 교육 과정보다는 '검정고시'를 이용하여 대학에 진학하고 있는 것으로 나타나고 있다. 이것은 기본 소양 교육의 부족을 가져올 수 있는 근본적인 문제를 지니고 있다. 따라서 검정고시를 통하여 진학하는 경우, 반드시 일정 시수 또는 기간 이상의 소양 교육을 받을 수 있도록 하는 것이 필요하다.

이어서 이들에 대한 예산과 재정적 지원을 시행할 수 있는 근거를 마련하여야 한다. 각종 제도를 시행하는 데에는 재정적 지원이 필수적이기 때문이다. '통일교육지원법'(1999)에 관련 근거를 명시하는 것도 중요하다. 예를 들어, '북한 이탈 청소년에 관한 지원 사업에 예산을 지원할 수 있고, 이 문제를 전담할 독립 부서를 설치할 수 있다' 같은 규정을 만드는 것이다.

다음으로, 제도적 보완이 필요하다. 청소년들의 부적응을 보완해 주고 문제점을 해결할 수 있도록 도우려면, 성인 대상의 '보호 관찰' 제도를 준용할 필요가 있다(통일부 인도지원과의 북한 이탈자 지원 방안 참조). 이러한 보호 방안을 적용하는 데 있어서 관할 구역 또는 해당 지역 내의 대상 청소년이 적을 경우, 경찰관이나 해당 교육청의 직원, 동 사무소 직원 등과의 연계를 통해 적응 후원을 하고, 대상 청소년이 많을 경우, 지역 단위로 이들에 대한 체계적 교육과 일정 기간의 후원을 전담하는 담당관제를 두는 것이 필요할 것이다(현재 북한 이탈자들을 위한 제도를 두고 있으나, 청소년 문제를 전담하는 것은 아니다).

(3) 북한 이탈 청소년에 대한 명확한 분석 필요

북한 이탈 청소년의 학력 증진 및 사회 적응에 대한 대안과 방안을 마련하기 위해서는 교육 대상자에 대한 명확한 분석이 선행되어야 한다. 학력 증진 프로그램은 생활 적응을 위해 가장 중요한 요소로 연결되므로(이기영, 2001), 그 두 요소가 동시에 고려되는 자료의 조사 및 연구가 필요하다.

우선, 피교육 대상자의 실태 파악을 위한 통계 조사가 이루어져야 한다. 현재 각종 자료에서는 북한 이탈자에 대한 정확한 조사는 물론이고, 그 안에 포함된 북한 이탈 청소년의 실태 파악은 더더욱 미비한 상황이다. 문제의 해결은 사실 인식에서부터 출발하여야 한다.

다음으로, 북한 청소년의 특성과 요구 사항이 제대로 파악되어야 한다. 북한 청소년들의 특성은 그들의 체제에 비추어 나름의 연구가 이루어져 있다(정종남, 2000). 그러나 그것도 완전한 것이라고는 할 수 없다.

북한을 이탈한 청소년들은 좀 더 변화된 특성을 가질 수도 있기 때문이다. 따라서 북한 이탈 청소년을 대상으로 한 특성 분석이 있어야 할 것이다. 이러한 특성 분석과 더불어 그들이 가장 필요로 하는 것이 무엇인지에 대한 '수요자 분석' 또한 필요하다. 현재까지의 상황은 주로 공급자인 남한 사람들의 입장에서 프로그램이 진행되고 있다고 보아야 할 것이다.

북한 이탈 청소년의 부적응의 핵심이 학력 부진에 있다면, 학력 격차의 원인을 철저히 분석하여야 할 것이다. 앞에서 북한 이탈 청소년의 학업 부진을 북한 이탈 과정에서의 수업 공백, 학제 차이(교육 내용 구성의 난이도, 내용 체계의 차이), 북한 이탈 청소년의 다양한 분포를 그 이유도 언급한 바 있나.

(4) 체계적이고 장기적인 학력 증진 지원 시스템의 마련

교육적 효과를 위해서는 교육 영역의 특성상 장기적 투입이 있어야 한다. 현재 우리나라에서 행해지고 있는 북한 이탈 청소년 대상의 교육 프로그램은 제도적, 재정적, 행정적 이유로 단기적이고 일시적일 수밖에 없다. 일부 민간단체에서 프로그램을 진행한 결과도 그것을 증명하고 있다(북한인권시민연합의 예). 따라서 장기적이고 체계적인 시스템을 구축하여야 한다. 이를 위해서 다음 세 가지 방향의 준비는 반드시 필요하다.

첫째, 교사 교육 프로그램의 마련이다. 북한에 대한 전문성을 갖추고 있으면서, 청소년 심리 상담 능력을 갖춘 교육 전문가의 양성이 필요하다. 교육의 질이 교사의 질을 넘을 수 없다는 명언을 되새길 필요가 있다. 그러나 앞에서도 언급하였듯이 현재는 자원 봉사자로 구성된 교사 및 대학생을 단기간의 연수를 통하여 교사로 내보내고 있는 실정이다.

둘째, 장기 프로그램 진행을 위해 교육 장소를 마련하여야 한다. '대안 학교'의 형태로 또는 '중간 학교'의 형태로 북한 이탈 청소년을 주 대상으로 하는 교육 기관을 만들어야 한다. 무조건 대안 학교를 가는 것이 아니라 소위 '분류 심사'를 통하여 정규 과정으로 편입하는 경우와 대안 학교로 편입하는 경우를 가려야 할 것이다. 그리고 호환 시스템도 구축하여야 할 것이다.

셋째, 방과 후와 방학을 활용하여 학업을 보충해 줄 수 있는 시스템을 구축하여야 할 것이다. 한 번의 계절 학기나 몇 개월간의 방과 후 교육으로 학력 증진을 이루기는 어렵다. 그러므로 정규 학교와 연계해 시행하기 위해서는 시·도 지역 단위로 이러한 교육 기관을 운영할 수 있어야 할 것이다(단계적 확대 방안도 검토되어야 할 것이다).

(5) 국가와 민간단체, 민간단체와 민간단체, 민간단체와 북한 이탈 가정의 연계망 구축

시류에 편성하였든 필요성을 절감하였든 현재는 북한 이탈자를 대상으로 하는 민간단체가 무수히 많은 것으로 나타나고 있다. 실질적인 면에서 활동의 체계성이 부족한 것도 문제이나, 그보다 더 큰 문제는 그것이 중복되어 있어서 역량의 낭비가 뒤따른다는 것이다. 따라서 이들에 대한 연계 구축과 국가와의 역할 분담이 필요하다.

먼저, 국가와 민간단체의 역할 분담이 필요하다. 국가는 정규 교육 과정 운영에 대한 것, 대안 학교를 만드는 것 등 제도적인 필수 사항을 해결하고, 민간단체는 보완적 작업을 수행하는 것이다. 인성 교육 프로그램의 운영, 방과 후 보충 과정 운영, 계절 학기 운영, 북한 이탈 가정과의 연계 사업 등은 민간단체가 하는 것이 효율적일 것으로 보인다.

둘째, 민간단체와 민간단체의 연계 구축이 필요하다. 민간단체 간의 업무 중복으로 역량을 낭비하는 것을 막을 수 있고, 불필요한 단체의 난립을 막을 수 있다. 이를 위해서는 '북한 이탈 청소년 후원 연합체'

같은 기구를 조직하여 국가의 지원을 유도하고, 민간단체 간의 업무 중복을 조절하며, 불필요한 단체의 난립을 조정하는 일을 하여야 할 것이다.

셋째, 국가와 북한 이탈 가정/민간단체와 북한 이탈 가정 간의 연계 구축이 필요하다. 국가는 북한 이탈 청소년에 대한 행정적, 제도적 뒷받침을 해주고, 민간단체는 심리적, 문화적 적응을 지원해 주는 방안을 찾을 수 있을 것이다. 특히, 북한 이탈 청소년들이 일정 기간을 경과한 후 국가 기관의 후원에서 벗어나면, 민간단체에 그 후원 시스템을 연결하여 진행하는 것이 좋을 것이다. 자원 봉사자 등을 활용한 민간단체와 북한 이탈 학생 간의 '1인 1후원자' 제도 등이 그것이다.

(6) 동료 학습 체제 구축

청소년들의 적응을 위해서는 눈높이가 같은 동료를 통한 학습과 사회화가 가장 실효성이 있다고 보인다. 이것은 동시적이고 지속적인 교류를 통하여 필요한 시점에서 필요한 정도로 도움을 줄 수 있을 뿐만 아니라 남한 청소년들의 북한 청소년에 대한 이해를 증진시킬 수 있는 좋은 방안이다. 1:1 또는 2:1 정도의 동료 학습 체제를 구축하여 과외를 하듯이 교류할 수 있게 한다면, 다른 어떤 것보다도 유효할 것이다. 지원하는 학생들에 대해서는 '봉사 활동' 실적으로 인정하는 등의 유도 방안도 고려할 수 있다. 청소년들이 상호 이해 증진을 위해 자원 봉사 시스템을 구축하는 것이 좋다는 의견(12.5%)을 내놓고 있는데, 이것은 북한 이탈 청소년의 적응 방안으로도 유용할 것으로 보인다(이창순, 2002).

제4장

통일 교육의 민주 시민 교육 접근

I. 정치 교육의 의의 및 통일 교육 접근

1. 정치 교육의 의의

정치 교육에 관한 정의는 대체로 유사하다. "정치 교육이란 개인이 정치·사회 문제들을 자주적으로 결정할 수 있도록 민주적 정치 체제에 관한 지식을 체계적으로 전달해 주는 것이다"(김영국, 1997)라고 하거나 "정치 교육이란 국민이 정치 체제의 유지 발전을 위한 규범과 가치를 내면화하도록 하는 교육"이라고 할 수 있다. '정치 교육'이라는 말은 유럽에서 주로 사용하는 용어이고, 미국에서는 '정치 사회화'를 주로 사용하고, 우리나라에서는 '민주 시민 교육'이라는 용어를 많이 쓰고 있다. 이 책에서도 정치 교육은 민주 시민 교육을 포괄하는 용어로 사용한다(네이버 백과사전 참조).

정치 교육은 개인을 사회 전체와의 연관 속에서 인식하고, 어떠한 갈등이나 대립도 정치적, 경제적, 역사적, 심리적 차원에서 판단하도록 가르치는 것이라는 설명은 설득력을 지닌다(Schmiederer, 1977, pp. 38-9).

정치적 무관심, 정치적 무력감 등을 극복하고 참여 의식이나 체제에 대한 신념 등을 형성하기 위한 교육이라고 할 수 있다. 이러한 교육은 주로 가정, 학교, 정당, 대중 매체, 노동조합 등 여러 기관을 통하여 진행된다(Almond, Gabriel A. and Sidney Verba, 1963).

정치 교육은 정치 환경이나 정치 체제 등이 크게 변한 경우에 그 필요성이 강하게 대두된다. 어느 국가나 정치 사회화의 과제는 안고 있다. 분열과 통합이라는 인류 역사의 기로에서 우리나라의 당면 과제는 민족 통일과 통합이다. 그런 점에서 우리나라는 해방 이후 격변의 60년을 겪으면서 다른 어느 나라에 못지않게 정치 교육의 필요성이 대두되었다고 할 수 있다. 그러나 우리나라는 냉전 구도의 붕괴라는 국제적 현실 속에서도 해결 방안을 찾지 못하고 있다.

민주 국가에서 정치 교육을 실시하는 것은 사회를 민주화하고 인간화하는 데 목적이 있다. 즉, 민주주의에 대한 시민 교육은 인간이 구성한 사회 구조에서 불합리하고 비인간적인 것이 무엇인지를 규명해 내고 민주주의 체제 확립을 위한 길이 무엇인지를 가르치는 것이다. 따라서 국민은 민주 시민 교육으로서의 정치 교육을 통해 자신이 몸담고 있는 사회의 제 조건을 이해하고 사회의 지속적 변화를 정확히 파악할 수 있는 역량을 습득하게 된다. 민주주의의 실현 가능성이 주권자로서의 시민 각자의 자제력과 그 습관화에 달려 있다는 점에서, 교육의 결정적 역할이 다시 한 번 확인된다는 것을 알 수 있다(김영국, 1997).

그런데, 한국 사회는 과거 전통 사회 구조의 특성에서 기인하는 전통적 요인, 일제 강점기, 해방 이후 국제적 냉전 구조에서 비롯된 남북 간의 이념적 분열, 군부의 권위주의적 독재, 경제 근대화를 위한 개발 독재 등 합리적이고도 민주적인 가치를 내재한 국가 공동체 가치를 확립하는 데 장애 요인이 많았다. 그 결과 우리가 갖게 된 정치 문화는 민주 시민 사회를 형성하는 데 효율적이지 못한 것이 사실이다(김인혁,

1998).

한편, 북한의 경우 그 사정은 더욱 긍정적이지 못한 편이다. 현재까지 북한의 정치, 경제, 사회, 문화의 구조로 보아 북한 주민들이 민주 시민으로서의 특성을 갖고 있다고 보기는 어렵다. 북한은 오히려 전통적 유교주의의 관점에서 수령을 정점으로 하는 가부장적 사회 구축을 위한 정치 사회화가 진행되어 왔고, 진행되고 있다고 할 수 있다(이온죽, 1997).

그동안 우리의 정치 사회화는 북한에 대한 대응 논리로서의 성격을 강하게 띠고 있었고, 북한의 경우 집단주의에 입각한 사회주의 체제를 구축하는 데 초점이 맞추어져 있다. 다시 말해, 통일 교육으로서의 정치 교육 또는 민주 시민 교육이 남북 공히 이루어지지 않았기 때문에 새로운 통일 시대의 사회 구조를 형성하는 데 장애 요인으로 등장할 가능성이 크다. 통일 시대의 사회 구조는 민주 시민 사회로서의 모습을 갖추는 것이 당연하기 때문이다.

따라서 통일 교육이 정치 교육의 관점에서 주목하여야 할 이념은 '자유 민주주의'라는 덕목이다. 새로운 통일 교육의 사회상은 민주 사회를 염두에 두어야 한다. 인간의 존엄이라는 바탕 위에 자유를 실현할 수 있으며, 평등과 복지의 개념이 존중되는 사회여야 한다. 통일을 실행할 주체 면에서도 이념적 또는 계급적 대립을 초월한, 노동자와 자본가 계급을 구별하지 않는, 민주 시민이어야 한다.

2. 통일 교육의 정치 교육적 접근

우리나라의 민주 시민 교육은 헌법 전문과 여러 법조문에 근거하고 있다. 교육기본법 제2조와 통일교육지원법 제2조에서 보듯이, 실천적 민주 시민 교육이 이루어져야 한다. 따라서 건전하고 올바른 시민 정신과 태도를 기르는 교육은 반드시 필요하고 절실한 것이라고 하겠다.

서로를 합리적으로 이해하는 교육이나 남북한의 사회적 통합을 위한 기본권 교육 등이 통일 교육의 시민 교육적 접근이라고 할 수 있다. 통일에 필요한 인간을 육성하려면, 남북이 민주 시민 교육 내용을 충분히 진행하여야 한다. 학생들은 시민 교육 내용을 배움으로써 이성적이고 합리적이며 평등 지향적 사고를 하게 된다.

통일 교육에서 민주 시민 교육의 필요성은 최근 북한 이탈자들의 증언과 이들에 대한 연구 보고서, 그리고 우리 청소년들의 북한 주민에 대한 의식 조사에서도 그 일단을 알 수 있다. 자료에 의하면, 우리 학생들은 북한 주민에 대해 불쌍한 사람들이라는 인식이 제일 먼저 떠오른다고 한다(길은배, 2002). 이러한 인식이 계속된다면 남북통일이 이루어진다 하더라도 실제적인 국민적 통합은 이루어질 수 없을 것이다. 따라서 시민 교육에서 논의되고 있는 타인 배려나, 차이와 차별의 구별 같은 개념을 통일 교육에 원용할 수 있어야 한다. 통일 환경의 조성은 궁극적인 통일의 주체인 시민의 몫이기 때문이다.

우리 사회는 근본적으로 시민 사회의 전통이 약하다고 할 수 있다. 그만큼 해야 할 민주 시민 교육의 과제가 많다는 반증이기도 하다. 우리 민족의 통일 과정에서 정치 교육(민주 시민 교육)의 과제는 편의상 통일 준비 단계의 과제와 통일 이후 단계의 과제로 나눌 수 있다. 이 양자의 구별이 명확하지 않고 상당 부분 중복되지만, 우선 내부적 요인에 기인하는 것은 통일 준비 단계에서 해결해야 할 과제로 분리할 수 있다.

통일 준비 단계의 민주 시민 교육의 과제는 다음과 같이 정리할 수 있다. 첫째, 우리 사회에 만연해 있는 권위주의를 타파하고 절차적 민주주의를 정착시키는 일이다. 절차의 공개와 민주성의 확보는 무엇보다 강조되어야 할 사항이다. 둘째, 민주적인 토론 문화를 정착시키는 일이다. 민주주의의 요체는 다양한 사고와 그 관점에 대한 표현을 인정하고 합의점을 모색하는 것이다. 그러나 아직 우리 생활 문화에는 자신의 관점을 고집하는 경향이 지나치게 강하다. 셋째, 서구적 가치와 전통적 가치의 조화를 모색하는 일이다. 우리 사회가 자생적인 민주 사회로의 이행 과정을 거치지 못하고 급진적인 변화 속에 있었던 관계로 양 가치가 시대적 조류에 부합하는 자연스러운 조화를 이루는 데 다소 미흡한 점이 있다.

통일 이후 민주 시민 교육의 과제는 다음과 같다. 첫째, 남북한 공동의 집단 정체성을 확립하는 일이다(허영식, 1996; 김영국, 1997; 김인혁, 1998). 동서독의 예에서 보듯이 통합 과정에서 공동의 정체성 부재는 통합의 최대 적이다. 둘째, 통일 한국의 민주 시민 교육은 상이힌 지역적 주장들을 보호하는 방향으로 이루어져야 한다. 달리 말하면, 좁은 의미에서의 정치적 준거에 대해서도 각별한 관심을 가져야 한다는 것이다. 셋째, 통일 과정에서 파괴되기 쉬운 자생적 정치 문화의 연속성을 유지하기 위해 공통의 의사소통 담지자가 생겨나도록 해야 한다.

이러한 정치 교육(민주 시민 교육)의 과제들을 해결하기 위해 국가는 합의가 가능한 교육의 목표 및 내용을 도출해 내야 한다. 그리고 그것을 실천적으로 접근하는 것이 중요하다. 이를 위해서는 우선 정치 사회화 과정의 성격이, 기존의 남북한이 각각 갖고 있던 비합리적·권위주의적 모형 A에서 근본적으로 탈피해서 다음의 모형 B의 구조를 갖추어야 한다. 다음의 모델(그림 7-8, 표 19 참조)은 그러한 접근 모형의 하나로 판단된다(김인혁, 1998). 김인혁의 이러한 모형은 남북한의 체제 내적 갈등과 가치 체계에서 갈등을 근거로 하고 있다. 남한에서는 자본주의 발전의 왜곡(독점 자본주의화 및 분배 구조의 불평등), 개인주의의 일탈, 지배 권력의 정보 독점-왜곡 등의 문제라고 보고, 통일에 대비한 민주 시민 교육은 이러한 모순을 극복하기 위한 것이어야 한다고 주장

정치권력—(간섭과 지배)→시민 교육(정치 교육)-(신민적 정치 문화의 형성)

<(권위주의적 사회의 지속·강화)<

그림 7. 분단 체제 시민 교육 모형 A

통일 교육, 민주 시민 교육-(참여적 정치 문화의 구축)→민주 시민 사회의 형성-(견제와 균형)

(동의)-정치권력←

그림 8. 통일에 대비한 민주 시민 교육 모형 B

한다. 그리하여 모순을 극복하고 새로운 민족 공동체의 가치로서 1) 합리적 시장 원리, 2) 현대적 전통 가치, 3) 실용적 민족주의, 4) 자유주의 내지 다원주의, 5) 평등 내지 공동체 의식을 통일 시대에 대비한 정치 사회화의 궁극적 목표 가치로 설정할 수 있다.

구분	기존 체제의 정치 사회화 목표	극복 요인	통일 시대를 위한 통합형 정치 사회화의 목표 가치: 통합형 공동체 가치	민주 시민 사회의 절차적 가치: 실천적 가치
남	자본주의, 서구화	자본주의 체제 내 갈등 요소와 왜곡된 가치 체계: 독점 자본화 – 분배 구조의 불균형, 개인주의의 일탈, 정보의 왜곡 및 독점	○합리적 시장 원리에 기초한 경제 구조: 독점 자본주의화 및 계획 경제의 극복 – 성숙한 자본주의 체제 ○전통 가치의 현대적 해석과 응용: 윤리 도덕의 저하와 전통 가치 왜곡 적용의 극복 ○현실적·실용적 민족 주의의 창출: 국제 정치 사회에서의 생존 보장과 국내 정치 사회에서의 복지 증진	○합리적 경쟁과 비판 ○공정한 다수결 원칙과 소수 의견의 존중 ○정보의 공유와 개방적 커뮤니케이션 ○합목적적 토론과 토의 ○진리·진실에 부합하는 타협과 관용 ○성취로서의 개인 권리의 존중 ○개인 및 집단의 의무와 책임 ○일체감으로서의 협동
북	사회주의, 주체화	사회주의 체제의 모순과 왜곡된 가치 체계: 이데올로기의 독점–특권 지배 계급과 대중의 양극화, 집단주의의 오류, 정보의 왜곡 및 독점	○자유주의와 다원주의의 확산: 자율성과 개인 가치의 중요성 ○평등과 공동체 의식의 증대: 집단주의 및 일탈된 개인주의의 극복 – 공동생활과 개인 책임 의식의 중요성	○공동 이익 대표 체계로서의 대의제의 확립 ○사회 정의로서의 법치주의의 실현 ○생명 존중으로서의 환경·보전과 쾌적한 생활환경의 조성 ○순수 의지에 의해 추동되는 삶

표 19. 통일 대비 남북 통합형 민주 시민 교육 형태(C)

제4부

통일 교육의 교육학적 접근

제1장

통일 교육의 목표론

I. 통일 교육 목표의 의의

우리나라 통일 교육의 목표는 통일의 환경적 요인, 즉 국제 관계와 남북한 간의 관계, 국내의 정치 상황, 국내의 여론 동향 등에 의해 다양한 모습으로 변화되어 왔다. 해방과 6.25 직후에는 방공과 방일 사상을 고취시키는 것을 주요 목표로 하였고, 그 다음 단계에서는 공산주의의 실상과 허상을 중심으로 한 이데올로기 교육이 중요한 목표였으며, 통일 교육 시기에는 평화롭고 바람직한 통일 실현 의지를 키우는 데 목표를 두어 왔다고 하겠다. 비록 통일 교육의 목표가 정치적 상황에 따라 실천적 차이를 가질 수밖에 없는 것이라 하여도, 일정한 이념의 틀 속에서 일정한 방향성을 가지지 못 하였다는 것은 인정해야 할 것이다. 박찬석은 「한국의 통일 교육 변천에 관한 연구」에서 정세구의 통일 교육 목표를 강화하기 위한 목표의 개념화(지속적 목표와 발전적 목표)를 인용하면서 통일 교육의 원칙이 지속되어야 함을 피력하고, 이러한 지속적 목표를 이념과의 관계 속에서 설명하고 있다. 그러나 지속적 목표는 "일반적 목표"의 개념으로, 발전적 목표는 "실천적 과제"로 보

초등학교

교수 요목기: 멸공·필승의 신념을 배양하고 전국金局과 국제 집단 안전 보
   장에 대한 인식을 명확하게 한다.
1차 교육 과정: 투철한 반공정신 고취와 세계 시민으로서 자유 우방과 교
   류한다.
2차 교육 과정: 공산주의의 그릇됨과 민주주의의 우월함을 깨닫고, 애국애
   족 하는 마음과 태도를 기른다.
3차 교육 과정: 민주주의의 우월함과 공산주의의 그릇됨을 알고, 국토 통
   일을 평화적으로 이룩하려는 마음과 태도를 기른다.
4차 교육 과정: 북한 공산당의 그릇됨과 침략성을 경계하고, 민주주의의
   우월성을 이해하여 평화 통일의 신념을 가지게 한다.
5차 교육 과정: 국토 분단의 현실과 북한 공산 집단의 실상을 바르게 이해
   하고, 대한민국의 정통성 및 우월성을 알아, 민주적 평화 통일을 위한
   신념과 태도를 가지게 한다.
6차 교육 과정: 민족의 일원으로서 긍지와 사명감을 가지고 다가올 평화
   통일에 대비하여 세계 평화와 인류 공영에 이바지하려는 태도를 가지
   게 한다.

중학교

교수 요목기: 반공 사상 함양, 정신 무장.
1차 교육 과정: 애국애족 사상 고취, 반공·방일 정신 배양.
2차 교육 과정: 국가와 민족에 대한 자랑과 사랑을 간직하고 민주주의에
   대한 신념을 굳게 하여 공산 침략주의를 격멸함으로써, 민주 국가 발
   전과 세계 평화에 기여하려는 결의를 굳게 한다.
3차 교육 과정: 공산주의의 모순과 허구성을 올바르게 인식하고, 민주주의
   의 우월함을 깨달아 공산주의의 침략 분쇄의 결의를 굳게 하고 평화적
   통일을 이룩하려는 국민으로서의 사명감을 가지게 한다.
4차 교육 과정: 민주주의의 우월성을 인식하고 북한 공산 집단의 도전에
   대응할 수 있는 능력을 길러, 조국의 민주적 평화 통일에 이바지하게

한다.

5차 교육 과정: 국토 분단의 비극을 인식하고, 대한민국의 정통성과 우월성을 깨달아 조국의 민주적 평화 통일을 위해 노력하게 하며 북한 공산 집단의 실상과 공산주의 이념의 허구성을 비판하고, 자유 민주주의 체제를 수호·발전시키려는 의지를 가지게 한다.

6차 교육 과정: 국가, 민족, 문화를 사랑하고, 국토와 민족 분단의 현실 및 남북한의 통일 과제를 올바로 인식하여 통일을 이룩하는 데 필요한 공동체 의식과 통일 국가의 실현 의지를 가지게 한다.

고등학교

교수 요목기: 북한 공산 집단과의 전쟁에서 승리하기 위해 체계적인 반공 교육의 필요성 대두.

1차 교육 과정: 애국·애족 사상 고취, 반공·방일 정신 배양.

2차 교육 과정: 공산주의의 모순과 허구성을 올바르게 인식하고, 민주주의의 우월함을 깨달아 공산주의의 침략 분쇄의 결의를 굳게 하고 평화적 통일을 이룩하려는 국민으로서의 사명감을 가지게 한다.

3차 교육 과정: 공산주의의 허구성, 기만성, 침략성 등을 이론과 실제 면에서 분석·비판하게 함으로써 공산주의의 도전을 극복할 수 있는 사상적 능력을 길러 평화적 승공 민주 통일의 신념을 굳게 한다.

4차 교육 과정: 공산주의의 도전을 극복할 수 있는 사상적 역량을 길러 민주적 평화 통일의 신념을 굳게 한다.

5차 교육 과정: 조국 통일의 당위성과 제반 문제를 이해하고 북한 공산 체제의 실상을 파악함으로써 민주 평화 통일의 실현을 위한 신념을 가지게 한다.

6차 교육 과정: 통일 국가를 실현하기 위한 조건과 통일 이후의 바람직한 한국인 상을 이해하고, 통일 과업의 달성과 인류 공영에 이바지하려는 굳은 의지를 지니게 한다.

(출처: 추병완, 1997, p. 16; 박찬석, 1998, p. 22 참조)

표 20. 통일 교육 목표의 변천 과정

는 것이 타당할 것이다. 박찬석이 피력하고 있는 "통일 교육의 원칙을 실천하는 방법에 있어서 시대 상황에 의해 변하는 것을 발전적 목표로, 변화되지 않아야 할 근본적이며 종합적인 것을 지속적 목표로 파악해 보았다"라는 것도 같은 맥락으로 보인다(박찬석, 1998, pp, 22-5; 정세구, 1997, pp. 3-8 참조).

교과 교육학에서 목표는 교육 이념을 바탕으로 그 교과 영역에서 구현하고자 하는 교육의 방향을 설정하는 것이다. 교육 내용의 목표가 주변의 여건에 의해 반사적으로 규정되는 것은 경계해야 한다. 그것은 학문이 갖추어야 할 가장 본질적 요건 중 하나인 "논리적 형식"의 조건을 결하고 있기 때문이다. 일반적으로 학문은 논리적 추리, 사실의 관찰, 가치의 판단, 공학적 실천을 1차적 특징으로 하는데, 그중 중요한 요건을 결한 것이 되기 때문이다.

통일 교육에 대해서도 마찬가지 논의가 가능하다. 통일 교육의 체계화를 위해서는 통일 교육을 일정한 방향으로 정의할 필요가 있다. 그리고 이에 맞추어 통일 교육의 목표를 구체화하고, 통일 교육의 내용 체계를 어떻게 구성할 것인가를 정의하며, 교수-학습 지도 방법 및 평가를 체계적으로 논의하여야 할 것이다.

이와 관련하여 일부 학자들의 통일 교육에 대한 정의를 몇 가지 소개하면 다음과 같다. "통일 교육이란 현존 분단 상태를 극복하고 평화적인 방법을 통해 통일 국가를 실현하는 데 필요한 우리 민족 성원들의 역량을 증진시키는 교육"(신정현), "통일 교육은 통일을 합리적으로 인식하고 그 문제에 합리적으로 대처할 수 있는 교육"(김홍명), "자유 민주주의에 대한 확고한 신념과 생활 태도를 갖게 하고 민족 공동체 형성을 위한 가치관과 능력을 갖게 하며 분단 현실에 대한 올바른 이해와 인식을 갖게 하여 장차 통일에 대한 논의와 결정에서 책임 있는 민족 성원으로서 역할을 할 수 있도록 하는 것"(민병천), "통일 교육은 통일이라는 정치적 문제를 교육하는 것"(한만길).

아쉬운 점은 통일 교육에 대한 정의가 어느 정도 수렴된 모습을 보이고 있지 않다는 것이다. 크게 보면, 일부는 교육의 관점에서 정의하고 있고, 일부는 학문 내용의 관점에서 정의하고 있다고 볼 수 있다. 양자를 결합하여 합리적 정의를 도출할 수 있어야 할 것이다.

통일 교육의 목표는 통일 교육이 추구하는 이념과의 관계 속에서 추구되어야 하는데, 그것은 두 가지 점에서 큰 의의를 갖고 있다. 첫째, 통일 교육의 체계적 접근에 필수적이다. 통일 교육이 이념-목표-내용 체계-지도 방법-평가의 구조적 틀 속에서 체계적으로 이루어지려면 논리가 일관성이 있어야 하는 것은 당연하다. 지금까지의 통일 교육이 상황에 따라 이루어질 수밖에 없었던 가장 큰 이유 중의 하나는 체계적 접근의 결여 때문이라고 생각된다. 둘째, 통일 교육이 정치적 상황이나 남북 관계, 또는 정권에 따라 달라지는 일시적 상황 논리를 벗어나게 한다. 통일 교육이 정치 상황과 완전히 분리되어 추진될 수는 없다고 하더라도 교육으로 이루어지는 이상 어느 정도의 지속성을 유지하기 위해서는 이념과 관계없이 독립적으로 이루어져서는 안 될 것이다.

한편, 이념과의 관계에서 비추어 볼 때, 통일 교육의 목표는 교육의 목표로서 존재하는 한 지속적이어야 한다. 특히, 교육의 목표가 일반적으로 추구하고 있는 의식의 변화는 단기적 목표로는 적합하지 않기 때문이다. 다만, 실천적 목표라고 할 수 있는 '과제'의 측면에서는 강조되어야 하는 항목들을 설정할 수 있을 것이다. 즉, 실천적 과제는 당시의 정치적 상황이나 남북 관계, 교육 대상자들에 대한 교육의 필요성 여부에 따라 강조점이 변화될 수 있을 것이다.

현행 『통일 교육 기본 지침서』에서도 통일교육지원법에 제시된 통일 교육의 정의에 따라, 세 가지 통일 교육 목표(첫째, 통일 환경과 남북한 실상에 관한 객관적 이해와 판단 능력의 신장, 둘째, 자유 민주주의와 민족 공동체 의식을 바탕으로 바람직한 통일·안보관 정립, 셋째, 남북한 간의 평화와 협력의 자세 및 통일 실현 의지 함양)를 설정하고, 통일 교육의 실천 과제를 다섯 가지(1. 통일 실현 의지의 확립, 2. 평화 공존과 화해 협력의 중요성 인식, 3. 객관적 북한관에 바탕을 둔 화해 협력의 중요성 인식, 4. 평화 통일의 바탕인 국가 안보의 중요성 인식, 5. 대북 정책에 대한 국민적 합의의 필요성 인식)로 제시하고 있다(2003『통일 교육 기본 지침서』 참조). 다만, 이러한 목표와 과제의 구분이 이념과의 관계 속에서 여전히 위계를 가지고 있느냐 하는 것은 다시 논하도록 하겠다.

통일 교육의 목표는 총론적인 목표를 기반으로 교육 대상자들의 발전 단계에 따른(학교 급별 목표 제시를 포함하는) 목표로 세분하여 제시할 수 있어야 한다. 또한 통일 교육의 목표도 교육의 목표인 이상 교육적 좌표를 확인할 수 있는 것이 되어야 한다. 원칙적으로 교육이 사람을 대상으로 하는 이상 인간의 총체적인 변화를 목표로 삼아야 할 것이고, 목표의 제시도 그러한 방식으로 이루어져야 할 것이다. 그러나 명확성과 논리성을 위해서 지식적인 면, 정서적인 면, 의지적인 면, 행동적인 면의 구분을 통한 목표 제시가 일반적이므로 그러한 방식을 따르되, 체계적 목표의 형태를 견지하여야 할 것이다.

2. 통일 교육의 목표 분석

이러한 관점에서 지금까지 국가 기관이나 학자들에 의해 제시된 통일 교육의 목표를 확인하고 현행 통일 교육에서 제시되고 있는 목표를 분석하고자 한다.

현재 우리나라의 통일 교육은 통일부 통일교육원이 주체가 되어 제시하고 있는 통일 교육의 목표 체계와 교육부가 통일 교육 지도 자료를 통하여 제시하고 있는 통일 교육의 목표 체계, 도덕·윤리과 교육 과정을 통하여 제시되고 있는 목표 체계 및 기타 연구자들이 제시하고 있는 통일 교육의 목표 체계로 대별할 수 있다. 이는 그간의 통일 교육 연구자들이 제시한 목표 분석은 교육 과정과 통일부의 통일 교육 목표 체계 속으로 흡수되었다고 볼 수 있으나, 그에 포함되지 않은 일부 성과가 있으므로 이들에 대한 분석도 필요하다는 인식에 근거한 것이다.

교육부(1993)에서 제시한 통일 교육 지도 자료에는 통일 교육을 "통일에 관련된 제반 사항에 대한 지식을 습득하고 합리적인 선택과 비판을 위한 분석 능력과 의사 결정 능력을 숙달시키며 통일 국가를 성취하려는 당위성과 통일 과정에 대한 민주적 가치, 그리고 통일과 관련된 일에 자발적으로 참여하려는 적극적인 의식을 함양하고자 하는 교육"으로 정의하고 있다. 이 자료가 가지는 의의는 그동안의 반공, 안보 교육의 틀에서 벗어나 통일·안보 교육기를 거쳐 통일 교육기로 이행하는 역사적 시점에서의 통일 교육의 목표와 내용 체계, 지도 방법을 제시하고 있다는 것이다(박찬석 외 7인, 2000, pp. 17-9 참조).

통일부가 중심이 되어 제시하고 있는 통일 교육의 목표는 통일 교육의 이론적 체계화를 갖추지 못한 상황에서 국가적 함의를 가진 통일 교육의 목표 체계라고 하겠다. 통일부에서는 통일교육원을 중심으로 하여 계속적으로 『통일 교육 기본 지침서』를 발간하고 있는데, 최근의 『통일 교육 기본 지침서』를 통하여 확인된 통일 교육의 목표 체계를 보면 다음과 같다.

"통일 교육은 자유 민주주의에 대한 신념과 민족 공동체 의식 및 건전한 안보관을 바탕으로 통일을 이룩하는 데 필요한 가치관과 태도를 함양하는 것을 목적으로 하는 제반 교육을 말한다"라고 정의하고, 그 구체적 목표를 첫째, 통일 환경과 남북한 실상에 관한 객관적 이해와 판단 능력의 신장, 둘째, 자유 민주주의와 민족 공동체 의식을 바탕으로 바람직한 통일·안보관 정립, 셋째, 남북한 간의 평화와 협력의 자세 및 통일 실현 의지 함양을 제시하고 있다. 여기에 통일 교육의 과제(실천적 목표)를 다섯 가지(통일 실현 의지의 확립, 평화 공존과 화해 협력의 중요성 인식, 객관적 북한관에 바탕을 둔 화해 협력의 중요성 인식, 평화 통일의 바탕인 국가 안보의 중요성 인식, 대북 정책에 대한 국민적 합의의 필요성 인식)로 제시하고 있다.

앞서 살펴본 통일 교육의 이념에 비추어 볼 때, 통일 교육의 개념 정의와 목표가 이전 단계의 그것보다 진일보한 것은 사실이나 그 체계성에서는 여전히 문제가 있다. 예를 들어, 목표의 타당성은 별개로 하고, 첫 번째 목표인 "남북한 실상에 관한 객관적 이해와 판단 능력의 신장"에 대한 구체적 과제가 제시되지 않은 점이나 과제들이 주로 인식적 측면에서 제시되고 있는 점 등을 들 수 있다.

교육인적자원부의 통일 교육에 대한 최근의 공식 입장은 통일부의 그것과 다르지 않다. 다만, 1993년에 교육부에서 발행한『통일 교육 지도 자료』가 6차 교육 과정에서 학교 통일 교육의 근간이 되었다. 거기에 제시된 내용을 보면, "통일에 관련된 제반 사항에 대한 지식을 습득하고 합리적인 선택과 비판을 위한 분석 능력과 의사 결정 능력을 숙달시키며, 통일 국가를 성취하려는 당위성과 통일 과정에 대한 민주적인 가치, 그리고 통일 문제와 관련된 일에 자발적으로 참여하려는 적극적인 의식을 함양하고자 하는 교육"으로 개념 정의하고 있다.

제7차 교육 과정기에 들어서서는 통일부가 발행한『통일 교육 기본 지침서』의 내용이 대체로 학교 통일 교육의 지침으로 작용하고 있다. 교육인적자원부에서 발간하는『학교 통일 교육 기본 계획』을 통해 교육인적자원부의 통일 교육에 관한 기본 방향을 알 수 있는데, 여기에 수록되어 있는 통일 교육의 목표는 통일부에서 제시하고 있는『통일 교육 기본 지침서』의 내용을 그대로 옮기고 있다. 이것은 통일교육지

목표 영역		해당되는 대표적 통일 교육 목표
지식	· 사실 · 개념 · 일반화	· 통일의 당위성 인식 · 북한 실상에 대한 정확한 지식 · 우리 민족의 문화, 역사, 관습, 언어 등에 관한 이해
기능	· 기초 기능 · 탐구 기능 · 민주 사회적 기능	· 통일 문제에 대한 판단 능력 · 민주 시민으로서의 자질 · 합리적인 의사 결정 능력 · 집단 상호 작용 및 사회 참여 능력 · 반성적 사고 기능과 지적 기능
가치 · 태도	· 바람직한 가치 태도 · 합리적인 가치 태도	· 통일 의지의 고취 · 통일 위협 요소에 대한 경계심 진작 · 민족 공동체 의식 확립 · 민주주의 이념의 우월성에 대한 확신 · 자유 민주주의 체제 수호 자세 · 민족 정체성과 민족 동질성 확립 · 북한 공산주의에 대한 경계심 진작

(정세구 외 3인,『통일 교육 교수 기법』, 통일교육원, 1999, p. 12 참조)

표 21. 통일 교육의 목표 분석

원법이 통과된 이후 국가적 통일성을 기하기 위한 것으로 판단된다.

한편, 통일 교육을 지속적으로 추진해 온 도덕과 교육 과정 속의 통일 교육의 목표를 보면, "국가, 민족, 민족 문화를 아끼고 사랑하는 애국 애족의 자세를 지니고, 국토와 민족 분단의 현실 및 남북한의 통일 정책과 통일 과제를 파악하여 통일을 이룩하는 데 필요하며, 통일 이후에 기대되는 바람직한 한국인 및 세계 시민으로서의 능력과 태도를 지닌다"라고 되어 있다. 정세구에 의하면, 이처럼 포괄적 정의를 하고 있는 이유는 6차 교육 과정 이후 통일·안보 영역이 국가·민족 생활 영역과 중복되어, 이 영역의 한 하위 영역으로 축소 편제되는 관계로 그 목표 설정이 포괄적으로 이루어지고 있기 때문이다(정세구, 2000, p. 15 참조). 도덕과 교육 과정에서는 과제(실천 목표)를 제시하지는 않고, 학교 급별로 하위 목표를 제시하는 형태를 취하고 있다.

표 21은 우리나라 교육계에서 널리 쓰이고 있는 타일러R. W. Tyler 와 블룸B. S. Bloom 등의 교수 학습 이론에 근거한 도덕과의 교수 목표이다.

이 도표의 중요성은 체계적인 내용 분화를 통해 통일 교육 목표의 제시 필요성을 충족시키고 있다는 것이다. 이러한 중요성에도 불구하고, 단점으로 지적할 수 있는 부분은 너무 많은 내용이 목표로 제시된 점과 과거의 표현을 답습하고 있다는 것이다. 예를 들어, 북한 공산주의에 대한 경계심 진작 같은 표현이나 이념의 우월성 같은 표현은 자유 민주주의 신념의 확립 같은 표현으로 대치할 수도 있을 것이다.

3. 통일 교육 체계에 부합하는 통일 교육의 목표

앞에서 살펴본 바와 같이 현재까지 우리나라 통일 교육의 목표는 이념과의 관계에서 일치성의 결여, 교육 목표로서 가져야 할 체계성의 결여 및 시대적 조류를 포용하는 포괄성을 결여하고 있다. 여기에서는 그간의 연구 성과를 분석하면서 통일 교육의 체계와 이념에 부합하는 통일 교육의 목표를 탐색하고자 한다.

앞서 언급한 대로 통일 교육의 이념은 자유 민주주의, 민족 공동체주의, 평화주의로 정리할 수 있다. 여기서 제시한 세 가지 이념은 통일 이전 단계와 통일 과정 및 통일 이후의 과정에서 통일 교육의 지도 이념이 되어야 한다. 동시에 목표와 내용 체계 및 지도 방법의 기본 원리로 작동하여야 한다.

이러한 기조를 바탕으로 통일 교육을 정의하면, "통일 교육은 자유 민주주의, 민족 공동체주의, 평화주의의 이념을 바탕으로, 우리 민족의 통일 과정과 통일 이후의 삶을 위해 북한 및 통일 관련 문제에 대한 지식과 기능을 습득하고, 이들 문제에 대한 확고한 태도와 실천 의지를 함양하는 제반 교육"으로 정의하여야 한다.

이러한 관점에서 통일 교육의 목표는 다음과 같은 내용을 포함하여야 할 것이다.

첫째, 자유 민주주의, 민족 공동체주의, 평화주의의 이념에 대한 올바른 이해를 바탕으로 북한 및 통일 문제에 대한 이해 능력을 키운다.

둘째, 민족적 과제인 통일을 이루기 위해 북한 문제와 통일 문제에 대한 판단 능력을 함양하고 합리석으로 해셜하기 위한 자세를 고양한다.

셋째, 통일 과정과 통일 이후의 문제에 대한 숙고를 통하여 민족 공동체 달성과 평화 실현을 위한 의지와 실천성을 부여한다.

이러한 일반적 목표 하에 구체적 실천 과제를 제시하면 다음과 같다.

첫째, 남과 북의 평화 공존을 위해 상호 존재를 인정하고 객관적 이해의 폭을 증진한다.

둘째, 전쟁의 부재를 담보하고 그것을 바탕으로 적극적 평화 달성을 탐구하고 실천한다.

셋째, 민족 공동체의 달성을 위해 역사와 문화 인식을 통한 동질성 증진을 추구한다.

넷째, 자유 민주주의의 가치들을 일상의 생활양식으로 정착시키고 이것을 확대하기 위한 태도 및 의지를 고양한다.

다섯째, 자유 민주주의, 민족 공동체 이념 및 평화주의의 의미와 내용이 통일 과정과 통일 이후의 기본 이념임을 확고히 하고 이를 실천한다.

이러한 과제와 목표 제시는 이념과의 체계성을 고려한다는 차원이지 그것이 내재하고 있는 내용을 구체적으로 연구한 것으로 보기는 어렵다. 심도 있는 연구가 이어져야 할 것이다.

제2장

통일 교육 내용 체계론

I. 내용 체계의 의의

통일 교육의 내용 체계도 목표와 구체적 실천 과제가 정해지면 이에 맞추어 구성되어야 할 것이다. 그러나 그동안의 내용 구성이 그렇듯이 내용 체계가 포괄적이지 못하기도 하고, 목표와의 관련성이 떨어지기도 하는 등 연구자나 제안자의 소견에 크게 영향 받았다고 할 수 있다. 통일 교육의 내용 체계가 특히 중요한 것은 이념과 목표 및 과제를 어떤 내용 틀로 구성하느냐, 즉 이러한 이념 및 목표를 어떤 모습으로 나타내느냐 하는 것이 바로 내용 체계이기 때문이다.

그러므로 통일 교육의 이념적 배경을 충분히 반영하여야 할 것이고, 다양한 통일 논의를 흡수할 수 있는 내용 체계가 제공되어야 할 것이다. 동시에 다양한 논의를 활성화할 수 있는 출발점이 되도록 하여야 할 것이다. 그런 의미에서 통일 교육의 내용 체계의 정비는 중요한 과제라고 할 수 있다.

통일 교육의 내용 구성은 통일 교육의 관련 학문 영역별 탐색 과정이라고 할 수 있다. 앞의 이념과 목표에서 제시되었듯이 통일 교육의

기 관 명	주 소
경기대학교(통일안보대학원)	www.kyunggi.ac.kr/~gsreunif
경남대학교(북한대학원, 극동문제연구소)	ifes.kyungnam.ac.kr
고려대학교(북한학과)	welove.korea.ac.kr/~nokor
관동대학교(북한학과)	www.kwandong.ac.kr/unikorea
명지대학교(북한학과)	www.unikorea.net/myongji
서강대학교(공대원 북한·통일정책학과)	www.sogang.ac.kr/~gspp
숙명여자대학교(통일문제연구소)	riku.sookmyung.ac.kr
숭실대학교(통일·사회복지정책대학원)	my.dreamwiz.com/bokji4u
연세대학교(통일연구원)	suny.yonsei.ac.kr/ikus
원광대학교(통일문제연구소)	gaebyok.wonkwang.ac.kr/~tongil21
이화여대대학원(북한학 협동과정)	home.ewhwa.ac.kr/~nk21
중앙대학교(민족통일교육센터)	cau.ac.kr/~cauind2/ku.html
춘천교육대학교(통일교육센터)	www.tongildu.com
충남대학교(통일문제연구소)	web.chungnam.ac.kr/research/unikorea
한림대학교(민족통합연구소)	rini.hanlym.ac.kr
한양대학교(통일정책연구소)	www.dsr.hanyang.ac.kr/lab/lab39.html

(통일교육원, 『통일 교육 기본 지침서』 부록, 2004 참조).

표 22. 대학·대학원(연구소) 통일 교육 관련 학과

관련 학문 영역은 광범위하고, 또 학제간 접근을 할 수밖에 없는 상황이다. 남북한의 통합을 위한 다양한 연구 성과를 포섭하여야 하고, 통일 교육에서 필요로 하는 이념 구현을 위한 내용으로 구성되어야 한다. 이를 위해 그간의 통일 교육 내용 체계를 점검하는 것은 대단히 의미 있는 일이다.

그러므로 통일 교육의 목표가 설정되고 관련 학문의 성과가 파악되면 통일 교육 대상자들의 발달 단계와 눈높이에 맞추어 통일 교육의 내용 체계를 설정하여야 할 것이다. 여기에서는 통일 교육의 교육 과정상의 관계(즉, 시수, 교과목 간의 연계, 통일 교육의 환경 등)가 충분히 고려되어야 할 것이다. 현재 통일 교육을 위한 교사 양성 과정의 프로그

차　례

1. 특강 .... 유 ○
2. 특수 교육의 이해 .... 김 ○
3. 제7차 교육 과정과 통일 교육 지도 방안 ...... 김 ○
4. 대한 제국의 숨결을 찾아서 .... 장 ○
5. 통일 환경의 변화와 대북 정책 .... 이 ○
6. 남북한 관계와 통일 노력 .... 김 ○
7. 남북한 공동체 형성을 위한 노력 .... 조 ○
8. 분단국 경제·사회 협력의 발전 과정과 성과 ... 고 ○
9. 최근 북한 사회의 이해 .... 고 ○
10. 남북한이 보는 한국사 인식의 문제점과 과제 ... 신 ○
11. 북한 주민의 가치관과 생활 모습 .... 김 ○
12. 북한 경제와 주민이 경제생활 .... 권 ○
13. 북한 청소년의 학교생활과 가치 정향 .... 길 ○
14. 북한 이탈 주민의 적응 실태 및 과제 .... 김 ○
15. 북한 학교 교육을 통해서 본 청소년 학생들의 의식 구조
16. 통일 교육 지원법 및 지침설 .... 이 ○
17. 남북 화해 협력 시대 학교 통일 교육의 방향 ... 오 ○
18. 학교 통일 교육의 실제적 지도 방안
19. 학교 통일 교육의 실제 .... 정 ○
20. 집단 포트폴리오를 이용한 학교 통일 교육의 실제 ... 황 ○
21. 00중학교 통일 교육 실천 사례

표 23. 서울시 교육 연수원 통일 교육 직무 연수 시간표

램이 그러한 내용 요소를 담고 있는가에 대해서는 의문을 갖지 않을 수 없다.

　현행 통일 교육 과정의 운영 실태를 보면, 사범 대학이나 교육 대학에서 독립적 교육 과정으로 운영되고 있지는 않다. 이는 통일 교육이 현재 독립된 교과 영역이 아니기 때문이다. 일부 사범 대학에서는 내용 영역의 일부로 포함하고 있을 뿐이다. 대표적인 경우가 "통일 교육론"이라

일 자	시 간	교 과 목	강 사	비 고
10.27 (수)	09:30-09:50	등 록	교육총괄과	
	10:00-10:30	입교식	00부장 00계장	
	10:30-10:40	교육 과정 안내	담임교수	
	10:50-12:00	국제 질서 변화와 평화 번영 정책	김00	
	12:00-13:00	중 식		
	13:05-14:20	남북한 교육 과정 및 교과서 비교	조00	
	14:35-15:35	최근 북한 실상과 변화 전망	양00	
	15:50-17:10	〈북한 이탈 주민과의 대화〉 – 북한의 교육 실태와 주민 생활	사회: 박00 최00	
10.28 (목)	09:10-10:30	〈학교 통일 교육 사례〉 인성 교육과 결합한 통일 교육	김00	
	10:40-18:00	화해 협력 및 분단 현장 견학	교육총괄과	판문점 도라산역
10.29 (금)	09:10-10:30	한반도 주변 강대국의 민족주의 동향과 한민족 평화 통일 과제	정00	
	10:45-12:00	종합 토론(질의응답)	사회: 권00 토론: 박00 김00	
	12:00-	수료 및 중식		

표 24. 통일교육원 강의 시간표(중등 일반 교과 교사반)

는 이름으로 강좌가 개설된 정도에 그치고 있다. 국립 사범 대학을 중심
으로 (국민)윤리교육과가 설치되어 있는 곳은 통일 교육의 내용 영역에
해당하는 교과목이 전공 교수나 내용에 따라 상당수 설치되어 있다.

　최근 들어, 학부 과정 및 대학원 과정에서 통일 교육 관련 학과(북한
대학원 및 통일 교육 대학원)가 상당수 생겨나고 있다. 이들 교육 과정
역시 내용 영역에 해당하는 교과목들로 교육 과정이 구성되어 있는 것
으로 판단된다(표 22 참조).

　실제로, 통일 교육 관련 교육 과정은 일반 교과 담당 교사를 재교육
하는 연수 프로그램 속에 더 잘 나타나 있다. 통일 교육의 대표적인 연

일자	시 간	교 과 목	강 사	비 고
2.16 (월)	15:00-15:30	등록	교육총괄과	
	15:30-16:00	통일 교육 전문위원 활동 안내	교육지원과	
	16:00-16:30	입교식/과정 안내	원(부)장/담임/ 진행계장	
	16:40-17:30	통일 교육 전문위원의 임무와 역할	정00	중앙협의회 의장
2.17 (화)	09:10-10:30	국제 질서 변화와 평화 번영 정책	손00	
	10:40-12:00	최근 북한 실상과 변화 전망	권00	
	12:00-13:00	중식		
	13:00-14:00	"6 · 15 공동선언" 이후 남북 회담을 통해 본 북한의 변화 모습	황00	
	14:10-15:30	북한 이탈 주민과의 대화	사회: 김00 발표: 윤00 유00	사진기자 의사
	15:40-17:00	〈세미나 I〉 북한 핵문제와 6자 회담	사회: 박00 발제: 신00 토론: 전00	국방연구원 통일연구원
	17:10-17:40	통일교육원장과의 대화	원장	
2.18 (수)	09:00-10:20	남북 교류 협력 사업 추진 현황과 활성화 방안	조00	
	10:20-17:00	현장 견학(13:00-) - 판문점(90명) - 도라산역 · 도라전망대(40명)	교육총괄과	판문점 식당(중식)
	17:00-18:30	석식(특식)		원내식당
2.19 (목)	09:10-10:30	〈세미나 II〉 북한의 "민족 공조론," 어떻게 이해할 것인가?	사회: 김00 발제: 전00 토론: 박00	통일연구원
	10:40-12:00	종합 토론	사회: 손00 토론: 박00 박00	
	12:00-13:00	설문 · 중식		

표 25. 통일 교육 전문위원 프로그램

수 기관은 통일교육원과 각 시도의 교육 연수원이다. 이들 기관에서 사용하고 있는 통일 교육 직무 연수 프로그램을 소개하면 표 23과 같다.

2002년 및 2003년도의 통일 교육 직무 연수 프로그램도 크게 다르지 않다. 다만, 2002년 이후에는 프로그램이 교양, 북한 이해, 통일 교육이라는 세 영역으로 분류되고 있다는 점이 다르다(표 24-5 참조).

통일 교육 전문가를 양성하는 프로그램으로서 여러 가지 점에서 미비함을 알 수 있다.

우선, 시간상의 부족을 들 수 있다. 15시간 또는 30시간이 대부분이며, 많게는 60시간의 직무 연수로 통일 교육 전문가를 양성한다는 것은 터무니없다고 하지 않을 수 없다. 여기에는 한편으로 이미 학교 현장에서 교육을 담당하고 있는 교육 전문가(교수-학습 방법의 전문가)이니 내용 영역(북한학 등)을 전수 받으면 통일 교육을 현장에서 시행할 수 있을 것으로 판단한 측면이 있다. 그러나 많은 교과 교육학자가 지적하고 있듯이 이것은 큰 효과를 볼 수 없는 과정으로 보아야 한다.

다음으로, 교육 과목의 빈약성을 들 수 있다. 시간 부족의 문제와 연결된 문제이기도 하지만, 몇 과목을 가지고 통일 교육 전문가를 양성한다는 것 자체가 지나친 기대라고 생각된다. 이러한 교육 과정 편성 및 진행은 강좌를 왜곡해 받아들일 경우, 오히려 통일 교육 부정론자를 양성할 위험마저 내포하고 있다.

그 다음으로, 근본적인 문제이면서 가장 중요한 문제인 통일 교육 과정의 체계화 문제의 결함을 들 수 있다. 현재 거의 모든 통일 관련 교육 과정은 북한의 이해, 통일 문제에 대한 이해, 통일 교육의 실제라는 커리큘럼을 설정하고 있다. 통일 교육의 구현 이념과 목적에 맞는 교과목 구성이 이루어져야 한다.

II. 현행 통일 교육의 내용 분석

우리나라의 통일 교육은 해방 이후 민족 분단이 시작된 이후부터 바로 진행되었다고 할 수 있다. 현재 우리나라의 통일 교육 내용 체계는 "정책 중심 교육"으로 이루어지고 있다고 판단된다(표 23-25 참조). 경우에 따라서는 정책을 아는 것도 중요하지만, 이것은 몇 가지 면에서 문제가 있다. 첫째, 통일 교육을 정치적 이슈 중심으로 이끌었다. 둘째, 통일이라는 문제를 거대 담론으로 만들었다. 셋째, 통일 교육에 대한 수요자의 관심을 불러일으키지 못했다. 이것은 곧 통일 교육에 대한 무관심으로 이어졌다. 이러한 문제는 학교 통일 교육뿐만 아니라 사회 통일 교육의 경우에도 크게 다를 바가 없다. 다만, 민간단체나 시민 단체에서 실시하고 있는 통일 교육은 최근 들어 다른 접근을 하고 있다.

통일 교육을 '정치적 문제인 통일 문제를 교육하는 것'으로 정의하는 입장에서는 통일 교육의 영역이 정치적 영역 중심인 것은 당연한 결과일 것이다. 현재 통일 교육 영역에 종사하는 사람들이 정치학자 중심인 것과 무관하지 않다. 통일 문제가 정치 문제 중 하나라는 관점에 서게 되면, 통일 교육은 이러한 정치 문제 중의 하나인 통일 문제를 어떻게 교육할 것인가에 관심을 가질 수밖에 없다.

그러나 통일 문제를 정치적 관점 중심으로 인식하는 것이 대단히 부분적이고 한계를 노출할 수밖에 없다는 것은 이미 다른 나라의 사례를 통해서도 확인되었다고 할 수 있다. 통일이 법률이나 정치적 차원의 결단만을 요구하는 것은 아니기 때문이다. 통일은 문화와 가치 규범, 사상의 통합이 이루어질 때 진정한 통합으로 나아갈 수 있다는 것은 명백하다.

이러한 사실은 특히 우리나라가 관심을 집중하고 있는 독일의 통일 과정에서도 명백히 드러났다. 독일의 통일 이후의 실태 분석에 의하면,

경제적 문제, 정치적 문제 같은 외형적 문제가 아니라 민족의 통합과 공존공생의 실질적 통합의 문제에서 여전히 통일이 이루어지지 않고 있기 때문이다. 다시 말해, 정치적 이슈 중심의 통일 교육 내용 체계는 극복되어야 한다.

1. 『통일 교육 기본 지침서』의 내용 체계

현재 통일 교육 내용 체계로는 『통일 교육 기본 지침서』의 내용 체계가 가장 널리 활용되고 있고, 학교 교육 과정 속에서는 도덕 8학년, 10학년 교과서에 그 구체적인 내용 체계를 볼 수 있다. 또한 일부 학자들에 의해서 연구된 통일 교육 내용 체계가 있다.

먼저, 통일부에서 발간하는 『통일 교육 기본 지침서』(2003년)[14]의 구성 체계를 보면, 표 26과 같다.

통일부가 발간하고 있는 『통일 교육 기본 지침서』의 내용 체계는 다음과 같이 요약할 수 있다.

- 북한에 대한 이해 — 북한 사회의 이해, 북한의 변화 이해
- 통일 문제에 대한 이해 — 통일의 필요성, 통일 국가의 실현, 통일을 준비하는 우리의 자세
- 한반도와 주변 관계(국제 정치적 요소) — 한반도 협력 정책과 남북 관계, 평화 공존을 위한 노력, 통일 환경 변화, 한반도 냉전 구조 해체 노력

---

14) 2000년대 이후 『통일 교육 기본 지침서』의 내용 체계는 대체로 이와 유사하다. 다만, 2004년도 『통일 교육 기본 지침서』만 내용 체계에 약간의 변화가 있을 뿐이다. 2004년도 『통일 교육 기본 지침서』의 내용 체계는 뒤에서 간단히 소개하겠다(통일부, 『통일 교육 기본 지침서』, 2000-2004 참조).

대영역	단원명	소단원	내용	비고
II. 통일 교육의 내용 체계	1. 통일의 필요성	1. 통일의 의미와 성격	통일의 의미, 통일 문제의 성격	
		2. 분단의 배경과 폐해	분단의 배경과 성격, 분단의 폐해	
		3. 평화 통일의 필요성	평화 정착의 필요성, 통일의 당위성	
	2. 북한 사회의 모습	1. 북한 인식의 방향	북한 존재의 이중성	
		2. 북한 주민의 가치관 및 대남 인식	대남 인식의 변화가 있으나, 가치관의 변화로 보기는 어려움	
		3. 북한의 정치	수령-당-대중의 일원적 구조	
		4. 북한의 경제	북한의 계획 경제 구조와 최근의 변화	
		5. 북한의 문화	문화 혁명에 입각한 사회주의적 문화의 건설	
		6. 북한의 교육	대중 교육 속에 공산주의적 새 인산형 잠조	
		7.북한 주민의 가정생활	정치적 측면을 제외한 우리 가정과의 유사성	
		8. 북한 주민의 사회생활	다양한 조직 생활	
	3. 북한의 변화 이해	1. 북한 변화의 의미	불가피하게 시작된 북한 변화가 갖는 의미	
		2. 북한 내부의 변화 양상	식량난과 경제난으로 비롯된 북한 통제의 완화	
		3. 북한의 대남 정책	남조선 혁명론에서 공존에 비중을 둔 변화	
		4. 북한의 대외 정책	북한의 외교가 서방과의 교류 확대로 변화	
	4. 통일 환경의 변화	1.국제 질서의 변화	사회주의 몰락과 경쟁적 협력 관계의 국제 질서	
		2.냉전의 잔재와 군사적 불안정	한반도의 냉전 잔존과 군사적 위협.	
		3. 남북한 역량 격차의 심화	남북 역량의 격차는 통일 논의의 환경 변화	
		4. 통일 환경 변화가 주는 함의	기회와 도전을 평화 통일의 초석으로 다져야 함	

표 26. 『통일 교육 기본 지침서』의 통일 교육 내용 체계

"북한에 대한 이해"(북한 사회에 대한 이해 — 이 부분도 대단히 정치적 접근을 하고 있다)를 제외한 내용이 대부분 정치적 요소와 내용으로 구성되어 있다. 이러한 내용 구성이 통일 교육을 무거운 담론의 문제로 만드는 요인이며, 동시에 피교육 대상들에게 흥미와 관심을 멀어지게 하는 요인으로 보인다. 이는 통일 교육의 이념적 요소 중에서 소극적 평화(안보 중심)와 정치적 사실에 국한된 교육에 한정된다.

2003년 12월에 발간된 2004년도 『통일 교육 기본 지침서』는 그 내용 체계에서 변화를 보이고 있지만, 이 역시 이전의 문제점을 그대로 갖고 있다고 보아야 한다.

- 통일 문제의 이해(분단의 배경과 폐해, 통일의 의미, 통일의 당위성, 통일 문제의 성격과 평화 정착의 중요성)
- 북한의 이해(북한에 대한 인식, 북한의 정치, 군사, 경제, 문화, 교육, 주민의 생활 및 대남 인식과 가치관)
- 북한의 변화(내부 변화의 양상, 대남 정책의 변화, 대외 정책의 변화, 북한 변화의 의미)
- 통일 환경의 변화(국제 질서의 변화, 남북한 국력 격차의 심화, 통일 환경 변화의 의미)
- 남북 관계 개선 노력 및 국가 안보(남북 관계 개선 노력, 남북 교류 협력의 진전, 국가 안보)
- 통일 국가의 목표와 방향(분단국 통일 사례의 교훈, 한반도 통일 촉진 요인 및 장애 요인, 우리의 통일 방안, 통일 국가의 미래상)
- 통일을 위한 준비 자세(분단 상황의 이해와 판단 능력 신장, 통일에 대한 주인 의식과 열린 자세 함양, 적극적인 통일 의지 확립, 남북한 공존 문화 정립)

2004년 판도 이전 판이 갖고 있던 내용 구조상의 문제점을 그대로 가지고 있는데, 다만 중복되던 내용 부분을 정선하여 간결하게 정리한 모습을 보이고 있다. 여전히 정치적 사실에 의한 통일 문제의 이해 차원의 접근만을 시도하고 있다.

2. 도덕과 통일 교육 내용 체계(중·고등학교)

중학교 도덕과에서 제시하고 있는 통일 교육 내용 체계는 표 27과 같다.

중학교 도덕과 통일 교육 과정을 보면, 안보의 중요성, 통일의 필요성 및 미래상, 통일을 위한 노력(외국의 사례 및 역사적 사례, 현재의 사례), 북한의 정치, 경제, 사회, 문화에 대한 이해를 구성 요소로 하고 있다.

대단원	중단원	소단원	제재명	내용	비고
Ⅱ. 바람직한 국가 민족 생활	2. 국가의 중요성과 국가 발전	(4)우리나라의 이상과 목표	우리 민족의 미래에 대한 토론	우리 민족의 미래에 대해 토론하는 가운데, 통일 국가의 실현 모습, 마음의 통일의 중요성을 제시함.	
	3. 올바른 애국 애족의 자세	(4) 국가 안보의 중요성과 방향	국가 안보의 의미와 구성 요소	안보의 정의와 국가 안보에 대한 두 가지 관점을 설명하고, 군사적·정치적·경제적·사회적·환경적 안보로 설명.	
			우리나라의 안보 위협 요인	안보의 영역에 따른 안보의 위협 요소를 설명함.	
			우리나라의 안보를 지키는 일	안보의 영역별 위협 요인에 대한 해결 방안을 제시하려고 함.	

대단원	중단원	소단원	제재명	내용	비고
Ⅱ. 바람직한 국가 민족 생활	4. 남북통일과 통일실현 의지	(1)통일의 의의	통일의 의미	통일의 의미를 마음의 통일로 묘사	
			통일의 필요성	통일의 필요성을 민족사적, 평화적, 인도주의적, 국제 관계적 관점에서 묘사	
			통일로 가는 길	남북 화해와 협력 속에 평화와 발전을 추구하면 열릴 수 있는 길로 묘사	
		(2)북한 사회에 대한 이해	북한 주민들의 정치생활	북한의 헌법, 노동당 등의 정치 조직과 우리식 사회주의에 대한 설명	
			북한 주민의 경제생활	계획 경제의 내용과 북한 경제의 실상 소개	
			북한 주민의 사회생활	사회주의 대가정론의 입장에서 조직 생활 소개	
			북한 주민의 교육 및 문화생활	남북한 교육 제도 비교(교과목, 시험, 진학 등)와 북한 주민의 최근 자본주의적 문화생활 향유 과정을 소개	
		(3)통일을 위한 노력	신라와 고려 의 사례와 교훈	신라와 고려의 통일 과정을 통해 우리의 통일 노력을 확인함	
			외국의 통일 사례에서 얻 을 수 있는 교훈	독일, 예멘, 베트남의 통합 과정과 통합 이후의 노력을 설명함	
			남북 대화 실천 사례	1953년 이후의 대화 사례, 특히 6.15 정상 회담 이후의 모습을 소개	
		(4)통일을 위해 우리가 해야 할 일	통일을 이루 려는 마음	적대적 인식에서 벗어나 이웃으로 자리 매김할 필요가 있음	
			평화와 화해 그리고 안보	한반도 평화를 위해 우리가 해야 할 일로 내부의 안정과 발전, 안보 능력, 정치 경제의 민주화, 남북 간의 이해가 필요함을 설명	
			통일을 위해 우리 중학 생이 해야 할 일	학교 및 일상생활 속에서 평화 및 화해의 실천 필요 강조	

표 27. 중학교 도덕과 통일 교육 과정 내용 및 체계

통일의 필요성이나 통일 한국의 미래상 부분은 적합성 이론 영역과 밀접한 관계를 맺고 있다고 할 수 있다. 그러나 통일 교육의 비교 영역, 소극적 평화(또는 안보) 영역 및 북한 주민 생활 이해의 일부분 외에는 통일 의식이나 실천성을 담보할 수 있는 영역이 없음을 알 수 있다. 앞서 제시한 통일 교육론의 실천적 체계를 참조하여 보완할 수 있어야 할 것이다. 다만, 중학생의 발달 단계를 고려한 목표 설정과 내용 구성은 필수적인 절차일 것이다.

고등학교 도덕과 제7차 교육 과정의 통일 교육 구성은 통일 교육의 이념과 목표에 비추어 볼 때, 내용 체계가 좀 더 진일보한 측면이 있다고 보인다. 이를 요약하면 다음과 같다.

- 북한에 대한 이해 — 남북한의 언어 및 생활 문화, 남북한의 가치 규범
- 통일 문제의 이해 — 민족 분단의 원인 및 과정, 분단 극복의 필요성, 남북한의 통일 정책 비교, 통일 의지와 통일 대비의 자세
- 한반도와 주변 관계(국제 정치적 요소) — 통일 환경의 변화와 신 국제 질서, 주변국의 이해와 한반도 정책, 통일 환경 조성을 위한 남북 관계
- 민족 공동체의 요소 — 민족 공동체의 당면 과제의 해결, 통일 한국의 미래상, 바람직한 한국인 상

제7차 도덕과 내용 체계는 두 가지 면에서, 『통일 교육 기본 지침서』(2003년 및 2004년)의 내용 체계를 개선한 것으로 보인다. 북한 이해를 위한 영역에서 언어나 일상생활 문화를 다루는 "생활 문화적 접근" 영역과 통일 한국의 상을 제시하는 민족 공동체의 영역이 상당한 비중을

대단원	중단원	소단원	제재명	내용	비고
Ⅱ. 민족 통일 문제와 통일 한국의 모습	1.민족 분단과 남북한 사회 현실	(1)민족 분단의 과정	분단의 현실	분단의 현실을 알 수 있는 사례 묘사 및 한반도 분단의 특수성	
			분단의 원인과 과정	분단의 원인을 대외적, 대내적 요인으로 분석함	
			분단의 고착화 과정	분단의 고착화 과정을 해방 이후 민족적 관점에서 설명함.	
		(2)민족 분단과 남북한 사회 · 문화의 비교	남북한의 언어	남북한의 언어 차이 현실을 알 수 있는 사례를 제시하고 북한의 문화어 및 언어적 특성을 설명함	
			남북한의 생활 문화	북한의 주체사상에 입각한 의식주 생활 문화의 특성을 간단하게 설명함	
			남북한의 규범 및 가치	남한과 북한의 가치 규범 체계를 비교하고 북한의 집단주의에 대해서 자세히 설명함	
		(3)민족 공동체 의 번영과 통일 한국의 모습	분단 극복의 필요성	분단 극복의 의미와 당위성을 네 가지 차원(문화, 민족 동질성, 인도주의, 경제)에서 설명함	
			분단 극복의 장애 요인	분단 극복의 장애 요인을 남한이 갖고 있는 요인, 북한이 갖고 있는 요인, 국제 사회가 갖고 있는 요인으로 설명함	
			분단 극복의 기본 방향	분단 극복을 위해서는 진정한 동질성 회복이 필요함을 독일 의 예를 통하여 확인케 하고 단계적 통일 과정을 제시함	

대단원	중단원	소단원	제재명	내용	비고
Ⅱ.민족 통일 문제와 통일 한국의 모습	2.남북한의 통일 정책과 통일의 과제	우리의 대내외적 통일 환경	통일 환경의 변화와 신 국제 질서의 형성	한반도 통일과 관련한 국제 정세의 변화 상황을 설명하고 6.15 남북 정상 회담이 갖는 의의를 설명함	
			주변국의 이해와 한반도 정책	한반도의 통일 정책이 주변 4개국(미, 일, 중, 러)의 입장과 연결되어 있음을 설명하고 그 각각의 입장을 설명함	
			남북한의 통일 환경 조성과 남북 관계	한반도 통일 환경 조성을 위해 여러 가지 복잡한 문제가 연결되어 있음을 전제로 북한이 변하지 않을 수 없는 상황을 설명함	
		남북한의 통일정책 비교	우리의 통일 정책	남한의 통일 정책을 시기별로 중요 사건을 중심으로 설명하고 그것을 도표로 나타냄	
			북한의 통일 정책	북한의 통일 정책의 실상을 시기별로 설명하고, 특히 고려민주연방공화국 창립 방안 이후의 내용도 설명함.	
			남북한의 통일 정책 비교	남한과 북한의 통일 관련 정책의 결정 과정, 접근 방법, 통일 관련 인식의 차이를 설명함	
		통일 실현을 위한 우리의 자세	통일의 의지와 통일 대비 자세	통일이 갖는 의의를 통해 통일에 대한 의지를 갖도록 하고, 통일을 위한 노력을 대외적, 대내적으로 나누어 설명함.	
			평화 통일을 위해 가야 할 길	평화 통일이 중요한 방안임을 예시로 설명하고 남북한 통일 실현을 위한 과정을 설정함	
			통일의 의지와 통일 대비 자세	통일을 실현하기 위해서는 어떤 노력이 필요한 지를 구체적으로 설명함.	

대단원	중단원	소단원	제재명	내용	비고
II.민족 통일문제와 통일 한국의 모습	3.민족 공동체의 반영과 통일 한국의 모습	(1)민족 공동체의 당면 과제와 해결	한민족 공동체의 의미와 세계화의 도전	민족 공동체의 의미를 정치, 경제, 문화 공동체로 설명하고, 세계화 시대에 남북 통합이 갖는 의의를 설명함	
			민족 공동체의 당면 과제	세계화 시대의 민족 공동체의 당면 과제로 한민족 공동체의 공고화, 민족 정체성의 확고화, 한민족 웅비 전략의 구축을 제시함	
			민족 공동체의 과제 해결을 위한 준비	우리가 하나의 민족 공동체로 살기 위해서는 한민족 연결망 구축, 통일 후의 문제점 대비, 세계화에 대한 깊은 이해, 열린 마음 자세 등이 필요함을 역설	
		(2)통일 한국의 미래상	통일 한국이 극복해야 할 어려움	통일 한국의 미래상을 공부하는 이유를 제시하고, 예상되는 통일 한국의 어려움을 여러 통계 수치 등으로 보여 주고 있음	
			통일 한국이 나아가야 할 방향	통일 한국이 나아갈 방향의 전제 조건을 파악하고, 그 방향으로 민족주의, 동질성 발견 모색, 구성원의 참여와 합의를 통해 대립 갈등의 해결책을 모색함	
			통일 한국의 바람직한 국가상	통일 한국이 지향할 국가상으로 자주적인 민족 국가, 자유로운 민주 국가, 정의로운 복지 국가, 수준 높은 문화 국가를 제시함	
		(3)세계 속의 바람직한 한국인상	21세기의 국제 사회	21세기의 국제 사회는 개방 요구의 증대, 정보화의 가속화, 지역 블록화의 심화로 나타남을 제시	
			통일 한국의위	통일 한국의 위상은 새로운 국가 발전의 모형이 될 수	

| | | | 상과 역할 | 있음과 갈등과 분쟁의 조정자, 경제와 문화의 중심국이 될 수 있음을 설명함 | |
| | | | 미래의 새한국인 이 되기 위한 요건 | 통일 한국의 바람직한 인간상으로 주체적 인간, 화해·협력·평화를 사랑하는 인간, 창조적 인간, 도덕적 인간을 제시함 | |

표 28. 고등학교 도덕과 통일 교육 내용

차지하면서 좀 더 본격적으로 다루어지고 있는 점이 바로 그것이다.

따라서 통일 교육론의 체계적 적용을 위해서는 앞의 "실천적 통일 교육 체계"의 내용에 비추어 보완해야 할 것이다. 내용 서술에 있어서 고등학생의 발달 단계를 고려해야 하는 것은 당연하다.

3. 기타 제안된 내용 체계

국가 공식 체계는 아니지만 한국교육개발원에서 제시한 통일 교육 내용 체계(I, II)를 보면 다음과 같다.

〔체계 I〕(이돈희 외, 1996)

· 북한의 현실 인식 및 남북한 비교 ― 분단의 배경과 과정, 북한의 현실과 남북한 비교(북한 사회의 자연, 정치 경제 등 현실과 북한 주민의 생활상 및 그 비교), 북한 청소년과 남북한 비교, 민족의 동질성 인식
· 통일을 위한 과정 ― 통일의 필요성 인식, 통일을 위한 노력(노력

과 문제점, 교류의 과정과 전망), 통일의 여건 인식, 국가 안보 상황의 인식(남북 관계 안보 상황, 한반도 주변 상황)
· 통일 사회에의 적응 ― 통일 후의 사회 전망(통일 과정의 사회 혼란과 갈등 양상, 남북한 사회의 상호 이해와 협력 추구), 남북한의 사회 통합과 적응(정치 경제 사회 통합과 적응, 사회적 다양성의 존중과 공존), 통일 국가의 미래상, 통일 사회의 준비

〔체계 II〕(한만길 외, 1998)

· 분단과 전쟁 ― 분단과 전쟁의 배경, 분단과 전쟁의 폐해, 통일의 필요성
· 북한 사회와 주민 생활의 이해 ― 북한의 정치 · 경제 · 교육, 사회 생활과 청소년 생활
· 화해와 협력 ― 통일을 위한 노력, 교류의 활성화, 남북 간 인도적 해결 노력
· 평화와 통일 ― 통일 여건, 통일을 위한 자세와 준비, 통일의 미래

한만길의 내용 구성 체계는 1997년 수탁 연구보다 1998년 연구 체계에서 상당한 진전을 보이고 있는 것이 명확하다. 1997년의 자료에서는 I. 분단 현실의 인식, II. 통일을 위한 노력, III. 통일 사회의 전망과 대비로 이루어져 있다. 이는 1996년에 발표된 이돈희의 목차와 비슷하다(한만길 외, 1997 참조). 하지만, 1998년 연구 자료에서는 북한 사회와 주민 생활의 이해를 위한 단원이 추가되어 있다.

한국교육개발원의 통일 교육 내용 체계 역시 북한 사회에 대한 이해, 통일 문제들에 대한 이해, 통일 이후의 민족 통합 논의 등으로 이루어져 있어서 통일 교육의 내용 체계가 지나치게 정치적 내용 중심이었던

것에서 벗어나려는 노력을 한 것으로 평가할 수 있다. 특히, 북한의 생활 문화에 대한 이해 영역은 상당한 진전이 있는 것으로 판단하여도 무방할 것이다.

앞에서 살펴보았듯이, 현재 시행되고 있는 통일 교육의 내용 체계는 통일 교육의 이념과 목표 체계의 관점에서 보면 부분적이고 지엽적인 내용 체계라고 할 수 있다. 더구나, 현재의 다양한 통일 교육 관련 논의를 수용하지도 못하고 있다. 대표적인 것이 평화 교육 이념의 영역이다. 통일 교육을 지나치게 정치적 영역으로 한정하는 한계점을 갖고 있다. 현재 시행되고 있는 통일교육원의 통일 교육 내용도 이러한 체계 속에 있다.

교육 내용의 선정 기준에 대해서는 다음과 같은 제안을 의미 있게 해석할 수 있어야 할 것이다. 첫째, 교육 대상에 대한 타당성이다. 내용 선정과 조직이 교육 대상 집단의 특성에 비추어 타당한가의 여부는 교육 대상의 심리학과 사회학으로 설명할 수 있는 특성에 비추어 효율적으로 수용할 수 있는 조건에 부합하여야 한다. 둘째, 교육 계획의 타당성이다. 선정된 교과 내용과 조직이 달성하고자 하는 목표, 교육 활동의 형식과 시간, 주어진 환경과 여건, 교육 활동에 대한 사회적 동기 등에 비추어 유의미하고 기술적으로 가능하며 효율적인 것이어야 한다. 셋째, 교육 방법의 타당성이다(이돈희, 1994, pp. 29-30 참조). 통일 교육의 내용 체계가 논리 일관성을 가지려면, 크게 다음과 같은 세 영역을 구현하는 내용으로 구성되어야 할 것이다.

· 민족 공동체 통합을 위한 내용 영역 — 한국학적 영역(민족의 특성, 문화적 전통, 남북 역사 인식 비교 이해 등), 사회·문화적 영역(언어 및 의·식·주의 생활 구조, 의식 특성, 레저 영역, 유아·청소년·일반 주민들의 생활 영역 이해).

- 자유 민주주의 이념 구현을 위한 내용 영역 — 이데올로기 영역 (자유주의와 민주주의를 포함한 다양한 이념), 정치학적 영역(정치 구조, 통일 정책, 규범 체계…), 가치 덕목 영역(관용, 다양성 덕목 영역), 인권 관련 영역, 시민의 자질에 관한 영역 등.
- 평화의 이념을 구현하기 위한 내용 영역 — 물리적 폭력 예방 영역, 전쟁 방지를 위한 안보 영역(소극적 평화 영역), 적극적 평화 구현 영역(인권, 환경, 민주주의, 마음의 장벽 허물기), 통합적 평화 교육 영역(개인의 평화 교육을 국가의 평화 해결 영역으로 확장하기).

한편, 이러한 내용 영역에 대한 구성 체계도 고민하여야 할 문제이다. 주제 중심 또는 이슈 중심으로 접근할 것인가, 지식 체계 중심으로 접근할 것인가, 생활 영역 확대의 논리로 접근할 것인가 또는 프로그램 방식으로 접근할 것인가 등의 문제도 고려되어야 한다. 이들 내용 구성 체계는 내용의 전달 과정에서 전혀 다른 효과를 낼 수 있다(정세구, 1999b; 신현우, 2001. 참조).

현재 통일 교육 내용에 대한 다양한 접근은 평화 교육적 접근, 공동체주의적 접근, 덕목 중심의 접근, 주제 중심의 접근, 인권 교육적 접근, 시민 교육적 접근, 정치 교육적 접근(이데올로기적 접근) 등이 논의되고 있다. 위에서 살펴본 『통일 교육 기본 지침서』(통일부), 제7차 『도덕』 교과서(교육부)의 통일 교육 내용 체계는 좁게는 정치 교육적 접근의 테두리를 벗어나지 못하고 있다고 할 수 있다. 이러한 접근에 대한 논의는 통일 교육의 지도 방법(교수-학습 방법)에도 중요한 근거로서 작용하게 된다.

III. 실천적 통일 교육론 체계

통일 교육 과정의 구체적 체계 모형은 통일 교육론의 체계화의 논리를 구현하는 것이어야 한다. 이때 고려해야 할 사항은 통일 교육의 체계화에 부합하는 교육 이론의 구조 틀이다. 다시 말해, 통일 교육의 적합성 이론(통일 교육의 목적, 성격, 평가론), 통일 교육의 교육 상황 이론(통일 교육의 학교 환경, 사회 환경), 통일 교육의 교수 이론(통일 교육의 이념 및 목적, 통일 교육의 내용 요소론, 통일 교육의 교수 방법 및 평가 방법론)을 구현할 수 있어야 한다.

이러한 내용들은 이미 부분적으로 각 영역을 분석하면서 언급하였다. 특히, 통일 교육의 내용 체계를 분석하는 부분에서 현재의 이념 및 목표, 내용 체계, 교수 방법론 등의 실제를 분석하면서 대안적인 언급을 한 것들도 있다. 여기에서는 그것들을 정리하는 차원에서 제시하고자 한다.

먼저, 통일 교육의 적합성 이론이라고 명명된 통일 교육의 정당화와 관련하여서는 '통일 교육의 역사론,' '통일 교육의 사회·문화적 배경론,' '비교 통일 교육론'(또는 분단국의 통일 교육론)이 고려될 수 있다.

다음으로, 통일 교육 상황 이론과 관련한 통일 교육 환경 관련 과목으로는 '통일 교육과 가정 환경론,' '통일 교육과 학교 환경론,' '통일 교육과 사회 환경론'이 고려될 수 있다. 이들을 하나로 통합하여 '통일 교육 환경론' 또는 '환경과 통일 교육'이라고 부를 수도 있을 것이다.

마지막으로, 통일 교육의 교수 이론과 관련하여서는 교과목을 다양하게 구성할 수 있다. 일반적으로 이 영역은, 기존의 연구 결과, 발달된 과정 구성이 가능하기 때문이다. 이 영역에서는 다른 어떤 영역보다 통일 교육의 내용 요소들이 다양하게 구성될 수 있다.

통일 교육의 내용 요소들이 이념과 목표와 관련하여 체계적이고 논리적인 일관성을 가지려면 크게 다음과 같은 세 영역을 구현하는 내용으로 구성되어야 할 것이다.

· 민족 공동체 통합을 위한 내용 영역 — 한국학적 영역으로 남북 생활 문화 비교론, 남북 역사 인식의 비교, 남북 규범 문화의 이해론, 남북 청소년 가치론, 민족 공동체 교육론 등 한국학적 영역(민족의 특성, 문화적 전통, 남북 역사 인식 비교 이해 등), 사회·문화적 영역(언어 및 의·식·주의 생활 구조, 의식 특성, 레저 영역, 유아·청소년·일반 주민들의 생활 영역 이해)을 다룰 수 있는 내용 구성이 가능하다.
· 자유 민주주의 이념 구현을 위한 내용 영역 — 이데올로기 연구, 남북의 통일 정책론, 시민 교육론, 민주주의론 등 이데올로기 영역(자유주의와 민주주의를 포함한 다양한 이념), 정치학적 영역(정치 구조, 통일 정책, 규범 체계…), 가치 덕목 영역(관용, 다양성 덕목 영역), 인권 관련 영역, 시민의 자질에 관한 영역을 다룰 수 있는 내용 구성이 가능하다.
· 평화의 이념을 구현하기 위한 내용 영역 — 평화 교육의 이론과 실천, 갈등 해결, 인권과 평화 등 물리적 폭력 예방 영역, 전쟁 방지를 위한 안보 영역(소극적 평화 영역), 적극적 평화 구현 영역(인권, 환경, 민주주의, 마음의 장벽 허물기), 통합적 평화 교육 영역(개인의 평화 교육이 국가의 평화 해결 영역으로 확장되는 것)을 다룰 수 있는 내용 구성 역시 가능하다.

이외에도 통일 교육의 교수 이론에 근거하여 그 교육 내용으로 구성되어야 할 것들은 '통일 교육의 교수 목표론,' '통일 교육의 교수–학습

방법론,’ ‘통일 교육의 교수 자료론,’ ‘통일 교육의 평가론,’ ‘통일 교육
교사론’ 등이 있다.

제3장

통일 교육의 교수-학습 방법론

I. 교수-학습 방법론의 의의

교과 교육의 지도 방법론은 교과 교육을 가르치는 행위와 직결된 "교육적 명제들" 중 "방법method"에 관한 것이다(이돈희, 1994). 다시 말하면, 일정한 기준에 의해 선정된 교과 내용을 학습시키기 위하여 어떤 방법적 원리를 적용할 것인가의 과제를 말한다.

교수-학습 방법은 교육 내용의 조직과 관련하여 교육 방법의 타당성을 모색하는 것이다. 교육 방법에 관해서는 조직된 내용의 학습을 가능하게 하느냐의 여부도 중요하지만, 얼마나 효율적으로 목표 달성을 가능하게 하느냐 하는 것도 중요하다. 또한 적용된 교수-학습 방법에 의해 나타나는 역기능을 얼마나 최소화하느냐의 문제도 충분히 고려하여야 한다. 모든 교육 방법은 적극적 기능과 더불어 역기능적인 부분도 있으므로, 적극적 기능을 최대화하고 역기능을 최소화하는 방향으로 교수-학습 방법을 채택하여야 한다.

교육 방법은 교육 내용을 효율적으로 구현하기 위한 것이다. 하지만 교육 내용의 조직은 그것을 효과적으로 달성할 수 있는 방법이나 방법적 원리에 의해 달라질 수도 있다. 우리가 이 시점에서 통일 교육의 교수-학습 방법론에 관심을 가져야 하는 이유는 바로 그 때문이다. 일반적인 교수-학습 방법에 대한 탐구가 통일 교육에서도 중요하며, 동시에 통일 교육의 내용 체계에 부응하는 교수-학습 방법론을 모색해야 한다는 논리인 것이다.

일반적으로 바람직한 교수 방법의 조건을 제시하면 다음과 같다(정세구 외 3인, 1999). 첫째, 학습자는 목적을 추구하는 유기체이므로 교수 목표의 명확성과 일관성이 유지되는 수업이 되어야 한다. 왜냐하면 학습자에게 수업의 목표가 명확하고 일관성 있게 제시되면, 그 목표에 따라서 교수-학습 과정이 효과적으로 전개되기 때문이다.

둘째, 학습자는 통합된 전일적 존재이므로 민주적인 인간관계를 유지하는 수업이어야 한다. 왜냐하면 민주적인 인간관계가 유지되는 수업에서는 학습자의 지적, 정서적, 사회적, 신체적 발달이 조화롭게 이루어질 수 있기 때문이다.

셋째, 학습자는 활동적이고 탐구적인 존재이므로 탐구 태도를 중시하는 수업이어야 한다. 주어진 교육 내용만을 숙지하였다고 해서 수업 과정이 끝나는 것이 아니라 평생 교육의 차원에서 학습·연구 태도의 기초를 길러주는 것이 중요한 방법이라고 할 수 있다.

넷째, 학습자는 탐구적인 존재이므로 학습 결과의 정착을 중시하는 수업이어야 한다. 일련의 교수 과정을 거치고 나면, 수업 목표를 중심으로 학습자의 관점이나 사고방식 또는 행동 등의 변화를 가져오게 되는데, 그러한 변화는 일시적이어서는 안 되고, 지속적으로 유지되고 또한 사고 기능을 확산시켜 줄 수 있어야 한다.

다섯째, 학습자는 통합된 유기체로서 동시 학습을 수행하게 되므로 학습의 전이력을 높여 주는 수업이어야 한다. 특히 현대 사회는 급속하게 변화, 발전하고 있으므로 학습 결과 자체가 잘 정착되는 것만으로는 불충분하며, 학습 결과의 전이력을 높여 줄 수 있도록 학습자에게 연구·노력하는 자세를 길러 주는 것이 좋은 수업이다.

여섯째, 학습자의 흥미와 능력 수준은 각기 다르기 때문에 탄력성 있는 수업이어야 한다. 수업 과정에서 학습자가 갖게 되는 자발적인 요구나 흥미, 질문은 충분히 성장·발전할 수 있도록 자극되고 지도되어야 한다. 학습자들은 그들 나름의 인격 소유자이다. 이러한 인격이 교수자로부터 부당하게 침해됨이 없이 발전 가능한 잠재력을 충분히 신장할 수 있도록 해야 한다.

일곱째, 학습자는 지적 능력, 성격, 흥미 등의 다양한 심리적 특성 면에서 개인차를 나타내므로 학습자들의 개인차에 알맞은 수업이 이루어져야 한다. 특히 학습 진단과 학습 결과를 계속 확인하고, 그 결과에 따라 학습자별로 개별적 처방이 잘 이루어질수록 좋은 교수 방법이라고 할 수 있다.

그 외에도 교수자가 교수 방법을 선택하는 데 고려하여야 할 사항은 다양하다. 피교육자의 사회학적·심리학적 특성, 인지적·정의적 특성, 문화에 대한 이해의 정도 등이 고려되어야 할 것이고, 한편 교수자의 경험, 교수자의 인지적·정의적 특성도 고려되어야 한다. 여기에 교수 행위가 이루어지는 환경적 요인도 고려하여야 한다(황정규, 1994).

그간 통일 교육이 지속적으로 이루어졌으나, 그 효과에 대해서는 의문이다. 실제로 정부나 민간단체에서 통일 교육을 위해 상당한 노력을 경주했음에도 불구하고 여전히 통일 문제에 대해서 무관심한 층이 상존하고 있다. 통계 자료를 해석할 때 주의할 점은 '통일 문제에 대한 대화' 정도에서 '자주한다'(1992: 1.2%-2001: 0.5%), '가끔 한다'(1992: 7.0%-2001: 7.6%)로 나타난 것은 큰 변화가 없지만, 상대적으로 다른 담론(학업 문제: 67.2%, 여가와 문화에 대한 문제: 68.7%)과는 현격한 차이가 난다(길은배, 2002 참조). 여기에는 여러 가지 요인이 있겠지만, 방법적 탐구에서 미진한 부분도 그중 하나일 것이다.

2000년 청소년 통일 의식 조사에서, 청소년들은 학교 교육을 통한 통일 교육에 대해 '불만이다'(49.1%), '그저 그렇다'(44.0%) 등 부정적 견해를 갖고 있으며, 그 이유로는 '교육 내용이 재미가 없어서'(31.4%), '수업 방법이 흥미를 끌지 못해서'(37.4%) 등이 제시되었다. 한편, 4년 후의 자료인 2004년 청소년 통일 의식 조사(민주평화통일정책자문회의, 2004)에서도 학교 통일 교육에 대해서 '만족하지 못한다'(69.3%)로 나타났고, 그 이유로 '선생님의 설명이 불충분하다'(25.4%)거나 '수업 방식이 지루하다'(23.5%) 등의 응답을 했다. 결국, 10명 중 4-5명 정도가 수업 방식에 대해서 만족스럽지 못하다는 평가를 내리고 있는 것이다.

새로운 접근 방식의 통일 교육을 시도할 때에도 그러한 문제점을 인식하여 교수 방법에 지대한 관심을 쏟고 이를 개선하려고 했던 것이 사실이다. 그러한 노력의 대표적인 예가 '생활 문화 접근법'이었고, 그것은 교육 현장을 중심으로 일어났다.

그러나 교육 현장에는 여전히 기존의 교수-학습 방법을 통일 교육의 장에 접목하려는 시도가 보편적이라고 할 수 있다. 현재의 통일 교육 교수 방법 중 가장 널리 활용되고 있는 것이 '강의식'(51.9%)이고, 이어 '시청각'(33.1%), '토론식'(12.5%), '현장 학습'(2.5%) 순으로 나타나고 있는 조사 결과만 봐도 명확하다(민주평화통일정책자문회의 사무처, 2004. 9).

학자들 사이에서도 통일 교육 교수 방법 및 교수 기법의 개선을 요구하고 있다. 피교육자의 능동적인 참여를 유도하기 위하여 단순 강의보다는 토론과 대담 및 상황극이나 컴퓨터 프로그램 개발 방법이 시도되어야 한다거나(이우영, 1998), 강의 중심에서 벗어나기 위해서 시청각 자료 활용, 시사 자료 활용, 토론식 수업, 가상현실 체험, 현장 답사, 단체 활동 참여 등의 방법이 사용되어야 한다(한만길, 1998)고 하였다.

이러한 요구를 수용하여 체계적인 통일 교육 교수 기법을 정리한 연구도 있다(정세구 외 3인, 1999). 또한, 『통일 교육 기본 지침서』(2004)에는 통일 교육의 영역별 내용 체계에 부합하는 교수-학습 방법을 다양한 프로그램과 함께 제시하고 있다. 동시에 지침서 부록에는 통일 교육의 내용 접근별 교수-학습 방법도 소개하고 있다.

이러한 사실은 기존의 방법들이 문제가 있다는 것을 의미하기보다는 내용 체계에 부합하는 방식으로의 적용 설계가 부족한 데서 기인하는 측면도 있다. 왜냐하면, 기존의 강의식 또는 토론식 방식에 최근의 시청각적 방법이나 현장 학습 같은 체험 학습이 널리 활용되고 있음에도 불구하고 통일 교육에 대해 지루하다거나 부정적인 시각을 갖고 있는 것은 바로 그러한 요인 때문일 것이다.

실제로 학교 통일 교육의 실상을 보면, 우리나라의 통일 교육은 주로 교과를 통한 통일 교육보다는 교과 외의 형태로 진행되고 있는 실정인데, 이것은 일시적 효과로 끝나는 경우가 많다. 이것도 하나의 요인이다. 이러한 행사성 통일 교육의 형태로는 학급 조회 및 H. R. 시간을 통한 5분 훈화 교육, 교양 강좌 시간에 탈북자를 통한 간접 체험 교육, 통일 연구반, 통일 영상반 등의 클럽 활동 편성 활동, 축제 기간의 전시회, 게시판을 통한 사진 전시, 통일 자료실을 통한 자료 열람 및 비치, 계기 교육 자료를 통한 자료 교육, 그 외에도 통일 백일장, 북한 학생에게 편지 쓰기, 통일 마라톤 행사, 통일 퀴즈 대회, 통일 전망대 방문, 통일 캠프 행사 참여, 전방 체험 행사, 북한 언어 배우기 전시회 등이 있다. 이것은 편리하고 즉각적인 분위기를 조성하는 데는 유용하나, 인식적 측면에서의 체계성은 부족하다. 통일 교육 내용이 학생들의 판단력을 향상시키고 지속적인 변화를 추구하는 프로그램 형태의 과업이 되려면 행사를 통한 분위기 조성과 더불어 교과를 통한 통일 교육이 병행되어야 한다(황인표, 2000c).

이 장에서는 이러한 인식 위에 통일 교육 내용 체계에 따른 일반적 교수-학습 방법에 대해서 검토하고 그에 부합하는 영역별 통일 교육의 실제 적용 방안을 탐색하도록 하겠다.

II. 통일 교육의 일반적 교수-학습 방법

통일 교육 영역에 대해서도 일반 교과 교육학에서 사용하고 있는 교수-학습 방법을 교수 과정에서 활용할 수 있는 것은 당연하다. 이 경우, 수업 적용 설계를 얼마나 통일 교육의 구현 목적과 내용에 맞게 구성하느냐의 문제만 남는다. 한편, 통일 교육 내용 영역의 특수성에 따라 교수 방법 및 기법이 적용되어야 하는 것도 있다. 예를 들면, 평화 교육적 접근의 '갈등 해결 방법'과 같은 것이다.

1. 토의식 교수 기법

토의식 교수 기법의 이론적 배경으로는 구성주의constructivism 이론과 의사소통 이론을 들 수 있다. 교육학에서 구성주의 이론은 학습자가 학문적 지식을 능동적으로 구성한다는 접근으로서, 학습자 주위 세계와 학습자와의 상호 작용을 강조한다(강인애, 1997). 하버마스Habermas가 주장하고 있는 의사소통 능력이란, 담화談話 행위에 성공적으로 종사하는 능력, 즉 담화에서 문장의 사용 조건을 완수하는 데 필요한 담화의 규칙들에 능숙하게 되는 능력이다

토의식 교수 기법은 근본적으로 교수자와 학습자 간의 그리고 학습자들 간의 상호 작용을 전제로 하는 것으로서 교수-학습에 참여하는

모든 학습 구성원들의 자발성, 창의성 및 미지에 대한 인내성 등을 요구하는 고도의 수업 방법이다. 토의식 교수 기법에서 교수자와 학습자 모두 의사소통 기능과 대인 관계 기능의 함양이 중요한 목표의 하나이기도 하지만, 또 그 자체가 토의 학습의 성공의 관건이 된다.

토의식 교수 기법의 성격은 다음과 같이 네 가지로 정리할 수 있다.

첫째, 상호 작용의 원리이다. 토의 과정을 통하여 학생들은 교사와 다른 학생들로부터 새로운 정보를 획득하고 배우는 기회를 가질 수 있다.

둘째, 연대성의 원리이다. 토의식 교수 기법의 대(對) 분단 토의 등을 통하여 학습자들은 그 집단 속에서의 수용감, 소속감 또는 연대 의식 등을 얻을 수 있으며, 집단에 대한 긍정적 태도를 갖는다.

셋째, 참여 및 협동의 원리로서 토의 학습 방법은 여러 가지 사회적 기능과 태도를 배양시켜 줄 수 있다. 그 모습은 토의 집단의 크기에 따라 다양한 모습으로 나타난다.

넷째, 토의 집단을 위한 물리적 조건들이 정비되어야 한다. 대체로 원형 형태를 취하여 토의를 진행할 수도 있고 또는 토의 주제에 따라 다양한 구조를 갖출 수도 있다. 일반적으로 토의 학습은 다음의 단계를 거친다.

토의 준비 단계(토론 계획, 토의 절차에 대한 설명) ⇒ 토의 활동 단계(교사에 의한 적절한 중재 필요) ⇒ 토의 결과 발표 및 요약 단계 ⇒ 반성적 평가(토론 결과 및 토론 진행상의 내용 평가) 단계

토의식 교수 기법 유형으로는 비형식적 토의 기법, 형식적 토의 기법, 소집단 토의 기법 등이 있으며(정세구 외, 1999), 통일 교육에서는 찬반 토론, 의사 결정하기, 최적 방안 찾기, 유비 토의 등을 활용할 수

있을 것이다(박찬석 외 7인, 2000).

예를 들어, 비형식적 토의 기법을 활용한 찬반 토론의 주제로는 "금강산 관광을 계속해야 하는가?" "북한의 역사 인식을 어떻게 볼 것인가?" 같은 시사성 있는 형태를 제시할 수 있을 것이다. 정세구 외 3인의 연구에서는 토의식 기법과 탐구식 기법은 거의 같은 것으로 볼 수 있다고 하면서, 토의 탐구식 기법을 통일 교수 기법으로 소개하고 있다(정세구 외 3인, 1999, pp. 62-98 참조).

2. 협동 학습 기법

협동 학습은 기본 요소에 따라 다양한 형태를 띠는데, 가장 핵심적인 가치는 개인의 성취를 집단의 성취로 바꾸고자 하는 것이다. 협동 학습은 인종 간의 갈등을 약화시키고 원만한 인간관계와 학습 효과 증진을 목적으로 진행된다. 다만, 개인차를 어떻게 구현하느냐에 따라 그 구체적 실현 방법이 달라진다. 협동 학습에서 가장 중요시되는 것은 구성원 간의 긍정적인 상호 작용을 활성화시키는 것이다.

협동 학습의 유형에는 다양한 형태가 개발되어 있는데, 역할을 세분하고 구성원 모두가 특정한 역할을 맡게 함으로써 구성원들의 상호 작용이 이루어지게 하는 협력 프로젝트CP 유형과 집단 간의 경쟁을 통해 구성원 간의 상호 작용을 극대화함으로써 협동 학습의 효과를 높이고자 하는 학생 팀 학습STL 유형이 있다.

슬래빈Slavin을 중심으로 존스 홉킨스 대학에서 고안한 학생 팀 학습 유형에 따르면, 소집단의 구성원들이 상호 작용을 극대화하기 위해서는 다음과 같은 조건이 필요하다고 한다(변영계·김용환, 1996).

첫째, 개인의 목표 달성도 집단의 목표 달성 여부에 의존하게 하여 상호 협동이 이루어질 수 있도록 하는 집단 목표가 있어야 한다. 둘째,

개인은 개인으로 끝나지 않고 다른 사람에게 책임을 지는 개별적 책무가 있어야 한다. 셋째, 능력 차에 상관없이 누구나 집단의 성공에 기여할 수 있는 기회가 주어져야 한다. 넷째, 팀 간에 경쟁이 있어야 한다. 다섯째, 과제의 세분화를 통하여 모든 구성원이 참여하게 해야 한다.

이러한 협동 학습의 이론적 배경으로는 크게 사회적 상호 작용 이론, 인지 발달 이론, 그리고 행동주의 이론 등을 들고 있다. 협동 학습은 여러 유형이 있으나, 대체로 다음의 단계를 거친다(집단 탐구 모형을 전제로 한 것이다).

> 수업 진행 계획 작성(교사) 단계 ⇒ 소집단 편성 및 주제 선정 단계 ⇒ 탐구 계획 수립과 역할 분담 단계 ⇒ 소집단별 탐구 활동 난계 ⇒ 탐구 결과의 정리 및 발표 단계 ⇒ 반성적 평가의 단계

이러한 일반적 단계에도 불구하고 필요할 경우 교사는 구체적인 단계를 추가할 수 있다. 이러한 협동 학습 기법으로는 조각 맞추기, 집단 탐구 발표, 성취 과제 분담 모형, 팀 토너먼트 게임, 팀 보조 개별 학습, 집단 조사, 함께 학습하기 등 다양하다. 이들을 통일 교육에 적절히 활용할 수 있을 것이다.

3. 포트폴리오 학습 기법

관청의 서류를 나르는 가방을 의미하는 포트폴리오portfolio는 처음에는 집게나 보관함에 들어 있는 서류, 또는 수집한 작품을 의미하거나 타인에 의해 관찰되는 특정인의 모습이라는 개념으로 활용되었다. 포트폴리오 평가와 가장 유사한 것은 예술가들의 포트폴리오였다(Marzano, R. J., Pickering, D. J., and McTighe, J., 1993, p. 41). 교육 평가 분

야에서 통용되는 포트폴리오란 의도된 계획과 목적 하에 한 개인의 학습, 성취, 발달 등을 나타낼 수 있는 그 사람의 작품, 수행 결과, 기록물들의 모음집을 의미한다고 할 수 있다(황인표, 2000a; 2005b).

"포트폴리오는 한 개인의 기술, 아이디어, 홍미, 성취의 증거를 담고 있는 그릇이다"(Hart, 1994, p. 23).
"포트폴리오는 자신이 진정으로 할 수 있는 것을 보여 주는 방식이다"(Tombari, M. L. & Borich, G. D., 1999, p. 165).
"포트폴리오란 학생의 노력, 진보, 한 영역 또는 그 이상의 영역에서의 성취를 보여 주는 학생 작품의 의도적 모음이다"(Nathan, 1995, p. 6).
"포트폴리오란 특정 분야에서의 학생의 성취, 진보, 노력 등을 나타낼 수 있는 학생의 작품을 의도적으로 수집한 것이다"(Arter, 1996).
"포트폴리오란 여러 환경에 처해 있는 학생들의 생각, 관심, 노력, 목표를 보여 주는 작품을 다채롭게 수합해 놓은 것"(Hill, B. C., & Ruptic, C., 1994, p. 32).
"학습 목표 성취도의 진보를 증명하기 위해 학생의 산출물을 수집하고 평가하는 의도적이고 체계적인 과정"(McMillan, 1997, p. 231).
"어떤 주어진 영역에서 학생의 노력, 진보, 또는 성취를 나타내는 작품들을 목적적으로 수합한 것이다. 이러한 모음에는 포트폴리오 내용을 선택하는 데 학생이 참여하여야 하고 선택을 위한 가이드라인과 판단 이익에 대한 규준, 학생 자신의 반성적 사고의 증거를 반드시 포함하여야 한다"(Arter & Spandel).

포트폴리오는 이론적으로 상대주의적 진리관과 구성주의 교육 이론을 배경으로 하고 있다. 구성주의에서, 개인은 특정한 사회적 경험과 배경을 바탕으로 자신의 인지적 작용을 통하여 주어진 사회 현상의 이해를 지속적으로 구성해 가고, 그 결과로 생기는 것이 지식이라고 본다. 스피비Spivey는 구성주의적 활동을 목수의 작업에 견주어서, 읽기와 쓰기를 건물을 짓고 그 모양을 다듬는 작업에, 의미와 지식을 구성하는 활동을 건물의 구조를 잡고 배치하는 작업에 비유하였다(Spivey, 1995). 구성주의의 상대적 인식론은 이러한 "개별성"과 "사회성"이 혼합된 형태가 된다. 그러나 그럼에도 불구하고 기존의 객관주의의 절대적 인식론에서 주장하는 "보편성"과 "일반성"과는 분명히 구분되는 것이다.

원칙적으로 포트폴리오는 장기간의 시간을 요구하는 것이 원칙이다. 그러나 현실적 필요에 의해 적절한 시간 조절을 통하여 그 시간을 줄일 수 있다. 한 학기 또는 한 학년의 시간 계획으로 수업을 진행하고자 할 때 대단히 유용한 방법이다. 대체로 다음과 같은 절차를 통하여 수업이 진행된다.

포트폴리오 구성(평가 목적, 수행 가능성) ⇒ 포트폴리오 구성 주체 간의 합의 ⇒ 평가 준거 설정, 제시 ⇒ 포트폴리오 진행 ⇒ 중간 점검을 통한 수정 ⇒ 포트폴리오 물 제출 ⇒ 반성적 평가의 단계

포트폴리오는 구성(평가 목적)하는 시기에 따라 과정 포트폴리오, 결과 포트폴리오 등 여러 분류가 있다. 구체적인 적용 사례는 다음 장의 평가론에서 제시한다.

4. 체험 학습 기법

체험 학습의 효시는 미국 필라델피아라고 알려져 있다. 그들은 대부분의 학습을 학교 밖에서 시행했다. 지역 사회의 기관이나 공공시설,

그리고 기업체에서 교사와 교실을 준비하고, 학교는 현장에서의 학습 활동을 평가해서 그에 따른 단위 점수를 부여하는 방식이었다. 이와 같은 학습 형태는 나중에 '벽이 없는 학교'라고 명명되었다. 그 후 뉴욕 시의 공립 고등학교에 C.A.S(City As School)라는 대표적인 체험 학급이 개설되어 본격적인 관심을 끌게 되었다고 한다. 이 학교에서는 뉴욕 시 전체를 학습장으로 하여 체험 학습을 시행하였다.

체험 학습은 인지 발달 이론과 다중 지능 이론을 배경으로 한다. 피아제는 아동들이 지식을 발견하고 사고 기능을 발달시키는 최선의 방법으로 환경과의 상호 작용에 기초를 둔 체험 학습을 강조했다. 종래의 지능 이론가들은 인간의 능력을 일차원적이고 고정적이라 생각하였다. 하지만 최근 이론에 따르면, 인간은 다차원적이며 유동적이기 때문에 개별 학습자들은 다양한 소질과 재능을 가지고 있다는 생각이 널리 퍼져 있다. 가드너에 의하면, 인간의 지능은 한 가지 종류가 아니며 비교적 독립적인 일곱 가지로 구성되어 있어서 과거에 강조한 한두 가지 영역에서 두각을 나타내지 못한 사람의 경우에도 또 다른 영역에서 두각을 나타낼 수 있다는 것이다. 이처럼 다양한 능력을 가진 인간이 정형화된 틀 속에서 반응을 보이기를 기대하는 것은 올바른 평가 내지는 측정이 아니다.

위의 결과가 말해 주듯이, 체험 학습은 다른 수업 모형에 비해서 학습 과정에서 그 효과가 크다고 할 수 있다. 체험 학습은 단순한 체험 활동 자체로도 가치를 지닐 수 있으나, 교육적 성과를 달성하기 위해서는 체계적인 프로그램 과정programing process이 필요하다. 일반적으로 체험 학습은 다음의 단계를 거치는 것으로 볼 수 있다.

> 주제 선정(견학 또는 견습, 체험) ⇒ 학습 계획 수립(견학 내용 및 체크 사항)
> ⇒ 체험 활동 ⇒ 체험의 발표 및 일반화 ⇒ 반성적 평가(체험 과정 및 주제
> 등에 대한 반성)의 단계

체험 학습의 유형은 직접 체험 학습과 간접 체험 학습, 또는 시각
체험 학습, 실습 체험 학습으로 분류할 수 있다. 통일 교육에서는 이해
단계에서 특히 체험 학습의 필요성이 높다고 할 수 있다. 객관적 이해
교육의 단계에서는 교수자에 의한 피사체의 전달이 자칫 전달자의 의
도나 시각에 의해 왜곡될 가능성이 있기 때문이다.

5. 멀티미디어 활용 학습 기법

최근 개인의 성장 과정의 차이와 새로운 지식 기반 사회로의 전환에
따른 학생 개개인의 교육은 기존의 일반적 교육 형태를 통해서는 효과
를 보기 어려운 시점에 이르렀다. 개성이 강한 청소년의 속성과 첨단
과학 기술의 발달은 학습자를 수동적 역할에서 능동적이고 적극적인
역할로 변화시키고 있다. 첨단 과학 기술은 다양한 기기나 매체를 만들
어 내고, 그것은 청소년들의 감성과 태도를 변화시키고 있다. 그리하여
최근의 청소년들을 영상 세대 또는 미디어 세대라고도 부른다.

그러한 첨단 과학의 산물인 멀티미디어 활용 학습은 컴퓨터의 등장
과 밀접한 관련이 있다. 원래 멀티미디어란 다중 매체를 뜻하는 것이었
으나, 컴퓨터의 등장과 함께 그 개념이 변하고 있는데, 그것은 기존의
TV 정보와 더불어 컴퓨터의 기본 정보들을 동시에 제시할 수 있는 체
제를 뜻한다. 그러므로 멀티미디어란 컴퓨터를 바탕으로 한 새로운 형
태의 복합 매체인 동시에 테크놀로지를 바탕으로 한 새로운 형태의 사
고 체계라고 할 수 있다(김영환, 1997).

멀티미디어 학습 기법은 교수자(교사)-내용-피교수자(학생)의 관계에서 다양한 매체의 보조 장치들을 활용한다는 특성을 가진다. 이것은 피교육자와의 관계에 있어서는 시선의 지속 시간, 쌍방향성 커뮤니케이션의 활용 가능성 등 새로운 관계를 창출하고, 사용자(교육자)는 다양한 정보를 수집·편집·재생해 냄으로써 사용자 중심의 시스템을 구축한다.

아직은 완전하다고 할 수 없으나, 우리나라도 어느 정도 교단 선진화가 정착되고 있는 단계이고, 학생과 교사의 정보 활용 능력이 상당한 수준에 이른 상태이므로 멀티미디어 활용 학습의 가능성은 크다고 할 수 있다.

이러한 멀티미디어 활용 교육은 구성주의 이론과 체험 학습 이론을 배경으로 한다고 하겠다(정세구 외 3인, 1999). 멀티미디어 활용 교육은 학생들이 스스로 주어진 과제를 해결하거나 완성한다는 점에서 자기 주도적 학습을 가능케 한다. 최근, 수행 과정이 주요한 평가 요소로 등장하고 있는 상황에서, 이는 저장형 인간보다 탐색적 인간에 더 부합하는 중요한 방법으로 여겨진다.

멀티미디어 활용 학습은 구현하고자 하는 내용이 정보 기술을 매개로 하느냐 아니면 정보 기술을 활용하느냐에 따라 수업 진행이 달라질 수 있다. 일반적인 절차를 보면 다음과 같다.

참가자 구성(팀 또는 개인 및 지도자) 단계 ⇒ 수업 계획(수업 진행에 관한 로거리듬) 단계 ⇒ 조정(조정자들의 적절한 간섭) 단계 ⇒ 결과 발표 단계 ⇒ 반성적 평가의 단계

통일 교육에서는 '북한의 정치, 경제, 사회, 문화, 교육 분야별 실태에 관한 정보 사냥 대회,' '전자 게시판'을 이용한 심포지엄, 컴퓨터 시

뮬레이션의 기법을 이용한 '북한 가정생활 가상 체험' 등의 방법을 적
용할 수 있다.

III. 통일 교육 체계에 따른 교수-학습 방법

앞서 언급한 바와 같이 통일 교육에도 일반 교과 교육의 교수 방법
을 사용할 수 있으나, 통일 교육 내용 영역의 교육 목적과 관련하여 특
수한 방법을 적용해야 하는 경우도 있다. 평화 교육 영역에서의 갈등
해결 방법, 민족 공동체 교육 영역에서의 공동체적 교수-학습 방법, 정
치 교육(민주 시민 교육) 영역에서의 시민성 함양 방법(차이와 차별 교
육) 같은 방식이 그러한 사례이다.

평화 교육과 관련해 살펴보면, 그 방법의 독특성으로 인해서 현재는
학교 현장보다는 사회 통일 교육의 일환으로 민간단체를 중심으로 다
양한 기법이 보급되고 있다. 다만, 민간단체의 평화 교육 실태도 그리
체계적이거나 활발한 모습을 띠고 있다고 보기는 어렵다. "평화를 만
드는 여성회"가 2001년 국내 평화 교육 실태를 조사한 결과, 94개의
민간단체 중 약 8개의 통일 관련 단체만이 평화 교육을 실시하거나 실
시할 의사가 있는 것으로 파악되었다고 한다(평화를 만드는 여성회,
2001).

평화 교육의 방법이 도입될 경우, 기존의 통일 교육은 내용 면에서
뿐만 아니라 방법적인 면에서도 새로운 교수 기법을 사용하여야 할 것
이다. 이들에 의하면, 통일 교육은 교실 안에서 뿐만 아니라 현실 삶에
서 평화를 찾는 노력이 요구된다. 평화 교육에서 수업 모델 핵심은 "이
슈를 중심으로 하는 워크숍"으로 요약할 수 있으며, 1) 서로 다른 주제

국가＼항목	프로그램 명	내용	비고
이스라엘	대면 프로그램	유대-아랍인(청소년들이 가장 중요한 참석자이다)이 동수로 참석하여 두 언어를 사용하며, 유대-아랍인 전문 진행자에 의해 진행되는 집단 감수성·공존 훈련	
북아일랜드	상호 이해 교육Education for Mutual Understanding	종교 간의 갈등을 자신과 타인에 대한 존중과 관계 형성 촉진, 갈등의 평화적 해결, 상호 의존성에 대한 자각, 문화적 다양성의 이해 등의 능력 양성	공교육 (교과목을 통해 실시)
남아프리카 공화국	교육 개혁 운동	인종 차별과 성 차별주의를 극복하는 교육 정책과 커리큘럼 구성	
미국	갈등 해결 교육Conflict Resolution	갈등을 창조적이고 건설적인 것으로 만들기 위해 의사소통, 분노 조절, 편견과 적대감 줄이기, 갈등 분석, 협동, 중재, 협상 등의 기술들을 배우고 이를 통해 자아 존중감 향상, 타인에 대한 인정과 관용을 위한 가치와 태도를 습득	공교육 (다른 나라에 많은 영향을 미치고 있음)
독일	정치 교육, 평화 교육	통일 이전에는 정치 교육으로서 통일 교육을 다루다가, 통일 이후의 평화 교육은 제3세계의 빈곤과 원조 문제, 인종주의 극복 문제, 심각한 문제가 되고 있는 외국인 이주자, 특히 터키인을 위시한 아랍인들이 지닌 이슬람 문화 등과 어떻게 공존하며, 어떻게 다문화를 수용할 것인가의 문제	

· (평화를 만드는 여성회, 2001)의 내용을 요약하여 도표화한 것임.

표 29. 갈등 지역의 평화 교육 사례

들을 어떻게 대체할 것인가(차별과 차이, 평화와 공존), 2) 나와 사회의 관계를 어떻게 만들어 갈 것인가(불신 사회와 신뢰 사회의 공정성과 남북의 신뢰), 3) 나와 우리의 문제를 누구의 힘으로 해결할 것인가(의존과 자주, 주인 의식과 자주 통일)라는 주제를 참고할 수 있다(박찬석 외 7인, 2000 참조).

통일 교육에서 평화 교육을 활용할 수 있는 주제는 군사 문화 관련 문제, 인권, 환경, 경제적 세계화, 사회 차별의 문제가 될 것이고(고병헌, 2000; 박보영, 1998), 이를 위해서는 평화 교육의 갈등 해결, 상호 이해 교육, 공존 훈련 등의 방법론이 적극 수용되어야 할 것이다. 이러한 문제에 접근하는 방법으로는 주제 중심 또는 이슈 중심의 접근법을 논의할 수 있다.

과거의 분단국 또는 갈등 지역(민족, 종교)을 중심으로 발전된 외국의 평화 교육 내용을 개괄하면 표 29와 같다.

이들 외국이 평화 교육 사례는 수년간 지속되면시 변화 발전 심화된 것이다. 이러한 평화 교육을 실행하는 것은 다음과 같은 태도 및 기술을 갖추게 하는 데에서 출발한다. 긍정(우리 내부의 잠재력과 장점에 대한 공개적인 인정과 평가), 좋은 의사소통(평화 교육을 통하여 습득할 수 있는 중요한 기술로서 무엇보다도 갈등을 성공적으로 해결할 수 있게 해 주는 주춧돌), 협력(현재의 위계적 경쟁 구조와 반대되는 것으로서 공동의 목표를 함께 나누거나, 발견과 통찰을 함께하는 것), 갈등 해결(평화를 적극적이고 창의적으로 이해하는 데 필요한 요소)이 그것이다(Gil Fell, 1992).

이들 중 평화를 적극적으로 이해하는 데 필요한 갈등 해결 과정을 선택하면 다음과 같다. 우선, 갈등을 연구하거나 해결하기 위해서는 갈등 상황(실제 상황), 관련 당사자들의 태도, 관련 당사자들의 행동 등 세 측면이 고려되어야 한다. 이 세 요인 중 어느 하나가 변하면 상황은 전혀 다른 모습으로 변하게 되기 때문이다. 갈등 해결의 기술 중 첫째는 공감 또는 이해의 방법이 있다. 그 다음으로 협상과 타협의 방법이 있다. 어느 한쪽이 승패를 결정할 필요가 있을 때는 법적 절차나 중재 방식을 이용한다. 제3자를 통한 해결 방식 중 의사소통의 통로로서 역

대단원	중단원	소단원	제재명	교과 내용에 적합한 교수-학습 모델	비고
Ⅱ. 민족 통일 문제와 통일 한국의 모습	1. 민족 분단과 남북한 사회의 현실	(1)민족 분단의 과정	분단의 현실	시 낭송 방식(박봉우의 시와 인용된 이산가족 편지를 중심으로 내용 요약)	1차시 5-10분
			분단의 원인과 과정	ppt를 이용한 설명 방식(시 낭송을 링크하면 좋음)	30여분
			분단의 고착화 과정		
		(2)민족 분단과 남북한 사회·문화의 비교	남북한의 언어	북한 언어에 대한 특성 정리학습지(언어 비교 및 빈칸 채우기)	2차시 학습지 참조(1시간)
			남북한의 생활 문화	조별 조사 발표하기 (다양한 내용 조사가 이루어질 수 있도록 하기 위해 조별로 조사하고 발표토록 함)	3-6차시 '북한 이해'의 관점 에서는 본 차시를 4시간 정도로 하는 것이 유용하 다(구체적 제 시 자료 참조)
			남북한의 규범 및 가치		
		(3)민족 분단의 극복 방향	분단 극복의 필요성	ppt를 통한 설명 (단, 필요에 따라 장애 요인과 기본 방향은 토론 거리로 운영 가능)	7차시 토론으로 할 경우, 2시간 중 1시간은 기본 설명
			분단 극복의 장애 요인		
			분단 극복의 기본 방향		
Ⅱ. 민족 통일 문제와	2. 남북한 의 통 일 정 책과	(1)우리 의 대내 외적 통 일 환경	통일 환경의 변화와 새로 운 국제 질서 형성	패널 토론 수업 (각국을 대신하는 6명의 패널이 내용 진행)	8차시 (전 시간에 패널 지정)
			주변국의 이해관계와 한반도 정책		
			남북한의 통 일 환경 조성 과 남북 관계		

통일 한국의 모습	통일의 과제	(2)남북한의 통일 정책 비교	우리의 통일 정책	학습지 활용 (지적인 내용이므로 빈칸을 채우는 방식의 학습지)	9-10차시 학습지를 인쇄하여 제시
			북한의 통일 정책		
			남북한의 통일 정책 비교		
		(3)통일 실현을 위한 우리의 자세	통일 의지와 통일 대비 자세	'통일을 위한 우리의 자세' 글짓기 (교과 내용에서 제시한 핵심 내용을 포함하면서 학생들의 각오를 다지는 글짓기)	11차시 1시간용 (10분 선행 학습, 35분 실제 쓰기)
			평화 통일을 위해 나아가야 할 길		
			통일 실현을 위해 고등학생이 할 일		
II. 민족 통일 문제와 통일 한국의 모습	3. 민족 공동체의 번영과 통일 한국의 모습	(1)민족 공동체의 당면 과제와 해결	한민족 공동체의 의미와 세계화의 도전	ppt 활용 요약 설명	12차시 (내용 전체가 미래의 비전이라는 차원으로 요약됨)
			민족 공동체의 당면 과제		
			민족 공동체 과제 해결을 위한 준비		
		(2)통일 한국의 미래상	통일 한국이 극복해야 할 어려움		
			통일 한국이 나아갈 방향		
			통일 한국의 바람직한 국가상		
		(3)세계 속의 바람직한 한국 인상	21세기 국제 사회		
			통일 한국의 위상과 역할		
			미래의 새 한국인이 되기 위한 노력		

표 30. 고등학교 도덕과 통일 교육 내용 체계와 교수 방법

할을 하는 조정자 방식이 있다. 중요한 것은 이러한 과정에서 문화의 차이는 절차나 결과에 영향을 미칠 수 있다(Carter, 2002).

현행 도덕과 교육 과정 속에 들어 있는 통일 교육의 영역별 특성을 고려한 효율적 교수-학습 방법의 적용 예를 제시하면 다음과 같다.[15]

현행 고등학교 도덕과의 경우, 한 학기(2학기 또는 1학기) 동안 수업을 진행하는 것으로 되어 있다. 즉, 17시간 확보가 가능하다. 참고로 금번 제7차 교육 과정은 교육 과정에 관한 해석이 본질에 반하지 않는 범위 내에서 학교 실정이나 통일 교육의 필요에 따라 학기를 변경하여 시행할 수 있다. 그러나 실제에 있어서는 여러 이유로 인해서 12-14시간 정도가 가능하다고 보는 것이 정상이다. 여기에서는 이러한 현실적 이유를 감안하여 13시간에 하는 것을 염두에 둔 교수-학습 방법의 일부를 표로 정리하여 소개한다(표 30 참조).

---

15) 이 자료는 통일부 '사이버 통일교육센터' 교수-학습 자료로 등재한 것을 일부 수정한 것이다(황인표, 2003).

제4장

통일 교육의 평가론

I. 통일 교육에서 평가의 의의

교과 교육에서 평가는 가르치는 행위와 논리적으로 연결된 교육적 명제의 가장 하단부에서 새로운 시작으로 이어지는 연결 고리를 갖고 있는 부분이다. 교과 교육에서 평가는 평가 목적의 관점에 따라서 다르기는 하지만, 일반적으로 교과의 목적과 목표를 확인하고 교육 대상 및 계획, 교육 방법에 대한 타당성을 검증하는 피드백 장치이기도 하다.

평가 결과를 토대로 목표를 수정하고 교수-학습 방향을 재정립하게 된다. 따라서 평가에서 가장 중요한 과제는 의도한 목적을 진정하고 실효성 있게 제대로 평가하였는가에 달려 있다. 제대로 된 평가를 위해서는 평가에 대한 관점의 정립에서부터, 평가의 내용 및 대상을 설정하는 문제, 방법에 대한 탐구, 평가 결과를 활용하는 문제에 이르기까지 갖추어야 할 요건들이 많다.

블룸B. S. Bloom과 메이저R. F. Mager의 환원주의적 입장에 따르면, 평가의 목표를 제대로 구현하기 위해서는 지식과 행동을 구분하고 그 각각을 세분화하여 평가하면 된다. 즉, 인지적 영역, 정의적 영역, 행동적 영역을 구별하여 정확히 진술하면 그에 맞는 평가 방식이 존재하고, 그 각각을 평가할 수 있다는 것이다. 그러나 실제로 학생들에 대한 평가 과정에서는 이러한 구별이 대단히 사변적이라는 것을 알 수 있다(황인표, 2000a; 2005b).

따라서 평가는 특정의 중심 가치, 즉 평가 목적에 지나치게 경도될 것이 아니라 그 본질적 내재 가치를 찾는 것이 필요하다. 이러한 관점에서, 진리를 밝히고 삶을 보다 깊이 이해하기 위한 모든 가치 판단 행위로 평가를 규정하고, 교육 평가의 고유한 가치를 평가를 통한 교육의 완성, 평가자의 교육적 성장, 평가자와 평가 대상 사이의 객체화된 소외 관계의 극복으로 개념 정의를 전환할 필요도 있다(채선희, 1997).

II. 통일 교육 평가의 실제

평가의 정의는 평가에 대한 관점에 따라 다르다. 통일 교육에서 평가의 관점을 어디에 두어야 할 것인가에 대해서는 아직 정립된 모형이 없다고 생각된다. 현재 일반적으로 받아들여지고 있는 평가 행태를 반복할 수는 있으나, 통일 교육의 상황적·이론적 특수성이 있기 때문에 그에 따른 접근을 깊이 연구해야 할 것이다. 그렇다고 기존의 평가 관점과 모형을 살펴보는 것이 무의미한 것은 아니다. 다만, 기존의 평가 모형에 대해서는 다른 자료를 통해 확인할 수 있으므로 이 책에서는 생략한다.

현재 통일 교육 영역은 평가 문제에 대한 연구가 대단히 미약한 실정이다. 평가에 대한 관점 중 어느 것을 선택하느냐에 따라 다소 달라지겠지만, 통일 교육이라는 특수성을 감안하여 보면, 기존의 평가 체계

속으로 들어가는 데 다소 곤란함이 있다. 다시 말해, 객관식 중심의 인지적 평가에는 많은 제약이 따른다.

만약 필요하다면, 통일 교육에서도 기존 교과 교육의 평가 이론과 방법을 적용하면 될 것이나, 통일 교육 내용과 관련된 독특한 성향이 있기 때문에 평가가 다른 여타 교육 분야에 비해서 더 취약할 수밖에 없다. 통일 교육의 내용을 정책 중심의 지식 구조에 대한 것으로 한정할 경우, 그에 대한 평가는 당연히 가능할 것이다.

이렇게 통일 교육의 내용 평가가 곤란한 데는 세 가지 커다란 이유가 있다. 하나는 통일 교육의 내용을 평가하기 위해서는 북한에 대한 객관적 자료가 있어야 하는데, 현재는 그에 대한 객관적 지식의 신빙성이 없다. 여기에는 또 두 가지 이유가 있는데, 첫째, 북한에 대한 자료 수집 및 유출의 한계 때문이고, 둘째, 연구자들의 북한 사회에 대한 체계적 연구가 부족하기 때문이다. 다음으로 통일 교육의 내용들이 대부분 프로그램 방식으로 진행되고 있어 지식 전달 중심의 평가에 익숙한 우리에게 곤란함을 던져 주고 있다. 마지막으로 통일 교육의 정책적 문제로서, 그동안 통일 교육 종사자들은 통일 교육 대상자들에게 통일에 대한 관심을 제고하고 통일 교육의 저변을 확대하는 데에만 관심을 가졌기 때문이다.

이러한 상황 속에서도 평가를 교수 내용에 대한 확인 과정으로 보지 않고 프로그램의 개선과 통일 의식을 확인하는 절차로 볼 때 설문 방식의 평가나 평가 척을 사용한 평가도 가능할 것이다. 실제로 현재 대부분의 통일 교육 프로그램에서는 설문 방식을 채택하고 있다. 학교 교육 과정 속의 도덕과 수업 내용 평가를 제외하면, 통일교육원 등에서 실시하고 있는 교육 담당자들을 위한 '60시간 이상의 직무 연수 과정' 등에서는 거의 모든 평가가 이러한 방식으로 이루어지고 있다. 다만, 통일 교육의 교육 내용으로서의 평가를 생각하면, 그것은 현장 수용 가능성에서 어려움이 있으므로 지속적인 연구가 필요하다고 판단된다.

이처럼 상황과 자료의 제한에 기인한 평가의 곤란성을 극복하면서 통일 교육에서 의도한 효과를 확인할 방법은 없는가? 결국, 통일 교육의 목적이 '통일 문제에 대한 건전한 가치관의 확보'라고 하는 의식 변화에 있다면, 그것을 확인하고 유도할 수 있는 평가 방법을 강구할 수 있을 것이다. 그중 하나가 수행 평가 방식이라고 생각된다.

그동안 평가의 간편함과 선발 목적의 용이성 및 능률성의 요구에 맞추어 선택형 문항으로 대표되는 객관식 평가가 위주였다. 이는 객관성과 타당성을 유지할 수 있는 장점이 있는 반면, 교과 교육 평가에서 본래 담고 있어야 할 내용의 타당도와 교수-학습 활동을 반영하고 있는 것은 아니었다. 따라서 이러한 문제점을 극복할 수 있는 새로운 평가에 대한 요구가 끊임없이 제기되어 왔다. 새로운 대안적 평가alternative assessment는 무엇보다도 교수-학습 평가의 본질을 그대로 반영할 수 있어야 한다. 참고로 "대안적 평가는 줄긋기나 진위를 묻거나 여러 개를 선택하는 것처럼 주어진 목록에서 답을 선택하는 것이 아니라 학생들이 물음에 대해 창조적으로 답할 수 있는 모든 형태의 평가를 포함한다"(Arter, 1996)고 정의하고 있다.

최근의 새로운 상대주의적 진리관은 외부 세계나 지식이 개인과는 별개로 존재하는 것이 아니라 개개인에 의해 창조되고, 구성되고, 재조직되는 것이라는 사고에 근거한다(추병완·최근순, 1999; 강인애, 1997 등). 이러한 진리관이 인지 심리학자들을 중심으로 크게 확산됨에 따라 기존의 교수-학습 방법이나 이론의 타당성에 대해 비판이 일기 시작하였다. 예컨대, 인지 심리학자들에 의하면, 객관적 지식이나 정보는 존재하지 않고, 개별 학습자는 애매하고 불완전한 정보나 지식을 자기 나름으로 이해하고 의미를 구성하는 주체이기 때문에 자기 자신에게 무의미한 지식이나 정보의 습득은 시간 낭비일 뿐만 아니라 비교육적이라는 것이다. 이들의 주장이 모두 타당한 것은 아니라 할지라도 평가 및 교수-학습 관계에 미치는 장점을 고려할 때 귀 기울여 볼 만한 주장이라고 할 수 있다.

이러한 상대주의적 진리관과 구성주의의 입장에서 기존 평가를 반성하면서 각광을 받게 된 것이 참 평가authentic assessment, 대안 평가, 수행 평가performance assessment이다.

이 책에서는 이러한 참 평가, 대안 평가, 수행 평가의 대표적 방식인 포트폴리오를 이용한 교수-학습 평가와 이슈issue 중심의 교수-학습 평가를 소개하고자 한다. 이들 교수-학습 및 평가 방식은 수년간 실제 현장에서 통일 교육에 활용한 결과이다. 이것은 교수-학습 과정과 밀접히 연관되어 있으며, 지속적인 과정 평가와 결과 평가가 병행된다. 한편, 통일 교육에 대한 관심 제고와 저변 확대 차원에서, 현장에서는 수학 능력 시험에 통일 교육 문제를 출제할 것을 지속적으로 요구하였다.16) 그 예시 문항도 참고 자료로 수록되어 있다.

1. 포트폴리오를 이용한 통일 교육 교수-학습 및 평가

(1) 목표

통일 교육이 바람직한 통일 의식을 형성하기 위해서는 행사성·일회성으로 진행되는 것보다는 일련의 틀tool 속에서 지속적인 변화를 추구할 수 있어야 한다. 포트폴리오란 도구를 활용한 통일 교육 교수-학습은 수업 설계 단계부터 학생들의 주도적인 참여를 목표로 하면서 (구성주의 이론 적용), 교수자의 일관된 수업 설계를 통하여(포트폴리오

---

16) 실제로 2001년부터 수학 능력 시험에 출제되고 있다. 2001년 2문제, 2002년 7문제가 출제된 것으로 분석되었다(이창렬, 2002). 2003과 2004년은 분석되지 않았으나 2002년과 유사한 비율일 것으로 판단된다.

적용) 확고한 통일 의식을 스스로 형성하게 하는 것이 목표이다. 그리고 그 결과물을 평가한다.

(2) (교수-학습 활동 과정에 따른) 수업 및 수업 자료

① 수업 준비 단계
- 이 단계는 교사의 구상과 계획을 확정하는 단계이다.
- 수업 계획표를 미리 고지하고 게시하여야 한다. 학생들에게 차후 진행할 모든 사항을 구두나 서류로, 그리고 대표 학생이나 방송을 통해 고지할 필요가 있다. 학생들에게 예측 가능한 수업을 진행함과 동시에 자기 스스로 책임을 지도록 한 것이다.
- 교사는 교과 내용을 어느 정도 분석하여 학생 집단을 교과 내용에 따라 5-6영역으로 분리한다(교과 내용을 충분히 포섭할 수 있도록 한다). 이 과정은 집단 학습과 학생 개인의 자기 주도적 학습을 방법으로 하여 교육 과정 속에서 통일 교육을 하기 위함이다.
- 구성주의적 조별 학습 진행 계획을 세워야 한다. 여기서 주의할 것은 형식적 시간은 한 학기 동안 17시간으로 되어 있으나, 실제로 수업을 진행할 때에는 12시간을 최저선으로 해 13시간 정도를 염두에 두어야 한다는 것이다.
- 학생의 자기 주도적 학습과 교사의 간섭(영역 배분, 교과 내용 중심)이 결합된 형태의 수업이라는 것을 알아야 한다.
- 조별 학습을 통하여 수업을 진행하므로 조 구성에 대한 적절한 준비가 필요하다. 특히, 일정한 사전 자료를 가지고 가는 것이 좋고, 조 편성의 중요성을 충분히 설명하여야 한다(구체적인 것은 조 편성 단계에서 설명함).

② 오리엔테이션 단계(1시간째)

- 본 포트폴리오 프로그램은 수행 평가 + 자기 주도적 학습 + 교육 과정에 대한 학습 + 포트폴리오 + 조별 학습 + 수준별 흥미 학습을 결합한 것이다.

- 앞의 기본 개념들을 간단히 설명하여야 한다. 수행 평가에 관해서는 과정을 평가(발표와 포트폴리오 중심으로)한다는 것을 설명하면 되고, 자기 주도적 학습에 대한 간단한 설명(조원들이 내용을 확충한다는 것)과 조별 학습을 통해 학습 효과를 의도한다는 것을 설명(무임승차에 대한 경고도 포함)하고 그리고 각 조에 맞는 내용을 중심으로 하되 그 조의 성취 수준을 고려한다는 것을 설명할 것. 참고로 산출물은 포트폴리오의 양식에 맞춘다(포트폴리오에 대한 이해 필요: 교수-학습 방법 참조).

- 학생들에게 통일 교육 영역과 관련하여 자기 주도적 학습의 필요성 및 효과를 충분히 설명하여야 한다. 수업 진행 중 그 본질을 모르는 학생들은 무임승차할 가능성이 있으며, 심지어 실제 수업이 진행되는 동안 부정적인 반응을 보이는 경우도 있다. 이 단계에서 교사의 신념과 의지, 포트폴리오에 대한 개념 인식이 명확히 표출되어야 한다.

③ 조 편성 및 영역 결정 단계

- 이 프로그램을 실시하고자 하는 교사는 조 편성에 상당한 신경을 써야 한다. 각 반의 상황에 맞추어 일정 수의 학생들을 단위로 하여 적정 수의 조를 편성한다.

- 현재 서울시의 경우 일반적으로 한 반에 35명으로 구성되어 있으므로 5개 영역으로 하고자 하면, 7명씩 5개조로 하는 것이 좋을 것이다(전국적으로 다양한 인원 구성을 이루고 있으므로 조 구성은

상황에 맞게 하는 것이 중요하다). 평가상의 이유, 수업의 효율성 등을 이유로 5개 영역으로 나누는 것이 좋다.

- 통일 교육 자료실을 갖지 않은 경우는 일반적으로 교실에서 효율적인 수업을 할 수 있어야 할 것이다(대부분이 그러한 공간을 확보하지 않았을 것으로 생각된다).

- 쉬는 시간을 이용하여 대표 조장(5명의 조장 중에서 선정)을 통하여 조별 수업 구조를 갖출 필요가 있다(사전에 배치표를 작성하여 준다).

- 조 편성은 일방적으로 편의대로 하는 것보다는 구성주의 학습의 취지를 살린다는 관점에서 자유로운 임의 방식(예를 들어, 마음에 맞는 학생들끼리 조를 편성하도록 하는 것)을 할 수도 있으나, 현실적 상황에 맞게 조절할 필요가 있다(교과 내용과 관련된 경우, 교사는 조 편성에 관하여 좀 더 많이 간섭할 필요가 있다). 각종 조별 학습 결과에 의하면, 조 편성이 조별 학습의 관건이라고 보고하고 있는데, 이는 분명 의미 있는 지적이다. 그런 의미에서 학습 능력 등에 관한 사전 자료를 준비하는 것이 필요하다.

조 편성의 예시

먼저 5명의 조장을 선출하고(성적 우수자 및 리더십이 있는 학생 — 학생들 스스로 알고 있음), 조장이 돌아가면서 한 명씩 조원을 지정하는 방식으로 6번 지명을 한다(ㄹ자 방식의 순번을 정한다).

이것은 첫째, 우수 학생이 한쪽으로 몰리는 것을 막을 수 있고, 둘째, 학생들 스스로 하는 것이므로 감정적 반대를 막을 수 있다(교사가 어느 정도 유도한다).

・전항과 관련하여 실제로 조장의 능력 여하에 따라 제출물의 질에 현

격한 차이가 있다.

· 조장을 선출하는 경우에 교사는 미리 이들에 대한 이점(점수 평정에서 가산점 부여)과 조별 수행 능력에 중요하다는 사실을 공지하여 신중하게 선출하도록 하여야 한다. 연구 결과에 따르면, 조장 선출을 자율에 맡길 경우 가위 바위 보나 제비뽑기로 결정된 조장 및 기록자는 몇몇의 경우를 제외하고는 대부분 과제 이해력 및 조 운영 능력이 떨어졌고, 결국에는 자체적으로 교체되는 혼돈도 겪었다. 시행착오를 줄이고 학습 효과를 높이기 위해서는 리더십이 있는 학생을 지명하는 것이 좋다(교과 중심의 내용으로 들어온 후 위에서 제시하는 방식으로 전환하였다).

- 영역 결정
· 이 프로그램은 교육 과정을 학생 스스로 하게 하는 것이므로 영역을 나눌 때, 교과서의 모든 내용이 반드시 포함되어야 한다(예를 들어, 함께 하기의 내용을 포함).
· 영역 결정의 예를 들어 보면(5개 조로 하는 경우), 다음과 같다.
· 다음 내용은 예시이므로 내용 영역을 다르게 조정할 수 있다.
  ( ) 안은 확장된 영역이다.

1조: 민족 분단 과정과 민족 분단의 극복 과제
     (확장: 다른 나라의 분단 원인 탐구 등)
2조: 북한의 언어와 생활 문화
     (확장: 최근의 컴퓨터 관련 산업 등등)
3조: 생활 문화(식생활, 주생활), 북한의 규범 및 가치
     (교육 제도 등 포함. 확장: 다양한 제도를 연결)
4조: 통일 정책과 통일 과제(확장: 독일 및 다른 나라의 상황 등)
5조: 통일 한국의 미래상(확장: 가상 시나리오 쓰기 등)

·영역 결정에 앞서 반드시 교과서 및 참고 자료 영역 및 관련 서적
을 소개하여 어느 정도 선행 학습이 이루어질 수 있도록 하여야
한다. 그래서 자신들이 잘할 수 있고 흥미 있는 분야의 자료를 수
집하고 정리할 수 있도록 하여야 한다.

④ 교과서 내용 분석 단계(3-4시간째)

- 교과서 내용을 학생들 스스로 분석하게 한다. 맡은 영역을 일목요
연하게 정리하고 도식화할 수 있도록 한다(발표할 때, 빔 프로젝션,
파워포인트를 사용하도록 한다).

- 자신들이 만든 내용이 바로 시험에 출제되는 내용임을 분명히 한
다(참고서를 참고해도 좋고, 교과서를 조원끼리 분담해도 좋다. 단, 학
생들이 스스로의 눈높이에 맞추어 하도록 한다).

- 이 단계에서 중간에 시간 결손이 있는 반은 진행한 것으로 한다
(특별한 사정에 의한 것은 수업을 진행한 것으로 한다 — 이 점은 오
리엔테이션 시간에 알려 준다). 그러나 발표와 면담은 반드시 필요
하므로 시간 조정을 통하여 그 시간을 확보한다.

- 발표 준비까지 이루어지도록 한다.

⑤ 발표 단계(6-7시간째: 첫 번째 조별 평가 단계)

- 각 조가 담당한 영역을 교과서에 충실하게 발표하도록 한다(교사
는 정확한 교과서 분석 자료를 가지고 있어야 한다).

- 학생들의 발표 시간이나 수준을 파악하여 2시간에 걸쳐서 할 수
있다(실제로 교과서 내용 분석이 중요하므로 한 시간에 발표를 마치
는 것은 쉽지 않다. 이때 반드시 보조 수업 교재를 활용한 발표가 이
루어지도록 한다. 예를 들어, 파워포인트 등을 반드시 활용하게 하여
학생들이 관심을 갖도록 한다).

『통일시대의 북한 교육론』(한만길, 1998), 북한의 지리적 특성과 상황에 관해서는 『북한 국토의 이해와 개발에 관한 국제 세미나 자료집』(한국지리학회, 2001), 북한의 사회 체제와 문화에 관해서는 『북한의 가정생활문화』(이기춘 외, 2002), 『북한 사회의 체제와 생활 — 북한 방문기 포함』(이온죽, 1993), 『북한 사회연구』(이온죽, 1989), 『북한의 우리식 문화』(주강현, 2000), 『북한의 민족 생활 풍습』(주강현, 1999), 그리고 청소년과 문화에 관한 최신 자료는 『통일한국』(평화문제연구소)에 잘 나타나 있다. 그리고 동아, 조선, 중앙 등의 신문과 KBS 등의 방송 기관이 신선한 자료를 계속적으로 공급하고 있다.

내용에 대한 심화 자료는 신진학자들이 앞 다투어 많은 자료를 내놓고 있기 때문에 언제든지 필요한 자료에 접근이 가능할 것으로 보인다. 몇 가지 예를 들면, 『식량난에서 IT산업으로 — 변화하는 북한』(서재진, 2002), 『사고뭉치 북한 박사』(장수하늘소, 2001), 『재외탈북자』(윤여상, 2000), 『북한의 여성교육에 관한 연구』(민무숙, 2001), 『북한 연극의 이해』(민병욱, 2001), 『탈북동포들의 희망 찾기』(북한이탈주민후원회, 2001), 『통일과 남북청소년』(민성길, 2001), 『북한의 대외무역동향』(대한무역투자진흥공사, 2001)

표 31. 영역별 관련 서적

온라인상의 접근으로는 사이버 통일교육센터(www.uniedu.go.kr: 2002. 2. 1 새로 오픈)가 있는데, 그곳에는 정부/공공 기관(19곳), 대학(18곳), 연구 기관(24곳), 언론 기관(19곳), 민간단체(50곳), 민간 기업(35곳), 해외(15곳), 기타(62곳)로 되어 있다.

북한 및 통일에 관하여 '포괄적인 영역'을 다루고 있는 사이트로는 다음과 같은 것들이 있다. 북한관련정보나눔터(www.unikorea.net), 북한네트(nk. joins. com), 조선일보북한(www.nkchosun.com)을 비롯한 각 언론 기관 사이트, 교육 자료 연결 사이트(ns.daejin.or.kr/home/shkim) 등.

영역별 확장 사이트로는 다음과 같은 것들이 있다.

mail.dsc.or.kr(군사), kimyong.co.kr(요리), http://northfood.new21.net(요리), www.cmnk.org(기독교와 북한), http://www.durihana.co(기독교), http://ns. sharing.or.kr(통일), www.acdpu.go.kr(민주평통:통일), www.soccer4u.co.kr(축구), www.tangun.co.jp(조선 영화), http://www.dprkfilm.com/(영화), http:// pulgasari.dprkfilm.com(영화), http://nkmunhak.jinju.or.kr(문학), http://www. kotra.or.kr/nk(경제), http://jungto.org/gf/(난민문제), www.nkhumanrights.or. kr(탈북자 수기 등), www.hungerchild.co.kr(북한 어린이 돕기), my.netian.com /~hoting(북한 언어, 속담), www.travel-northkorea.or.kr(북한 관광) 등.

표 32. 영역별 심화 사이트

⑥ 교사의 조언 및 자료 제시(이 단계는 조 발표가 끝나는 대로 할 수
도 있고, 한꺼번에 할 수도 있다. 8시간째).
- 조별 발표가 끝남과 동시에 또는 한꺼번에 학생들에게 각 영역별
확장 탐구 영역을 제시한다. 모든 영역의 참고 자료 탐색의 출발은
"사이버 통일교육센터"를 중심으로 한다.
- 심화 탐구 영역 관련 서적 및 사이트 — 〈기본 탐구 영역〉 등 상
기 항목에서 제시
- 표 31과 표 32의 자료들을 제시하여 조별로 관심 영역에 해당하
는 자료를 찾아서 탐구하게 한다.

⑦ 학생들의 관심 영역 탐구 단계(9-11시간째)
- 제시된 자료를 중심으로 학생들에게 조별로 관심 영역을 교과 내
용과 연결하여 확장하도록 한다.
- 이때 무임승차하는 사람이 없도록 충분한 역할 분담을 한다.
- 약간 자유롭게 운영할 수 있다. 이 단계에서 학생들의 자발적 탐
구 능력을 향상시킨다.

⑧ 2차 발표 단계(12시간째 — 중간 평가 단계)
- 발표 시 반드시 교과 내용을 간단하게 요약하고(1-2분 정도), 자신
들이 조사한 내용을 요약 발표하게 한다(파워포인트 등을 활용하도
록 적극 장려). 발표 시간은 7-8분 정도를 초과하지 않게 한다(이때
는 발표 자체만 평가하고 내용물 평가는 발표 후 제출물을 대상으로
한다).
- 전 시간에 미리 준비를 시켜야 한다.

조	주제	번호	이름	역할	개인 평가지(20)				조별 평가지(30)						총점
					수행 과정 평가	내용 개별 평가	포트 폴리오 등 재평가	점수	발표 1	발표 2	요건 준수	구성의 짜임새	자료의 참신성	점수	
1조	북한 의식주 생활 남북한 규범 및 가치			조장											
2조	민족 분단의 극복 방향			조장											

표 33. 수업 진행 과정 중 또는 조별 결과물 평가지

⑨ 교사의 정리 단계

- 시간이 허락하는 경우, 한 시간 정도의 시간을 두어 정리하면서, 학생들에게 준비된 교과서 요약 자료(교과 내용 프린트 물)를 제시한다.
- 실제로는 이미 1차 발표 시에 충분한 자료를 정리하고 간단한 평가를 하므로 굳이 이 시간을 확보할 필요는 없다.
- 시간이 부족한 경우, 2차 발표 단계에서 마무리하면서, 제시할 수도 있다.

⑩ 제출물 평가(최종 평가 단계)

- 평가는 학생들이 행한 수행 평가 50(발표 및 제출물), 지필 고사 50

으로 하여 한 번만 평가한다(실제로는 4번의 평가가 진행되는 것이다).

- 수행 평가 평가표는 표 33과 같다.
- 각 항목의 평가는 5단계로 한다: 최상(5), 상(4), 중(3), 하(2), 최하(1). (평가 기준은 각 항목에 따라 다르나, 학생들 스스로의 흥미와 관심도를 얼마나 잘 표현하였는가를, 그리고 풍부한 자료를 얼마나 잘 정리하였는가를 기준으로 삼아야 한다.)
- 평가를 5단계로 하는 것은 3단계(상, 중, 하 방식) 평가가 약점이 많기 때문이다. 실제로는 9단계(최상, 상, 중, 하, 최하의 각 단계 사이에 각각 중간 단계 설정)의 평가를 하는 것도 유용하다.

2. 이슈 중심의 통일 교육 교수-학습 및 평가

(1) 이슈 중심 수업의 의의

현재의 통일 교육 과정들은 주로 영역별 분류를 통하여 접근하고 있다. 그러나 이러한 영역별 접근 방법은 학습과 관련하여 학습자들의 요구와 반드시 일치하는 것은 아니라는 문제점들이 지적되고 있다. 영역(생활 영역 중심법 포함) 중심의 접근은 그 구분 기준이 애매하다는 지적이 있다(신현우, 2001). 흔히, 가장 쉽게 접하는 '생활 영역 확대법' 또는 생활 영역에 따르는 교수-학습 진행은 오늘날의 세계화 또는 일일 생활권의 모습에 부합하지 않는 속성이 있다는 것이다. 특히, 정보화 사회는 생활 영역의 구분을 무의미하게 하고 있다.

더욱 중요한 지적 중의 하나는 생활 영역의 확대에 따른 교수-학습의 진행이 실제 아동들의 성장과 발달에 따른 것이 아니라 성인들의 가공의 논리에 의해 구성된 것이라는 점이다. 일반적인 학습 상황을 고려하더라도, 모든 가치나 삶의 문제들이 복합적인 관계 속에 있다는 것은 익히 알려져 있는 사실이다.

이처럼 현실과 동떨어진 학습 체계 구조는 학생들의 지적 호기심이
나 도전감을 고취하는 데 실패할 가능성이 높다(신현우, 2001). 그것은
동시에 학교에서 교수-학습을 진행하는 교수자에게 교수-학습 외의
여러 가지를 고려해야 하는 부담을 주는 것이 될 것이다. 이러한 차원
에서 교수-학습의 현장을 학생들의 흥미와 관심의 대상으로 잡을 수
있는 새로운 접근법이 필요하게 된다. 그러한 접근법 중의 하나가 '이
슈issue 중심의 교수-학습 접근'이라고 할 수 있다.

대체로 이슈란 문제점, 장애물, 곤란한 상태, 곤경, 딜레마 등으로 볼
수도 있고, 또한 개인의 의견, 믿음, 태도, 편견, 신념, 감정, 예상, 감상,
기호, 사건, 활동 등 그 의미가 다양하게 표현되는 것이다. 색스Saxe에
따르면, 이러한 다양한 의미의 이슈 유형으로는 첫째, 주변에서 일어나
는 중요한 사건으로서의 이슈, 둘째, 각 개인의 일상 활동으로서의 이
슈, 셋째, 개인과 집단 사이에서의 토론과 의견 차이를 수반하는 이슈
등이 거론되고 있다(신현우, 2001).

여기에서 이슈와 유사한 개념으로 주제theme와 토픽topic(화제)이
있다. 토픽은 비교적 한정된 범위를 말하는 것으로, 구체적인 어떤 사
건을 이르는 것일 수도 있고 일시적으로 관심의 대상이 되는 것을 이
르는 것일 수도 있다. 반면, 주제는 화제나 토의 또는 논쟁의 중심을
일컫는 말로 일종의 목표와 방향이라고 할 수 있을 것이다. 대체로 주
제 속에 토픽이 포함되지만, 이슈와 주제는 부분적으로 일치하기도 하
고 서로 다른 영역을 포함하기도 한다. 다만, 그 구분이 분명하지 않은
측면이 있으므로, 여기에서는 주제와 토픽을 포함하는 포괄적 의미로
이슈를 사용하고자 한다.

이러한 이슈 중심의 교수-학습 과정은 다음과 같은 장점과 이론적
배경을 가지고 있다.

첫째, 교육 수요자 중심의 교수-학습을 전개할 수 있다는 점이다. 이슈 중심의 교수-학습은 경험 중심의 교육 과정이 갖고 있는 장점을 그대로 갖고 있다. 이는 아동의 흥미, 활동, 생활, 경험을 반영하고 있다. 이는 학습자의 흥미를 반영하는 활동형 교육 과정 구성을 가능케 한다.

둘째, 이슈 중심의 교수-학습은 교수자와 학습자 모두에게 학습과 교육의 기회를 확장하여 준다. 하나의 이슈를 특정의 교과 영역에 한정하지 않고 탐색하면서, 학습자는 조합적이고 종합적인 지식을 갖게 될 것이다. 마찬가지로 이것을 준비하는 교수자에게도 포괄적인 자료의 접근을 통하여 다양한 방법과 전략을 사용하기 때문에 필연적으로 학습과 교육의 기회를 확장할 수 있게 되는 것이다.

셋째, 학습자는 문제를 해결하면서 비판적 사고력을 함양할 수 있을 것이며, 동시에 일상생활의 문제들을 해결하는 데 도움을 받을 수 있다. 이것은 우리에게 활용 가능한 지식 습득의 중요성을 알려 주고, 생활과 밀접한 지식의 습득이 동기를 자극할 수 있기 때문이다.

넷째, 이슈 중심의 교수 전략은 구성주의를 기본 배경으로 하고 있다. 현재까지 연구된 모든 인지 이론들은 학습자가 스스로 지식을 구성해 갈 때, 흥미를 갖게 되고 효과가 높은 것으로 말하고 있다.

이러한 이론적 배경과 장점을 지닌 것으로 언급된 이슈 중심 교수-학습 과정은 벅슨Berkson의 다음과 같은 활동 중심 교수-학습(교육 과정) 전략을 배경으로 하고 있다(신현우, 2001). 첫째, 학습은 학습자에게 유목적이고 흥미가 있을 때 가장 효과적이라는 점. 둘째, 학습자는 능동적이고 창조적인 존재이므로 그들에게 생각하고 비판하며 선택하는 자유를 주어야 한다는 점. 셋째, 학습자의 성장은 전인적이며, 학습은 다방면적인 노력이라는 점. 넷째, 학습자들의 상이한 능력, 정서, 사회적 경향 등의 개인차가 고려된 학습이 진행되어야 한다는 점이 그것이다.

이 책에서 필자가 이슈 중심의 교수-학습 전략을 활용한 가장 큰 이유는 학습자들의 흥미 문제와 밀접한 관련이 있다. 통일 관련 교수-학습은 일방적 전달로는 소기의 효과를 달성할 수 없고, 학생들이 학습 주제로서 통일 문제에 쉽게 다가가지 못하는 것은 그들의 일상생활과 관련이 없다고 생각하거나 사고의 기회를 갖지 못하기 때문이다. 그러므로 이 두 가지 문제를 극복할 수 있는 이슈 중심 접근법을 사용하게 된 것이다.

(2) 프로그램의 진행 및 영역 결정

일반적으로 앞에서 소개한 '포트폴리오를 이용한 프로그램'의 구체적 진행 절차를 활용할 수 있다. 참고로 차이가 나는 부분만을 소개하면 다음과 같다.

(가) 오리엔테이션 및 영역 결정

- 위에서 제시한 목적을 달성하기 위한 영역 결정의 예를 들어 보면 (5개조로 하는 경우), 아래와 같다. 아래의 내용은 예시이므로 내용 영역을 다르게 조정할 수 있다.

1영역: 민족 분단의 과정
    (북한 이해 영역: 북한의 언어생활)
2영역: 민족 분단의 극복 방향과 통일 실현을 위한 우리의 자세
    (북한 이해 영역: 북한의 의생활)
3영역: 우리의 대내외적 통일 환경
    (북한 이해 영역: 북한의 식생활)
4영역: 남북한의 통일 정책 비교
    (북한 이해 영역: 북한의 주생활)
5영역: 민족 공동체의 번영과 통일 한국의 미래상
    (북한 이해 영역: 북한의 가치 및 규범)

- 영역 결정에 앞서 반드시 교과서 및 참고 자료 사이트 영역(대표적
  인 사이트: 통일교육원www.uniedu.go.kr) 및 관련 서적을 소개하여
  어느 정도의 선행 학습이 이루어질 수 있도록 하여야 한다. 그래서
  자신들이 잘할 수 있고 흥미 있는 분야의 자료를 수집하고 정리할
  수 있도록 하여야 한다(표 32 참조).
- 영역을 결정한 후, 진행할 이슈 중심의 토의 과정에 대한 설명이
  이루어져야 하는데, 그 구체적인 과정은 다음 단계에서 설명하고
  자 한다.

(나) 이슈 중심 토의 조사 단계(6주)

- 이 단계의 첫 시간은 6주간의 일정을 진행하는 데 중요한 시간이
  다. 지도 교사는 다음에 제시하는 이슈를 발굴하고 조사하고 토의
  하는 방식을 설명하고 안내하여야 한다.
- 먼저 교과서 내용을 학생들 스스로 분석하게 한다. 맡은 영역을
  일목요연하게 정리하고 도식화할 수 있도록 한다. 이 과정은 이슈
  를 발굴하고 조사하기 위해 방향성과 기반을 마련하는 과정이기도
  하다. 이슈를 발굴하는 것은 단순한 관심거리가 아니라 기본적으
  로 영역에서 요구하는 기반을 갖추기 위함이다.
- 하나의 이슈는 제목, 이슈 선정 동기(이유), 이슈의 사실 관계(또는
  사건의 배경), 장·단점(또는 긍정적, 부정적 효과), 향후 전개 방향(또
  는 미치는 효과) 등의 내용 체계를 근거로 조사·정리하게 한다.
- 조사는 조장을 중심으로 분담하여 하게 하되, 항목 중심의 조사보
  다는 자료를 중심으로 분담하게 한다(예를 들면, 신문 사이트는
  OOO, 도서관 자료는 □□□ 등의 방식).
- 하나의 이슈에 대해서 자료 중심으로 역할 분담을 하지 않을 경우,
  자료의 다양성이 없어서 이슈에 대한 논의가 풍부하지 않을 가능

성이 크다(예를 들어, 검색 사이트에서 동일한 자료를 검색하는 경우
가 대부분이 된다).

- 자료 조사 분담은 반드시 전 시간에 이루어지도록 하고, 당일에는
토의를 통하여 지식을 확장하도록 한다. 이 토의 과정에서 조장은
자료 정리 목차를 설정하도록 한다. 이 과정에서 초안을 마련하는
것은 다음 단계의 자료 정리를 쉽게 해 시간을 절약하도록 하기 위
해서이다.

- 약 5주(다섯째 시간)가 경과하면, 2주 후에 있을 발표 과정을 예고
한다. 6주의 활동이 끝나면, 제1영역부터 발표를 하게 되는데, 미
리 준비하도록 하기 위해서이다(실제로, 첫 영역 발표자는 시간에
쫓기게 된다).

- 이 과정에서 절차상의 중요한 사실 하나는 1주일에 한 시간이 배
당되어 있기 때문에 중간에 학교 행사 등으로 수업을 진행하지 못
하게 되는 경우를 대비해야 한다. 동 과정의 6주간은 그런 경우에
도 발표를 진행한 것으로 본다는 사실을 충분히 주지시킬 필요가
있다(이슈 조사가 진행되는 동안의 면담과 발표 시간만은 현장이 필
요하므로, 여분의 시간을 활용할 수 있어야 한다).

- 한 시간에 2개 정도의 이슈를 하게 하는 것이 적당하다. 원칙적으
로 이슈가 잘 선정된 경우에는 1개의 이슈로도 충분할 것이다. 그
러나 학습자들의 한계로 1시간 분량의 이슈를 잘 정리하는 경우는
드물기 때문에 미리 2개의 이슈를 해결하도록 하는 것이다. 그러
나 사전 지도가 충분히 이루어진다면 1개의 이슈로도 충분할 것으
로 판단된다. 이 경우에는 이슈의 항목 구성을 충실하게 할 수 있
을 것이다.

- 이 과정을 통하여 6시간 동안 12개의 이슈를 정리하게 하고(1개씩
하는 경우에는 6개의 이슈), 그 분량을 1-2쪽 정도로 하여 15-20쪽

정도 분량으로 자료를 정리하게 한다(실제로, 10여 쪽 정도나 20쪽
을 넘는 경우는 정리가 잘 되지 않은 것이 대부분이다).
- 이슈를 선정하고 그 항목을 구성할 때, 학생들의 눈높이에 맞는
  조사와 정리가 이루어지게 하기 위해서 학생들이 관심을 가지고
  있는 이슈와 항목 구성이 되도록 하여야 한다.
- 자신들이 만든 내용이 바로 시험에 출제되는 내용임을 분명히 한
  다. 따라서 교과서의 기본 자료들이 포함되도록 하여야 한다. 그리
  고 이슈 자료집은 다른 사람이 그 이슈를 한눈에 볼 수 있도록 간
  결하면서도 명료하게 작성하게 한다.

요약. 이 과정을 간단히 정리하면, 시간을 운용할 때 6주간을 동일하
게 적용한다는 사실(중간에 빠진 시간은 진행한 것으로 간주한다는 사실)
을 강조하여야 한다는 점, 매 시간 이슈를 미리 분담하여 당일 시간에
논의가 이루어지게 해야 한다는 점, 하나의 이슈를 논리적으로 구성하
도록 처음부터 지도 조언이 있어야 한다는 점, 이슈는 영역과 관련성이
있어야 한다는 점, 발표 준비까지 이루어져야 한다는 점이다.

(다) 면담 단계(6주간의 이슈 활동 중에 실시)
- 조 활동이 구체적으로 이루어지면, 중간 정도(3주 정도 경과하였을
  때가 가장 좋음)에 교사는 개별 면담을 실시한다.
- 이 면담은 조 활동이 제대로 이루어지고 있는지, 이슈 선정 방향
  이 올바른지, 각 개인들이 협조하면서 진행하고 있는지, 조원들 간
  의 토론이 활발한지를 확인하고, 개인 평가를 담보하기 위해서이
  다.
- 면담 시에는 각 조의 영역과 관련된 질문을 한다. 질문은 시간에
  따라 다양하게 할 수 있으나, 2문항 정도를 질문하고(교과서와 자

신들이 조사한 자료를 근거로 한다), 애매한 경우 추가 질문을 하는 것으로 평가를 한다(구체적인 점수 배분 및 평가 기준은 뒷부분 참조).

- 이것은 조원들 간의 활동에 자극을 주기 위한 것일 뿐만 아니라 무임승차를 예방하기 위한 목적이 있다.
- 면담 시 질문 내용은 절차적인 것보다는 내용 중심의 것이어야 한다.

(라) 발표 단계(5주간)

- 각 조가 조사한 이슈들을 자료집으로 제공하고 발표를 통해 그에 관해 설명한다.
- 발표는 대체로 파워포인트를 활용하도록 한다. 이미 만든 이슈 자료집을 근간으로 하되, 지면에 담을 수 없는 동영상 등을 적극 활용하여 다른 학생들의 흥미를 유발할 수 있도록 유도한다.
- 발표 시간은 조마다 25-30분 정도가 적당할 것으로 보인다. 교사가 부분적으로 강평할 시간이 필요하고, 뒤에서 제시하는 평가도 병행하여야 하기 때문에 10여 분 정도의 여분 시간을 갖는 것이 중요하다.
- 참고로, 발표를 위해서 자료를 CD나 USB에 저장해 오도록 하고 (인터넷이 되는 경우는 메일로 할 수 있음), 컴퓨터 도우미를 선정하여 시간 전에 컴퓨터 설치를 마무리하도록 한다.
- 경우에 따라서는 잘된 발표 자료를 보여줌으로써 다음 발표자들이 참고하고 자극 받을 수 있도록 유도한다(실제로 학생들에게 아무리 설명해도 잘 이해하지 못하는 경우가 많으므로 이 연구 프로그램에서 제시하는 자료를 하나씩 보여 주는 것이 좋을 것으로 판단된다).

(사) 평가 단계(매 시간)

- 원칙적으로 수행 평가의 과정을 거치는 것이므로 매 시간 평가가 이루어진다. 개인별 평가 요소는 면담 평가, 학습 수행 평가(자료 준비도 등), 역할 분담 평가이다. 그리고 조별 평가 요소는 발표, 자료집 산출, 이슈 선정의 적정성의 요소로 평가한다.
- 점수 배분은 여러 가지 방식으로 할 수 있으나, 개별 평가 20점, 조별 평가 30점으로 50점을 부여한다. 개별 평가의 경우, 학습 수행 평가는 10점, 면담 평가 5점, 역할 분담 평가 5점이고, 조별 평가의 경우, 각 항목 별로 10점씩 한다. 구체적인 것은 시행하려는 교사의 기준에 따라 다르게 할 수 있다.

3. 수학 능력 시험 기출 문제

* 다음은 '6·15 남북 공동 선언'의 일부이다. 이 선언의 내용에 부합하는 것을 〈보기〉에서 모두 고르면? (2001 수능 문제)

> o 남과 북은 나라의 통일 문제를 그 주인인 우리 민족끼리 서로 힘을 합쳐 자주적으로 해결해 나가기로 하였다.
> o 남과 북은 경제 협력을 통하여 민족 경제를 균형적으로 발전시키고 사회, 문화, 체육, 보건, 환경 등 제반 분야의 협력과 교류를 활성화하여 서로의 신뢰를 다져 나가기로 하였다.

〈보기〉

> ㄱ. 통일된 하나의 정부를 우선적으로 수립해야 한다.
> ㄴ. 통일 문제의 당사자인 남북한이 대화와 협상을 해야 한다.
> ㄷ. 통일은 남북한 지도자의 외형적 합의에 의해 이루어져야 한다.
> ㄹ. 남북한이 상호 체제를 인정하는 가운데 평화 공존하는 기간이 필요하다.

① ㄱ.ㄴ ② ㄱ.ㄷ ③ ㄱ.ㄹ ④ ㄴ.ㄷ ⑤ ㄴ.ㄹ

* 다음의 관점을 토대로 통일 조국의 미래상에 걸맞은 이념적 좌표로서 타당한 것을 〈보기〉에서 모두 고른 것은? (2002 수능 문제)

> 근대 이후 특정한 국민 국가의 민족주의는 그 역사 과정에서 다양하고 보편적인 이데올로기와 결합하여 거대한 역사적 원동력이 될 수 있었다. 하지만, 스나이더(L. L. Snyder)의 지적처럼, 18세기를 풍미하였던 민족주의가 자유주의적인 속성이 강했다면, 19세기에는 오히려 전체주의적인 속성으로 변모하여 특정한 이데올로기를 합리화시키는 도구로 이용되었다는 점에서 민족주의는 양면성을 지니고 있다.

〈보기〉

> ㄱ. 세계화와 정보화의 추세 속에서 패권적 민족주의를 추구해야 한다.
> ㄴ. 국제 사회의 경쟁에서 승리하기 위해 지향적 민족주의를 더욱 유지하고 강화해야 한다.
> ㄷ. 지역·계층 간 갈등과 남북한의 이질감을 극복할 수 있는 통일 민족주의를 목표로 해야 한다.
> ㄹ. 민족의 정체성을 유지하는 가운데 지구촌의 모든 민족과 화합할 수 있는 열린 민족주의를 지향해야 한다.

① ㄱ.ㄴ ② ㄱ.ㄷ ③ ㄴ.ㄷ ④ ㄴ.ㄹ ⑤ ㄷ.ㄹ

제5부

통일 교육론의 체계적 적용을 위한 과제

제1장

통일 교육론과 교사 교육

통일 교육 교사 교육론(프로그램)은 교육 대학과 사범 대학에서 초·중·고등학교 통일 교육 담당 교사 양성을 위한 지전 교육 프로그램과 교육부 및 각 시·도 교육청 산하 교육 연수원과 각 대학 부설 교육 연수원에서 실시하는 현직 초·중·고등학교 통일 교과 담당 교사들을 대상으로 하는 재직 중 교육 프로그램에 대한 연구를 말한다(정세구, 1998).

그러나 실질적으로 통일 교과라는 "교과목"은 존재하지 않기 때문에 교육 대학과 사범 대학에서 교육 과정으로서 교사를 양성하기 위한 통일 교육 프로그램은 존재하지 않는다. 다만, 재직 중 교사 교육 프로그램의 성격을 띠는 각종 연수 프로그램들(통일교육원 및 각 시도 교육 연수원의 통일 교육 직무 연수, 그리고 일부 통일 교육 관련 단체들이 행하고 있는 직무 연수)이 존재하고 있을 따름이다.

앞서 살펴본 재직 중 교사 교육 프로그램들의 내용을 분석해 보면, 북한 사회의 이해에 대한 과목과 통일 환경을 알 수 있는 내용, 그리고 통일 교육 수업의 실제 부분으로 이루어져 있다. 여기에 주민들의 실제 생활과 청소년들의 생활 모습을 알 수 있는 내용들이 추가되고 있다. 크게 보면, 통일 문제 및 북한에 관한 내용과 교수–학습 방법으로 구성되어 있다고 보인다. 이러한 교육 과정 구성은 상당한 문제점을 내포하고 있다.

일반적으로 여타 과목에 대한 사범 대학과 교육 대학의 교육 과정 구성도 이와 크게 다르지 않은 것으로 조사되고 있다. 이러한 구성이 문제되는 이유는 통일 교육 관련 교육 과정이 북한학, 정치학 같은 기초 학문의 개설 교육 과정과 크게 다르지 않기 때문이다. 이러한 구성은 첫째, 교사 양성 전문 기관으로서 사범 대학의 존재 근거를 약화시키고, 둘째, 교직의 전문성을 충분히 부각시키지 못하는 취약점을 지니고 있다(황정규, 1991; 이돈희, 1994).

이는 특히 중등학교 교사의 직업 전문성에 있어서 커다란 취약점으로 작용하고 있다. 교사의 전문성은, 그 전문성을 소유한 징표로서 받게 되는 교사 자격증의 소지자로서가 아니라, 그가 교육 현장에서 전문 직업인으로서 하는 일이 그러한 자격증을 소유하지 못한 사람들이 할 수 없는 일을 하고 있을 때 실질적으로 인정되는 것이라고 할 수 있다.

적어도 그러한 포괄적 의미의 교과 교육을 감당할 수 있게 하기 위해서는 교과 내용 그 자체의 "건조한" 지식만으로는, 그리고 그러한 지식을 가르치는 "단조로운" 기능적 기술만으로는 결코 충분하지가 않다. 한 교과의 교육을 담당하는 교사는 적어도 그 교과의 세계에서는 학생들과 전부를 함께하는 동반자의 위치에 있어야 한다. 교사가 되는 길은 그러한 동반자로서의 자격을 구비하는 과정이며, 그 과정은 교과와 교육의 세계를 포괄적이고 균형 있게 연결 짓는 활동으로 조직되어야 한다.

이돈희는 교사들 중 교과에 대한 관심이 교과 자체의 내용에 접근하는 경향을 지니고 있는 부류의 교사를 "교과 내향적敎科內向的 교사"라고 하였다. 이에 비하여, 예를 들어 수학 교과 그 자체의 내용 전반에 대한 지식은 좀 얕은 편이나 교육의 방법적 기술이나 교육 일반에 관한 이해는 더 깊고 포괄적이며, 거기에다 교과 내향적 교사들이 가지지 못한 다른 자질들을 가지고 있는 교사가 있다고 하자. 즉, 이 부류에 속한 교사는 수학이 어떤 성격의 학문이라는 것을 다른 과학이나 예술과 구별해서, 그러면서도 서로 관련시켜 이해하고 있으며, 인간의 문명사에서 수학이라는 학문이 어떠한 위치에 있어 왔으며, 우리의 일상적인 삶의 질과 다른 학문의 발달에 어떤 영향을 미쳐 왔으며, 어떤 종류의 수학적인 사고가 어떤 사회-문화적 배경을 가진 곳에서 발달하였으며, 수학의 발달에 영향을 준 역사적 사건이나 추세로는 어떤 것이 있으며, 오늘의 수학은 어떤 과정을 통하여 성립된 것이며, 미래의 수학은 어떤 방향으로 발달할 것이라는 것 등에 관한 지식을 소유하고 있다고 하자. 이러한 교사는 교과에 대한 시간적-공간적 이해의 폭이 넓고, 교과 내용 그 자체에 관심을 한정하지 않으며, 그 내용을 초월해 있으면서도 그 내용에 접근하는 포괄적인 설명 능력을 지니고 있다. 우리는 이러한 부류의 교사를 "교과 외향적敎科外向的 교사"라고 일컫는다(이돈희, 1994, pp. 30-4).

통일 교육의 경우에도, 교사 교육에서 교육되어야 할 내용은 단순한 내용 전문가가 아닌 것은 명백하다. 이것은 내용 전문가가 무의미하다는 의미보다는 교과 교육에서 강조되어야 할 부분이 내용 부분보다는 교과에 관한 주변 지식과 포괄적 활용 능력이다. 교과를 가르친다고 하는 것은 교과의 내용적 명제만을 가르치는 것이 아니기 때문이다. 그렇다고 그 내용을 효과적으로 학습하게 하는 것만도 아니다.

구체적으로 통일 교과와 관련하여 보면, 타 교과에서의 통일 교과의 위상을 파악하는 것, 통일 교육의 역사적 배경 및 발달사, 통일 교육이 국민의 생활에 미치는 결과 및 효과, 특정 통일 문제가 생겨나고 그것이 사회적으로 미친 파장이 무엇인가를 아는 것, 현재의 통일 교육의 당면 과제와 미래의 통일 교육의 모습에 대해 확고한 비전을 갖는 것,

분단(또는 갈등)에 대한 다른 나라의 접근 과정과 그것을 통하여 우리의 해결 방식을 깨닫는 것 등을 포함하는 교육 과정이 되어야 할 것이다.

다시 말하여, 통일 교과를 통하여 세계를 보게 하며, 통일 교과와 더불어 삶의 의미와 가치에 접근하게 하며, 그 교과에 의해서 삶의 원리를 제공하는 것까지를 포함하는 일종의 "예술적 활동"이 되어야 할 것이다. 이렇게 될 때, 통일 교육을 받은 사람들이 통일 문제를, 북한 주민에 대한 문제를, 우리 미래의 한민족 공동체의 문제를 나의 문제로 받아들이고 적극적으로 해결하려고 노력할 것이다. 우리가 통일에 대한 무관심과 회피, 통일에 대한 반대 의식을 아직 해결하지 못한 이유는 바로 여기에 있다.

제2장

통일 교육의 기반 조성 제고 방안

통일 교육이 해결해야 할 과제는 산적해 있다. 우선, 통일 교육의 체계성을 갖추는 것이다. 여기에는 그동안 통일 교육에 대해 제기된 다양한 논의를 합의된 이념과 틀framework에 맞추어 구조화하는 것이 필요하다. 이 책은 그러한 노력의 일환이다. 다음으로, 무엇보다도 중요한 것이 사회적 공감대라고 할 수 있다. 소위, 남남 갈등으로 묘사되고 있는 현재의 사회적 흐름은 통일 문제와 관련하여 구체적인 부분에서 너무도 많은 낭비를 초래하고 있다. 전형적인 사례 하나가 2001년 이후 시행되었던 '금강산 체험' 학생들에 대한 보조금 지급 문제였다.

각종 언론과 방송 매체 등 매스컴의 역할이 무엇보다 크다. 정치적·경제적 분위기뿐만 아니라 여론 주도층opinion leader들의 논조가 그것을 뒷받침할 수 있어야 한다. 다음으로 통일 교육이 이제 양적으로 확대될 뿐만 아니라, 질적으로 도약할 시점에 있다는 것이다. 그러나 현재 우리나라의 통일 교육은 여전히 과거 통일 교육의 문제를 해결하지 못한 채 답보 상태에 있다. 그 전형적인 사례가 청소년 통일 의식 설문 조사에서 드러난 것들이라고 하겠다. 이들 문제 중 첫 번째 항목에 대한 것이 이 장의 주제이므로 그 외의 문제들은 부연하려 한다.

사회적 공감대의 문제는 실제 통일 교육 현장에서 수시로 접하게 되는 시급한 문제이다. 학교 통일 교육의 활성화와 관련하여, 남북 관계 및 분단에 대한 다양한 경험과 생각을 가진 교장과 교사 등 일선 현장 교육자 간의 대화가 활성화되어 통일 교육의 방향을 공유해 나가는 것이 오히려 중요한 문제로 떠오르고 있다(이창렬, 2002).

6.15 남북 정상 회담 이후 일부 학교에서는 6.15 기념 노래를 방송하는 문제를 가지고 학내 갈등이 일어나기도 했고, 김정일 국방위원장이 앞에서 수레를 끌고 김대중 대통령이 뒤에서 미는 것으로 남북 정상 회담을 표현한 학생 그림을 교실에 전시하는 문제로 논란이 이는 등 매우 구체적인 갈등들이 아직도 많이 일어나고 있다.

북한 노래 〈반갑습니다〉를 교실에서 교사의 지도와 해설 속에 사용하면 문제가 없지만, 확성기를 통해 불특정 다수에게 전파하는 것은 우리 사회 내의 다양한 이념적 스펙트럼을 생각해 볼 때 부적절하다고 보아야 할 것이다. 이러한 문제에 대하여 중요한 것은, 첫째 어떠한 교육 목적을 지녔느냐 하는 것과, 둘째 사용된 교육 자료가 교육 현장을 벗어날 경우에 발생할 수 있는 오해를 감안한 절제된 접근이 아직은 필요하다는 점이다.

다음으로 통일 교육의 양적, 질적 강화 방안이 마련되어야 한다는 점이다. 청소년들의 의식을 지속적으로 변화시키기 위해서는 사회의 관심과 함께 체계적 교육 방법이 도입되어야 한다. 그러나 현 단계의 통일 교육은 기존의 교육 방법과 내용을 뛰어넘지 못하고 있다. 국민의 정부 초기와 별반 다를 바 없다. 지금까지의 교육이 주로 북한의 이해를 위주로 하는 1단계 교육이었다면, 민족의 동질성을 회복하고 통일 문화를 정착시키기 위해서는 새로운 패러다임의 교육이 필요하다. 즉, 교육 내용과 교육 방법, 교육 범위의 변화를 통한 새로운 형태의 통일 교육이 이루어져야 한다.

현재의 교육 체제에서는 청소년들을 행사성 통일 교육 위주로 유도

할 수밖에 없다. 교육 과정을 통한 통일 교육은 소수의 교과목에 한정되어 있기 때문이다. 현재, 교과목 중에서 통일과 북한 관련 내용을 체계적으로 시행할 수 있는 과목은 도덕, 윤리, 일반 사회 정도이다(황인표, 2000b).

이러한 현상은 제7차 교육 과정에서도 크게 달라질 것 같지는 않다. 실제로, 교육 과정에 따른 교과서 개발 과정에서 모든 과목들이 북한과 통일 관련 내용들을 싣고 있지는 않다. 그나마, 내용에 있어서 문화 이해적 접근을 꾀하는 수준으로 전환이 이루어지고 있어 다행이다.

그러나 이러한 정도의 변화로는 너무도 미진하다. 교과목의 특성상 불가능한 교과목을 제외한 모든 교과에 북한과 통일 관련 내용이 상당 분량 수록되어야 한다. 왜냐히면, 통일 문세는 일부문의 문제가 아니라 모든 영역에 걸쳐 있는 것이기 때문이다.

교육 내용과 방법에 있어서도 단순히 흥미를 끄는 교수-학습 방법이 아니라, 진정한 민주 시민으로 거듭날 수 있는 통일 교육, 인간 존중과 동포애를 실현할 수 있는 교육, 한민족의 동질성을 확인할 수 있는 공동체 교육이 이루어질 수 있어야 한다. 이것은 동시에 통일의 정당성과 당위성을 확인하는 교육이기도 하다. 교육의 장場도 학교만이 아니라 학교와 사회, 학교와 가정이 연결된 체계적 시스템이 구축되어야 한다.

통일 교육을 활성화하기 위해서는 먼저 양적 확대를 꾀하는 방안이 모색되어야 한다. 통일 교육은 여전히 소수가 주체가 되고 있기 때문이다. 이를 위해서는 첫째, 모든 교육 과정에 통일 교육 내용이 반영되어야 한다. 왜냐하면 학교 교육을 지배하는 설계도가 교육 과정이기 때문이다. 이것은 지속적이고 체계적인 통일 교육을 위해서도 필요한 일이다.

둘째, 통일 교육을 담당하는 교사들의 저변이 확대되어야 한다. 그동안 통일 교육 연수 대상자들은 주로 도덕·사회과 교사들이었다. 교과 내용에 통일 관련 내용이 많았기 때문이다. 그러나 통일 교육의 양적인 저변 확대를 위해 가장 중요한 방안 중의 하나는 통일 담당 교사의 다양화를 꾀하는 일이다. 교육의 주체가 정확히 인지한 후에야 여건에 따른 실현이 가능하기 때문이다.

셋째, 교사들은 정보를 공유하고 자료를 효율적으로 이용하기 위해서 많은 연구회 등을 만들어 활동할 필요가 있다. 통일을 생각하는 교사들의 모임, 서울 초·중·고 통일교육연구회, 한국교육연구소 이스쿨eschool의 통일교육연구회, 인천지역 통일교사모임 등 전국적으로 지역에 맞는 나름의 통일 교육 연구회들이 구성되어 있으나, 실제 활동이 충실하게 이루어지고 있다고 보기는 어렵다. 결국 통일 교육의 활성화는 현장 교사에게 달려 있다는 생각에 동의한다면, 이들이 연구할 수 있는 연구회 활동에 각종 재정적·행정적 지원이 뒤따라야 할 것이다.

다음으로, 질적 확대를 꾀할 수 있는 방안이 모색되어야 한다. 이를 위해서는 첫째, 교육 내용에서의 질적 변화를 추구해야 한다. 현재의 학교 통일 교육을 대강 요약하면, 북한 이해 교육이고, 행사성·간접 체험 중심의 통일 교육이라고 할 수 있다. 통일 교육이 제한적으로 실시되고 있는 점을 고려하면, 이러한 교육 내용과 방법은 여전히 의미를 갖고 있다. 그러나 일부에서는 다음과 같은 발전적 변화를 꾀할 필요가 있다. 체계적이고 전문적인 교수-학습 전문가가 등장하여 남북한 동포가 함께 소속하게 될 민족 공동체를 하나의 도덕적 선善으로 규정하고, 그러한 선을 공유할 수 있는 전망과 이해를 이룰 수 있는 민족 공동체 교육, 서로를 합리적으로 이해하는 교육이나 남북 통합을 위한 인권 교육이 통일 교육에 대한 시민 교육적 접근, 다문화 교육 접근, 평화 교육적 접근 등이 보편화되어야 한다.

둘째, 체험 중심의 통일 교육이 병행되어야 한다. 통일을 직접 체험

할 수 있는 장을 마련하여야 한다. 우리의 통일 교육이 종국적으로 나아가야 할 방향은 합리적인 접근도 중요하지만, 정서적인 유대감을 키우는 것이다. 독일 통일에 지대한 영향을 미친 에곤 바르에 의하면, 독일 통일 과정에서는 학생들을 상호 교환하는 프로그램을 충실히 이행한 것으로 알려져 있다. 브란트 총리 이후 콜 총리 시절까지 지속적인 동방 정책으로 청소년들의 교류를 활성화하였다. 수학여행을 동독으로 보냄으로써 오고 가는 학생들 모두 서로 이해의 폭을 높일 수 있었다(게하르트 미켈스, 2000. 11. 3). 결국, 우리나라에서도 이와 같은 프로그램을 마련하고 그에 대한 법적 지원이 이루어져야 할 것이다. 북한의 수용 여부에 따라 다르겠지만, 육로 및 해상을 통한 수학 여행단 교환이나 일정 학생 단체 수준의 방문 장려 등이 필요할 것이다. 현새 시행되고 있는 '육로 관광'은 학생들의 교류에 지대한 영향을 미치고 있는 것으로 보고되고 있다. 실무 담당자의 말에 의하면, 2003년 9월 이후 약 18,000명의 학생들이 육로 체험 학습 및 수학여행에 참여했다고 한다.

그러나 현재는 그러한 실천에 많은 장애가 있다. 그러므로 이러한 단계를 벗어나 우리가 좀 더 진전된 교류 활성화를 이루기 위해서는 제도적인 권장 장치가 필요하고, 교류 방법을 다양화하는 것이 중요하다. "청소년 교류 활성화 촉진 특례법(가칭)" 같은 제도적 장치를 마련하여야 한다. 여기에는 인솔자의 책임 하에 방북 또는 방남이 될 수 있도록 하는 등의 획기적 조치가 있어야 한다. 동시에, 자매결연을 통한 상호 방문, 홈스테이 제도의 활용, 육로를 통한 수학여행 및 졸업 여행, 각종 학술 탐사 활동이 보편화되어야 할 것이다(황인표, 2001a).

셋째, 교육 과정 상의 강화 방안이 마련되어야 한다. 교육 과정의 문제는 당장 개선할 수 있는 것은 아니다. 통일 교육 수업 시간과 관련하여서는 금번 제7차 교육 과정 개편으로 교과 시수는 축소되었으나 재량 활동 시간에 통일 교육을 포함할 수 있어 수업이 보다 다양하게 이루어지고 또한 노력 여하에 따라서는 보다 많은 통일 교육이 이루어질 수 있는 것도 사실이다. 통일 관련 내용이 시대의 조류에 맞게 조정 등재되고 있고, 통일 교육의 지원 체제는 '통일교육지원법'에 의거하여 큰 틀에 있어서는 상당한 정도의 장애를 제거하는 수준에 이르고 있다.

다음으로 이러한 모든 것을 행정적, 제도적으로 지원하는 실질적 지원책이 강화되어야 한다. 이에 대한 지원책으로는 첫째, 법적·제도적 지원이 필요하다. 통일 교육의 실제적 근거라고 할 수 있는 "통일교육지원법"을 실제적이고 구체적으로 만들 필요가 있다. 현재의 강령적 형태도 선언적 의미에서는 나름의 의미가 있으나, 이제는 실제적인 지원 내용을 담고 있어야 한다. 예를 들어, 가장 중요한 지원책인 예산에 관한 규정을 강화하거나, 교사와 교수, 언론인 등이 포함된 통일 교육 심의회의 구성 등을 포함해야 한다.

둘째, 구체적인 통일 교육 프로그램을 만들고, 학교 통일 교육을 지속적으로 실시할 수 있도록 지원 체계를 확립하는 것은 현장과 관련이 깊은 교육 당국의 몫이다. 따라서 당국의 인식 제고가 필요하다(예를 들어, 학교 통일 교육 지원을 위해 재정 지원의 우선순위를 확보하라는 교육부나 교육청의 공문이 있느냐 없느냐는 학교에서 통일 교육을 실시하는 데 막대한 영향을 미친다).

셋째, 온라인상의 네트워크 구축을 위한 노력이 이루어져야 한다. 오프라인에서의 분위기 조성이 한 부분이라면, 사이버 영역은 또 하나의 공간이다. 더구나, 최근 학생들은 오프라인 세계보다는 사이버 세계에 침잠해 있는 경우가 많다. 그러므로 청소년의 통일 문화 형성을 위한 핵심 정책 중 하나는 바로 사이버 통일 문화의 형성이다.

특히, 청소년 통일 문화의 형성을 위해서는 청소년 관련 통일 자료 네트워크 구축이 절실하다. 현재까지 연구된 바에 의하면, 일부 청소년 관련 사이트를 제외하고 대부분의 사이트는 상당히 영세하다고 한다.

따라서 이에 대한 지원책을 강구하고 그것들을 공유하는 것이 중요하다. 그렇다면, 청소년들의 통일에 대한 관심 제고와 통일 문화 정착을 위해서는 사이버 세계를 통일 문화의 장으로 활용하는 정책이 필요하다. 북한과 통일을 주제로 한 게임 개발(예를 들어, 두더지를 이용한 북한 지리 탐사 게임, 남북 연합군이 일본을 가상의 적으로 한 점령 게임), 사이버 통일 표어·포스터 대회, 사이버 북한 답사 등의 게임 개발과 행사 개최를 장려할 필요가 있다.

이러한 통일 네트워크의 구축은 두 가지 방향에서 모색할 수 있을 것이다. 하나는 현재까지 우리나라에 퍼져 있는 각종 자료를 연결할 수 있는 통합 홈페이지를 만드는 것이 필요하다. 다른 하나는 남북 공동의 홈페이지를 구축하는 것이다. 비록, 우리 쪽의 자료가 훨씬 많이 탑재될 것이나, 그것 자체가 남북 공동의 청소년 공간을 만들고 개방과 통일 분위기를 조성하는 것이 될 것이다.

최근 보도에 의하면, 북한의 전자 우편e-mail 서비스가 시범적으로 실시될 것이라고 한다.17) 현재 북한의 4대 웹사이트는 주로 일본이나 중국에서 운영되고 있다고 한다. 북한과 관련된 대표적인 4대 웹사이트는 조선중앙통신(www.kcna.co.jp), 조선신보(www.korea-np.co.jp), 조선인포뱅크(www.dprkorea.com), 평양타임즈(times.dprkorea.com)로 알려져 있다. 그 외에도 평양정보센터(PIC) 싱가포르 지사(http://www.pic-international.com)가 있다. 그렇지만, 북한이 현재의 추세대로 인프라를 구축해 나간다면, 홈페이지를 통한 동호회 활동은 대단히 활발해질 것이다. 따라서 인터

---

17)『문화일보』2001년 11월 1일자 보도에 의하면, "북한이 지난 10월 8일부터 시험 서비스를 개시한 '실리은행'(http://www.silibank.com)은 외국인들이 북한 현지인과 e메일을 주고받을 수 있는 최초의 인터넷 사이트라는 점에서 큰 관심이 쏠리고 있다." 그러나 통일부 논평에 의하면, 아직 명확히 확인된 것은 아니고, 만약 사실이라 하더라도 우리 국민이 이 사이트에 가입하려면 '접촉 승인'을 얻어야 한다. 통일부 대변인실 논평, 2001. 11. 1.

넷을 이용한 상호 의사소통 통로를 마련하는 것은 청소년들의 감정 공유를 위한 좋은 수단이 될 것이다.

효율적인 사이버 통일 네트워크 구축을 위해서는 정보화 지원 센터 구축, 통일 관련 공동 홈페이지 구축, 사이버 통일 포럼 구축, 메일링 리스트 구축 등이 반드시 요구된다(윤성이, 2001).

마지막으로 통일 교육이 체계적으로 자리 잡기 위해서는 교육 과정상 하나의 독립 과목으로 정착되어야 한다. 통일 이전에는 통일 대비의 차원에서, 통일 이후에는 민족 통합의 차원에서 통일 교육 전문가 집단이 필요하기 때문이다. 통일 교육이 아직 독립 교과 단계에까지 이르고 있지는 않지만, 최소한 독립 교과로 구성될 수 있는 것은 명확하다. 다만, 이것은 정치적·정책적 결단이 뒷받침되어야 하는 사안이다. 앞서 언급한 대로 고무적인 것은, 청소년들은 통일 교과에 대해 찬성하는 쪽이 더 높다는 것이다(민주평화통일정책자문회의 청소년 의식 조사 자료 참조). 한편, 국회 차원에서도 의원들이 연구회를 만들어 연구하면서 통일 교과의 독립을 입법 예고하고 있다.

부록 1

1998년 조선민주주의인민공화국 사회주의 헌법 서문 및 개요

조선민주주의인민공화국은 위대한 수령 김일성 동지의 사상과 령도를 구현한 주체의 사회주의 조국이다. 위대한 수령 김일성 동지는 조선민주주의인민공화국의 창건자이시며 사회주의 조선의 시조이시다.

김일성 동지께서는 영생불멸의 주체사상을 창시하시고 그 기치 밑에 항일혁명 투쟁을 조직 령도하시여 영광스러운 혁명 전통을 마련하시고 조국 광복의 력사적 위업을 이룩하시였으며 정치, 경제, 문화, 군사 분야에서 자주 독립 국가 건설의 튼튼한 토대를 닦은 데 기초하여 조선민주주의인민공화국을 창건하시였다.

김일성 동지께서는 주체적인 혁명 로선을 내놓으시고 여러 단계의 사회혁명과 건설 사업을 현명하게 령도하시여 공화국을 인민 대중 중심의 사회주의 나라로 자주, 자립, 자위의 사회주의 국가로 강화 발전시키시였다.

김일성 동지께서는 국가 건설과 국가 활동의 근본 원칙을 밝히시고 가장 우월한 국가 사회 제도와 정치 방식, 사회 관리 체계와 관리 방법을 확립하시였으며 사회주의 조국의 부강 번영과 주체 혁명 위업의 계승 완성을 위한 확고한 토대를 마련하시였다.

김일성 동지께서는 '이민위천'을 좌우명으로 삼으시여 언제나 인민들과 함께 계시고 인민을 위하여 한평생을 바치시였으며 숭고한 인덕정치로 인민들을 보살피시고 이끄시여 온 사회를 일심단결된 하나의 대가정으로 전변시키시였다.

위대한 수령 김일성 동지는 민족의 태양이시며 조국 통일의 구성이시다. 김일성 동지께서는 나라의 통일을 민족지상의 과업으로 내세우시고 그 실현을 위하여 온갖 로고와 심혈을 다바치시였다. 김일성 동지께서는 공화국을 조국통일의 강유력한 보루로 다지시는 한편 조국 통일의 근본 원칙과 방도를 제시하시고 조국 통일 운동을 전 민족적인 운동으로 발전시키시여 온 민족의 단합된 힘으로 조국 통일 위업을 성취하기 위한 길을 열어놓으시였다.

위대한 수령 김일성 동지께서는 조선민주주의인민공화국의 대외 정책의 기본 리념을 밝히시고 그에 기초하여 나라의 대외 관계를 확대 발전시키시였으며 공화국의 국제적 권위를 높이 떨치게 하시였다. 김일성 동지는 세계 정치의 원로로서 자주의 새 시대를 개척하시고 사회주의 운동과 쁠럭불가담운동의 강화 발전을 위하여 세계의 평화와 인민들 사이의 친선을 위하여 정력적으로 활동하시였으며 인류의 자주위업에 불멸의 공헌을 하시였다.

김일성 동지는 사상 리론과 령도 예술의 천재이시고 백전백승의 강철의 령장이시였으며 위대한 혁명가, 정치가이시고 위대한 인간이시였다.

김일성 동지의 위대한 사상과 령도 업적은 조선 혁명의 만년재보이며 조선민주주의인민공화국의 륭성 번영을 위한 기본 담보이다.

조선민주주의인민공화국과 조선인민은 조선로동당의 령도 밑에 위대한 수령 김일성 동지를 공화국의 영원한 주석으로 높이 모시며 김일성 동지의 사상과 업적을 옹호 고수하고 계승 발전시켜 주체 혁명 위업을 끝까지 완성하여 나갈 것이다.

조선민주주의인민공화국 사회주의 헌법은 위대한 수령 김일성 동지의 주체적인 국가 건설 사상과 국가 건설 업적을 법화한 김일성 헌법이다.

부록 2

7.4 남북 공동 성명

1972년 평양과 서울에서 남북 관계를 개선하며 갈라진 조국을 통일하는 문제를 협의하기 위한 회담이 있었다.

서울의 이후락 중앙정보부장이 1972년 5월 2일부터 5월 5일까지 평양을 방문하여 평양의 김영주 조직 지도부장과 회담을 진행하였으며, 김영주 부장을 대신한 박성철 제2부수상이 1972년 5월 29일부터 6월 1일까지 서울을 방문하여 이후락 부장과 회담을 진행하였다.

이 회담들에서 쌍방은 조국의 평화적 통일을 하루 빨리 가져와야 한다는 공통된 염원을 안고 허심탄회하게 의견을 교환하였으며, 서로의 이해를 증진시키는 데서 큰 성과를 거두었다.

이 과정에서 쌍방은 오랫동안 서로 만나 보지 못한 결과로 생긴 남북 사이의 오해와 불신을 풀고, 긴장의 고조를 완화시키며, 나아가서 조국 통일을 촉진시키기 위하여 다음과 같은 문제들에 완전한 의견 일치를 보았다.

1. 쌍방은 다음과 같은 조국 통일 원칙들에 합의를 보았다.
   첫째, 통일은 외세에 의존하거나 외세의 간섭을 받음이 없이 자주적으로 해결하여야 한다.

둘째, 통일은 서로 상대방을 반대하는 무력행사에 의거하지 않고 평
화적 방법으로 실현하여야 한다.

셋째, 사상과 이념, 제도의 차이를 초월하여 우선 하나의 민족으로서
민족적 대단결을 도모하여야 한다.

2. 쌍방은 남북 사이의 긴장 상태를 완화하고 신뢰의 분위기를 조성하
   기 위하여 서로 상대방을 중상·비방하지 않으며, 크고 작은 것을 막
   론하고 무장 도발을 하지 않으며, 불의의 군사적 충돌 사건을 방지하
   기 위한 적극적인 조치를 취하기로 합의하였다.

3. 쌍방은 끊어졌던 민족적 연계를 회복하며, 서로의 이해를 증진시키
   고, 자주적 평화 통일을 촉진시키기 위하여 남북 사이에 다방면적 제
   반 교류를 실시하기로 하였다.

4. 쌍방은 지금 온 민족의 거대한 기대 속에서 진행되고 있는 남북 적십
   자 회담이 하루 빨리 성사되도록 적극 협조하는 데 합의하였다.

5. 쌍방은 돌발적 군사 사고를 방지하고 남북 사이에 제기되는 문제들
   을 직접·신속 정확히 처리하기 위하여 서울과 평양 사이에 상설 직
   통 전화를 놓기로 합의하였다.

6. 쌍방은 이러한 합의 사항을 추진시킴과 함께 남북 사이의 제반 문제
   를 개선 해결하며, 또 합의된 조국 통일 원칙에 기초하여 나라의 통
   일 문제를 해결할 목적으로, 이후락 부장과 김영주 부장을 공동 위원
   장으로 하는 남북 조절 위원회를 구성·운영하기로 합의하였다.

7. 쌍방은 이상의 합의 사항이 조국 통일을 일일천추로 갈망하는 온 겨
   레의 한결같은 염원에 부합된다고 확신하면서 이 합의 사항을 성실
   히 이행할 것을 온 민족 앞에 엄숙히 약속한다.

서로 상부의 뜻을 받들어

김영주   이후락

1972년 7월 4일

부록 3

남북 화해 및 불가침에 관한 기본 합의서

남과 북은 분단된 조국의 평화적 통일을 염원하는 온 겨레의 뜻에 따라, 7.4 남북 공동 성명에서 천명된 조국 통일 3대 원칙을 재확인하고, 정치 군사적 대결 상태를 해소하여 민족적 화해를 이룩하고, 무력에 의한 침략과 충돌을 막고 긴장 완화와 평화를 보장하며, 다각적인 교류·협력을 실현하여 민족 공동의 이익과 번영을 도모하며, 쌍방 사이의 관계가 나라와 나라 사이의 관계가 아닌 통일을 지향하는 과정에서 잠정적으로 형성되는 특수 관계라는 것을 인정하고, 평화 통일을 성취하기 위한 공동의 노력을 경주할 것을 다짐하면서, 다음과 같이 합의하였다.

제1장 남북 화해

제1조 남과 북은 서로 상대방의 체제를 인정하고 존중한다.

제2조 남과 북은 상대방의 내부 문제에 간섭하지 아니한다.

제3조 남과 북은 상대방에 대한 비방 중상을 하지 아니한다.

제4조 남과 북은 상대방을 파괴 전복하려는 일체 행위를 하지 아니한다.

제5조 남과 북은 현 정전 상태를 남북 사이의 공고한 평화 상태로 전환시키기 위하여 공동으로 노력하며 이러한 평화 상태가 이룩될 때까지 현 군사 정전 협정을 준수한다.

제6조 남과 북은 국제무대에서 대결과 경쟁을 중지하고 서로 협력하며
　　　민족의 존엄과 이익을 위하여 공동으로 노력한다.

제7조 남과 북은 서로의 긴밀한 연락과 협의를 위하여 이 합의서 발효
　　　후 3개월 안에 판문점에 남북연락사무소를 설치 운영한다.

제8조 남과 북은 이 합의서 발효 후 1개월 안에 본회담 테두리 안에서
　　　남북정치분과위원회를 구성하여 남북 화해에 관한 합의의 이행과
　　　준수를 위한 구체적 대책을 협의한다.

제2장 남북 불가침

제9조 남과 북은 상대방에 대하여 무력을 사용하지 않으며 상대방을 무
　　　력으로 침략하지 아니한다.

제10조 남과 북은 의견 대립과 분쟁 문제들을 대화와 협상을 통하여 평화
　　　적으로 해결한다.

제11조 남과 북의 불가침 경계선과 구역은 1953년 7월 27일자 군사 정전
　　　에 관한 협정에 규정된 군사 분계선과 지금까지 쌍방이 관할하여
　　　온 구역으로 한다.

제12조 남과 북은 불가침의 이행과 보장을 위하여 이 합의서 발효 후 3개
　　　월 안에 남북군사공동위원회를 구성 운영한다. 남북군사공동위원
　　　회에서는 대규모 부대 이동과 군사 연습의 통보 및 통제 문제, 비
　　　무장 지대의 평화적 이용 문제, 군인사 교류 및 정보 교환 문제,
　　　대량 살상 무기와 공격 능력의 제거를 비롯한 단계적 군축 실현
　　　문제, 검증 문제 등 군사적 신뢰조성과 군축을 실현하기 위한 문
　　　제를 협의 추진한다.

제13조 남과 북은 우발적인 무력 충돌과 그 확대를 방지하기 위하여 쌍방
　　　군사 당국자 사이에 직통 전화를 설치 운영한다.

제14조 남과 북은 이 합의서 발효 후 1개월 안에 본회담 테두리 안에서

남북 군사분과위원회를 구성하여 불가침에 관한 합의의 이행과 준수 및 군사적 대결 상태를 해소하기 위한 구체적 대책을 협의한다.

제3장 남북 교류 협력

제15조 남과 북은 민족 경제의 통일적이며 균형적인 발전과 민족 전체의 복리 향상을 도모하기 위하여 자원의 공동 개발, 민족 내부 교류로서의 물자 교류, 합작 투자 등 경제 교류와 협력을 실시한다.

제16조 남과 북은 과학 기술, 교육, 문화 예술, 보건, 체육, 환경과 신문, 라디오, 텔레비전 및 출판물을 비롯한 출판 보도 등 여러 분야에서 교류와 협력을 실시한다.

제17조 남과 북은 민족 구성원들의 자유로운 왕래와 접촉을 실현한다.

제18조 남과 북은 흩어진 가족 친척들의 자유로운 서신 거래와 왕래와 상봉 및 방문을 실시하고 자유의사에 의한 재결합을 실현하며, 기타 인도적으로 해결할 문제에 대한 대책을 강구한다.

제19조 남과 북은 끊어진 철도와 도로를 연결하고 해로, 항로를 개설한다.

제20조 남과 북은 우편과 전기 통신 교류에 필요한 시설을 설치 연결하며, 우편 전기 통신 교류의 비밀을 보장한다.

제21조 남과 북은 국제무대에서 경제와 문화 등 여러 분야에서 서로 협력하며 대외에 공동으로 진출한다.

제22조 남과 북은 경제와 문화 등 각 분야의 교류와 협력을 실현하기 위한 합의의 이행을 위하여 이 합의서 발효 후 3개월 안에 남북 경제 교류 협력공동위원회를 비롯한 부문별 공동위원회들을 구성 운영한다.

제23조 남과 북은 이 합의서 발효 후 1개월 안에 본회담 테두리 안에서 남북 교류·협력분과위원회를 구성하여 남북 교류 협력에 관한 합

의의 이행과 준수를 위한 구체적 대책을 협의한다.

제4장 수정 및 발효

제24조 이 합의서는 쌍방의 합의에 의하여 수정 보충할 수 있다.

제25조 이 합의서는 남과 북이 각기 발효에 필요한 절차를 거쳐 그 문본
을 서로 교환한 날부터 효력을 발생한다.

1991년 12월 13일

남북고위급회담 남측대표단 수석대표 대한민국 국무총리 정원식

북남고위급회담 북측대표단 단장 조선민주주의인민공화국 정무원 총리 연형묵

부록 4

6.15 남북공동선언 전문

조국의 평화적 통일을 염원하는 온 겨레의 숭고한 뜻에 따라 대한민국 김대중 대통령과 조선민주주의인민공화국 김정일 국방위원장은 2000년 6월 13일부터 6일 15일까지 평양에서 역사적인 상봉을 하였으며 정상회담을 가졌다.

남북 정상들은 분단 역사상 처음으로 열린 이번 상봉과 회담이 서로 이해를 증진시키고 남북관계를 발전시키며 평화통일을 실현하는 데 중대한 의의를 가진다고 평가하고 다음과 같이 선언한다.

1. 남과 북은 나라의 통일문제를 그 주인인 우리 민족끼리 서로 힘을 합쳐 자주적으로 해결해 나가기로 하였다.

2. 남과 북은 나라의 통일을 위한 남측의 연합제 안과 북측의 낮은 단계의 연방제 안이 서로 공통성이 있다고 인정하고 앞으로 이 방향에서 통일을 지향시켜 나가기로 하였다.

3. 남과 북은 올해 8.15에 즈음하여 흩어진 가족, 친척 방문단을 교환하며, 비전향 장기수 문제를 해결하는 등 인도적 문제를 조속히 풀어

나가기로 하였다.

4. 남과 북은 경제협력을 통하여 민족경제를 균형적으로 발전시키고, 사
회, 문화, 체육, 보건, 환경 등 제반분야의 협력과 교류를 활성화하여
서로의 신뢰를 다져 나가기로 하였다.

5. 남과 북은 이상과 같은 합의사항을 조속히 실천에 옮기기 위하여 빠
른 시일 안에 당국 사이의 대화를 개최하기로 하였다.

김대중 대통령은 김정일 국방위원장이 서울을 방문하도록 정중히 초청
하였으며, 김정일 국방위원장은 앞으로 적절한 시기에 서울을 방문하기로
하였다.

2000년 6월 15일

대한민국 대통령 김대중
조선민주주의인민공화국 국방위원장 김정일

참고문헌

강우철·신형식(1990), 『남북한 국사 교과서의 비교연구』, 한국문화연구원 논총 57, 서울: 이화여대.

강순원(2000), 『평화·인권·교육』, 서울: 한울.

강승호 외 4인(1998), 『현대 교육평가의 이론과 실제』, 서울: 양서원.

강신창(1998), 「북한군의 통수·방위결정체제의 변화와 특징: 포스트김일성·김정일시대」, 『북한연구학회보』, 제2권 2호.

강인애(1997), 『왜 구성주의인가: 정보화 사회와 학습자 중심의 교육 환경』, 서울: 문음사.

게하르트 미켈스(2000. 11), 「독일은 통일을 잊어가고 있다」, 『통일 한국』.

게하르트 미켈스(2000. 11. 3), 「한·독 통일 교육 관련 금강산 호텔 선상 세미나 연설」.

고병헌(2000), 「실천적 평화교육을 위한 철학적 기초」, 『여성과 평화』 1집.

고유환(2001. 6. 25), 「동북아 신질서와 남북관계」, 동국대학교 북한학 연구소·길림대학교 동북아연구원 한·중 학술회의, 『21세기 동북아질서와 한반도평화』, 장춘: 길림대학.

광남고등학교(2000), 「고등학생의 통일 의식 함양을 위한 다양한 교육 활동방안」, 서울시 교육청 지정 통일 교육 시범학교 운영보고서.

교육도서출판사 편(1973), 『사회주의 교육학에 대하여』, 평양: 교육도서출판사.

교육부(1993), 『통일 교육 기본 방향』.

교육부(1997), 『제7차 교육 과정』, 교육부 고시 제1997-15호.

교육인적자원부(2002), 『대립에서 화합으로』, 2002 통일 교육 지도 자료.

국가안전보장회의(2004), 『평화 번영과 국가 안보』.

권영성(1988), 『헌법학원론』, 서울: 법문사.

권영성(2006), 『헌법학원론』, 서울: 법문사.

권오량(1994), 「영어 학습 및 교수」, 『교과교육학 탐구』, 서울: 교육과학사.

길은배(1999), 「NGOs의 역할 강화를 통한 남북한 청소년 교류·협력 증진방안 연구」, 청소년개발원.

길은배(2002), 「청소년 통일의식에 기초한 통일 교육 활성화 방안」, 민주평화통
　일정책자문회의.

김경동·이온죽(1995), 『사회조사 연구 방법론』, 서울: 박영사.

김경운(2002), 「재미의 가치를 발견한 세대」, 『새교육』 11월호.

김도태(1996), 「21세기 통일 환경 변화와 통일 교육의 실천 방향」.

김도태(2002), 「기능주의적 관점에서 본 햇볕정책의 평가와 남북한 관계」, 민주
　평화통일정책자문회의 통일연구회, 제15차 정책 포럼 자료.

김석향(1998), 「북한 사회의 시대적 요청 다각도로 읽어내기」, 한국사회학회, 『전
　기 사회학 발표 요약집』.

김영국(1997), 「통일 독일의 정치 교육 실태에 관한 연구」, 『한국정치연구』, 6권.

김영국 외 7인(1987), 『정치학개론』, 서울: 박영사.

김영환(1997), 「학교 교육을 위한 멀티미디어의 특성과 과제」, 김영수 외 편저,
　『21세기를 향한 교육 공학의 이론과 실제』, 서울: 교육과학사.

김인혁(1998), 「통일에 대비한 민주시민 교육의 모형 연구」, 『국민윤리연구』 40
　호, 국민윤리학회.

김정수(2002), 「평화교육: 평화교육의 통일 교육에의 적용을 중심으로」, 『여성과
　평화』, 한국여성평화연구원, 2월호.

김종건(1993), 「외국의 교과교육연구 실태조사 연구」, 한국교원대학교 부설교과
　교육연구소.

김종서 외 2인(1993), 『최신 교육학 개론』, 서울: 교육과학사.

김창환 외 2인(2002), 「독일의 학교 및 사회통일 교육 프로그램 개발 및 운영
　실태 분석」, 통일부 용역 과제.

김철수(2006), 『헌법학강의』, 서울: 박영사.

김헌수(2001), 『교과교육학의 성격』, 서울: 동문사.

민경식(1987), 「서독기본법에 있어서 사회화에 관한 연구」, 서울대학교 법학 박
　사 학위 논문.

민족통일연구원·한국교육개발원(1997), 「통일 교육의 새로운 방향과 실천과제」,
　KDI주관 1997 국가 정책 개발 사업.

민주평화통일정책자문회의(2002-2004), 「청소년통일의식자료」.

민주평화통일정책자문회의 사무처(2002-2004), 『통일 논의 리뷰』, 통권 제1호-8호.

민주평화통일정책자문회의 사무처(2004. 9), 「2004 청소년 통일 의식 설문 조사
　자료」.

박덕규(1994), 「독일의 민주 시민 교육」, 『민주시민교육』, 서울: 한국교육개발원.

박덕기(2002), 『NGO와 남북한 통일론』, 서울: 청문각.

박병춘(2000), 「통일 교육의 배려윤리적 접근」, 박찬석 외, 『통일교육론』, 서울: 백의.

박병춘(2002), 『배려윤리와 도덕교육』, 서울: 울력.

박보영(1998), 「평화 교육에 관한 연구」, 연세대학교 대학원 교육학과 석사학위 논문.

박순경(2001), 「교과교육학 논의에 대한 반성적 고찰」, 『교과 교육학 신론』, 서울: 문음사.

박찬석(1998), 「한국의 통일 교육 변천에 관한 연구」, 서울대학교 대학원 교육학 박사학위 논문.

박찬석(2001), 「보편적 민족주의와 학교 통일 교육」, 『도덕 윤리과 교육』 제13호, 한국도덕윤리과교육학회.

박찬석(2004), 「서울 초·중등 교사의 통일 교육 실태와 제아」, 서울 초·중등 통일교육연구회, 2004년 1차 워크숍 자료.

박찬석 외 7인(2000), 『통일교육론』, 서울: 백의.

박효종(2001), 「통일 교육 이론적 기초로서의 합리적 선택이론」, 『통일 교육의 이론적 기초와 새로운 통일 교육 방법모색』, 한국교육과정평가원.

백순근, 「인지 심리학에 의한 학습 및 학습자 관이 교육평가에 주는 시사」, 『교육학연구』, 제33권 3호.

백종억(1992), 「통일 교육의 과제와 재정립 방향 탐색」, 통일원, 『통일문제연구』, 봄호.

변영계·김영환(1996), 『교육 방법 및 교육 공학』, 서울: 학지사.

서서울정보산업고등학교(2001), 「남북 동질성 회복을 위한 통일 역량 제고 방안」, 서울시 교육청 지정 통일 교육 연구학교 보고서.

서울대학교사범대학 국정도서편찬위원회(2002), 『고등학교 도덕』, 교육인적자원부.

서울대학교통일대비교육정책연구위원회(2001), 「통일정책 변화에 따른 학교통일 교육목표 및 내용 변천 연구」, 2001년 교육인적자원부 위탁연구과제 답신보고.

서울시교육과학연구원(2003), 「초중고 통일 교육 ICT 자료」.

서현미(2001), 「북한의 베스트셀러를 찾아」, 『통일한국』 9월호.

선학태(1998), 「남북한 갈등해결 메카니즘」, 『한국정치학회보』, 32권, 3호.

선학태(2004), 『갈등과 통합의 정치』, 서울: 심산.

슈멜터 우베(2004), 「화해, 데탕트 그리고 통일의 정책을 위한 신뢰와 불신의 문제」, 이온죽 편, 『신뢰: 사회적 자본』, 집문당.

신용하(1994), 『공동체 이론』, 서울: 문학과 지성사.

신현우(2001), 「도덕과 교육 과정의 주제 중심 내용 요소 탐색에 관한 연구」, 서울대학교 대학원 교육학 박사학위 논문.

신현우(2002), 「공동체주의의 도덕교육적 적용」, 정세구 외, 『공동체주의 교육』, 서울: 교육과학사.

신형식(1994), 『남북한 역사관 비교연구』, 서울: 돌베개.

오기성 외 3인(2001), 「통일교육교수법과 그 실제」, 통일부 통일교육원.

윤성이(2001), 「인터넷을 이용한 통일 기반 확충 방안」, 통일부 신진 연구자 논문.

윤희원(1994), 「국어과교육학 개관」, 『교과교육학 탐구』, 서울: 교육과학사,

이경상(2002), 「'W세대', 그 이름은 타당한가」, 『새교육』 11월호.

이극찬(1987), 『정치학』, 서울: 법문사.

이기영(2001), 「탈북 청소년의 남한사회 부적응 문제에 관한 유형 분석」, 청소년개발원 연구 보고 01-R21.

이돈희(1992), 『교육정의론』, 서울: 양서원.

이돈희(1994), 「교과교육학의 성격과 과제」, 『교과교육학 탐구』, 서울: 교육과학사.

이돈희 외 7인(1994), 『교과교육학 탐구』, 서울: 교육과학사.

이돈희 외(1996), 「학교 통일 교육 내용 구성체계」, 한국교육개발원.

이봉기(2000), 「〈쉬피겔〉이 조사한 통일 10년의 독일」, 『통일 한국』, 11월호.

이상우(1995), 『함께 사는 통일』, 서울: 나남.

이온죽(1993), 『북한 사회의 체제와 생활』, 서울: 법문사.

이온죽(1997), 「남북한 사회 통합의 이론적 탐색」, 이온죽 외 지음, 『남북한 사회 통합론』, 서울: 삶과 꿈.

이온죽 외(1997), 『남북한 사회 통합론』, 서울: 삶과 꿈.

이우영(1998), 「"단기 과정" 종합 평가 및 발전 방향」, 통일교육원, 『통일 교육 종합 평가와 향후 발전 과제』.

이우영(1999), 『전환기의 북한 사회통제체제』, 서울: 통일연구원.

이인규(1990), 「통일 교육의 반성 및 과제」, 『사회와 교육』, 한국사회과학교육학회, 14권.

이종석(2000), 『새로 쓴 현대북한의 이해』, 서울: 역사비평사.

이창렬(2002), 「통일 교육 활성화를 위한 워크숍 자료」, 통일부.

이혁섭(1991), 『한국국제정치론』, 서울: 일신사.

장명봉(2005), 『분단 60년: 북한법의 어제와 오늘』, 북한법 연구회.

장원석(2004), 「2004년 브루스커밍스의 북한 독해 일고」,『통일문제연구』, 5월호.

장하진(1990), 「통일의식의 변화에 관한 연구」, 한국사회학회 편, 『한국사회의 비판적 인식』, 서울: 나남.

전인영(1993), 「남·북한 상호 교류를 위한 국제 환경 교육」,『향원 이용필 교수 회갑기념 논문집』.

전인영(2002a), 「북한사회주의 체제와 정치 과정」, 『도덕·윤리과 연수 교재』, 도덕·윤리과 1정자격연수, 서울대학교 사범대학 국민윤리교육과.

전인영(2002b), 「한반도 통일 후 정치체제 통합 방향: 다원적 정치 구조 모색」, 『도덕·윤리과 연수 교재』, 도덕윤리과 1정자격연수, 서울대학교 사범대학 국민윤리교육과.

전인영·신정현·정석홍(1998), 「국민의 정부, 통일 교육 기본 방향」, 통일부.

정범모(1991), 『교육난국의 해부』, 서울: 나남.

정범모(2000), 『교육과 교육학』, 서울: 배영사, 중판.

정세구(1992), 「도덕과 교육과정 개정연구」, 교육부 수탁과제.

정세구(1996), 「바람직한 통일 교육의 방향」,『민주평통신문』, 통일칼럼(11월 15일자).

정세구(1997), 「조화로운 인간교육」,『초중고등학교 인성교육실천방향』, 서울특별시 교육연구원.

정세구(1998), 「중등학교 '윤리'과목 교사자격증 취득을 위한 대학관련학 확대와 기본이수과목개정방향」,『교육과정연구』, 한국교육과정학회, 16권.

정세구(1999a), 「도덕·윤리 교과교육학 정립을 위한 접근법」, 정세구 외, 『도덕·윤리 교과교육학 개론』, 서울: 교육과학사.

정세구(1999b), 「중·고등학교 도덕과 교육 과정의 주제 중심 내용 체계 개발」, 한국도덕윤리과교육학회,『도덕윤리과교육』, 제11호.

정세구(2000), 「도덕과 교육의 성격」,『고등학교 도덕과 지도서』, 서울: 지학사.

정세구(2005), 「도덕윤리과 교육의 학제적 접근의 정착 과정」, 정세구교수기념논문 간행위원회,『심공정세구교수 정년 퇴임 기념 논문집』, 서울: 교육과학사.

정세구 외(1998), 『도덕·윤리 교과교육학 개론』, 서울: 교육과학사.

정세구 외 3인(1999), 「통일 교육 교수 기법」, 통일교육원.

정영수(1993), 「평화 교육의 과제와 전망」,『교육학 연구』, 제31집 5호.

정용길(2001), 「독일의 정치교육과 한국의 통일 교육 비교」, 『민족통일연구』.

정인석(1982), 『Durkheim의 도덕 교육론』, 서울: 재동문화사.

정종남(2000), 「북한 학교 교육을 통해서 본 학생들의 의식 구조」, 『서울중등 통일 교육직무연수 자료』.

정종섭(2006), 「헌법 '영토조항' 없애면 안 된다」, 조선일보 2월 18일자.

조영달(1992), 「한국사회의 변혁과 학교 시민교육의 개선」, 학술진흥재단 연구보고서.

조영달(1994), 「사회과 교육의 성격과 지향」, 『교과교육학탐구』, 서울: 교육과학사.

진영은 · 조인진(2001), 『교과교육의 이해』, 서울: 학지사.

차우규 외 4인(2000), 『도덕 · 윤리과 수행평가』, 서울: 백의.

채선희(1997), 「교육평가의 내재적 가치와 그 실현 방안」, 『교육학 연구』, 35권 4호.

최성(1997), 『북한학개론』, 서울: 풀빛.

최수영 외(1998), 「북한헌법 개정에 따른 경제부문 변화전망」, 서울: 민족통일연구원.

최완규 외(1996), 「21세기 통일 교육의 방향과 과제」, 교육부.

최종고(2001), 『북한법』, 서울: 박영사.

최현호(1997), 「민족 공동체 형성을 위한 통일 교육 방안 연구」, 평화문제연구소 공모 교사논문 우수작.

추병완(1997), 「통일 대비 학교 통일 교육의 방법 모형 개발」, 『통일 교육 · 홍보』, 통일부.

추병완(2000), 「학교 통일 교육의 의의」, 『통일 교육론』, 서울: 백의.

추병완(2001), 「통일교육 이론적 기초로서의 공동체이론」, 『통일교육의 이론적 기초와 새로운 통일 교육 방법모색』, 한국교육과정평가원.

추병완(2002), 「자유주의적 도덕교육이론의 한계와 공동체주의적 도덕교육 이론의 관점」, 정세구 외, 『공동체주의 교육』, 서울: 교육과학사.

추병완(2003), 「통일 교육에서 평화 교육적 접근의 타당성」, 『민족통일연구』.

추병완 외(2002), 『통일 교육』, 하우.

추병완 · 박병춘 · 황인표(2003), 『배려교육론』, 서울: 다른우리.

추병완 · 최근순(1999), 『구성주의 교수 · 학습론』, 서울: 백의.

크루프스카야(1989), 『크루프스카야의 국민교육론』, 제3세계 문화연구소 옮김, 서울: 돌베개.

통일교육원(1999-2003a), 『북한의 이해』.

통일교육원(1999-2003b), 『통일문제의 이해』.

통일교육원(2004), 『통일문제의 이해』.

통일교육원(1999-2004), 『통일 교육 기본 지침서』.

통일교육원(2003), 『통일 교육 교수법과 그 실제』.

통일부(2000-2002), 『독일통일백서』.

통일부(2001), 『사회문화 분야 남북 교류 협력 실무 안내』.

통일을 생각하는 교사들의 모임(1999), 「1999 겨레 사랑 나라사랑 청소년 통일 캠프 활동보고서」.

평화를 만드는 여성회(2001), 「국내외 평화교육 사례의 통일 교육에의 적용 방안 연구」, 통일부 용역 과제.

평화문제연구소, 『통일한국』, 2000년 11월-2004년 10월호.

하버드대학교 케네디 스쿨 편(1998), 『한반도 운명에 관한 보고서』, 서재경 옮김, 서울: 김영사.

한국국민윤리학회(1993), 「한국인의 민족정신」.

한국도덕윤리과교육학회, 『도덕윤리교육』, 제1집-19집.

한국정치학회 편(1987), 『현대한국정치론』, 서울: 법문사.

한국철학사상연구회 편(2002), 『철학대사전』, 서울: 동녘.

한만길(1997), 『통일시대의 북한교육론』, 서울: 교육과학사.

한만길(1998), 「"통일 대비 과정" 종합 평가 및 발전 방향」, 통일교육원, 『통일 교육 종합 평가와 향후 과제』.

한만길(2001), 『통일 교육의 이론과 실천』, 서울: 교육과학사.

한만길 외(1997), 「학교 통일 교육 내용의 체계화 방안 연구」, 한국교육개발원 수탁 연구 CR 97-61.

한만길 외 2인(1998), 「민족 통합을 위한 교육 대책 연구」(II), 한국교육개발원 수탁연구 RR 98-10.

함인희(2002), 「대~한민국 원동력으로 키우자」, 『새교육』, 11월호.

허경철 외(2001), 『교과 교육학 신론』, 서울: 문음사.

허영(1990), 『헌법학』, 서울: 박영사.

허영(2006), 『헌법학』, 서울: 박영사.

허영식(1994), 「독일의 정치 교육」, 『민주시민교육』, 서울: 한국교육개발원.

허영식(1996), 「독일의 통일과 정치교육」, 『사회와 교육』, 22권.

홍석영(1997), 「북한의 사회 통합과 주체의 교육학」, 이온죽 편, 『남북한 사회 통합론』, 서울: 삶과 꿈.

황인표(2000a), 「도덕·윤리과 평가에서의 포트폴리오 적용 방안」, 서울대학교 대학원 교육학 석사학위 논문.

황인표(2000b), 「제6차 통일 관련 교과서 분석」, 통일부.

황인표(2000c), 「통일교육 현황과 과제」, 통일교육실무위원회 보고자료.

황인표(2001a), 「남북청소년 문화 동질성 회복 방안」, 한국청소년개발원.

황인표(2001b), 「협동적 구성주의에 입각한 학교 통일 교육」, 서울시교육연수원 중등통일교육직무연수자료집.

황인표(2002a), 「통일교육의 과제와 전망」, 통일교육원 연수 자료.

황인표(2002b), 「새 교과 내용에 따른 학교 통일 교육」, 서울시교육연수원 중등 통일교육직무연수자료집.

황인표(2002c), 「효과적인 통일 교육을 위한 자료 및 활용 방안」, 『서울교육』 봄호, 서울시교육과학연구원.

황인표(2003), 「교과를 통한 학교 통일 교육교수의 실제」, 사이버 통일교육센터.

황인표(2005a), 「통일교육론 체계화와 도덕과교육 적용 연구」, 서울대학교 박사학위 논문.

황인표(2005b), 「포트폴리오를 이용한 도덕과 평가 개선 방안」, 한국국민윤리학회, 『국민윤리연구』, 제60호.

황인표 외(1999), 「99교과교육연구활동 최종보고서, 01-0225, 1/3」, 수행평가연구회.

황정규(1985), 「교육학 연구의 방법론」, 『교육학연구』, 23권 3호.

황정규(1991), 「교육학의 성격과 교육학 교육」, 『교육학연구』, 29권 3호.

황정규(1994), 「교과교육학의 내용과 탐구 방법」, 『교과교육학 탐구』, 서울: 교육과학사.

Almond, Gabriel A. and G. Bringham Powell, Jr. (1966), *Comparative Politics: A Developmental Approach*, Boston: Little, Brown, 1966.

Almond, Gabriel A. and Sidney Verba (1963), *The Civic Culture: Political Attitudes and Democracy in Five Nations*, Princeton: Princeton University Press.

Arter, J. A. (1966), "Alternative Assessment in Science and Mathematics," in *A HANDBOOK for Student Performance Assessment in an Era of Restructuring*,

Virginia: Association for Supervision and Curriculum Development.

Barder, B. (1984), *Strong Democracy: Participatory Politics for a New Age*, Berkeley: University of California Press.

Blum, L. (1996), "Community and virtue," In R. Chisp. (Ed.), *How Should One Live: Essays on the Virtues*, Oxford: Clarendon Press.

Butts, F. (1980 October), "Curriculum for the Educated Citizen," *Educational Leadership*.

Butts, F. (1988), *The Morality of Democratic Citizenship: Goals for the Civic Education in the Republic's Third Century*, Center for Civic Education.

Carter, C. (2002 January), "Conflict Resolution at School: Building Compassion Communities," *Social Alternatives*, Vol. 21 No.1.

Chamberlin, Rosemary (1989), *Free Children and Democratic School: A Philosophical Study of Liberty and Education*, London: Falmer Press.

Chazan, B. (1983), "Holy community and Values education," In D. M. Joy (ed), *Moral Development Foundations*, Nashville, TN: Abingdon Press.

Chu, B. (1996), "The proper aim of moral education in a democratic society: A synthesis of moral socialization and moral development." Unpublished doctoral dissertation, University of Georgia, Athens.

Cochran, C. E. (1982), *Character, Community, and Politics*, AL: University of Alabama Press.

Dahl, Robert A. (1984), *Modern Political Analysis*, 4th ed., Englewood Cliffs, N.J.: Prentice-Hall.

Davis, James C. (1963), *Human Nature in Politics*, New York: John Wiley, 1963.

DES. (1989), *National Curriculum: From Policy to Practice*, London: HMSO.

Dewey, J. (1916), *Democracy and Education*, New York: McMillan.

Dworkin, R., "Liberalism." Hampshire, S.(Ed.), *Public and Private Morality*, Cambridge: Cambridge University Press.

Dworkin, R., *Taking Rights Seriously*, Cambridge, MA: Harvard University Press.

Erikson, H. (1963), *Childhood and Society*, 2nd ed, New York: Norton.

Etzioni, A. Ed. (1995), *Rights and the Common Good*, New York: St. Martin's Press, 1995.

Etzioni, A. (1996), *The New Golden Rule*, New York: Basic Books.

Etzioni, A. (1983), *The Spirit of Community*, New York: Touchstone.

Etzioni, A. (1987), "Toward an I & we paradigm," in *Contemporary Sociology*, 18(2), 171-6.

Feige, W., "Gesellschaftskunde-das neue Fach in den Schulen der DDR," in *Gegenwartskunde*, 3.

Friedrich, W. (1988), Expertise-Zur Lage der Jugend 1988, Leipzig.

Galtung, J. (1990), "Violence and Peace," in *A Reader in Peace Studies*, (ed) Smoker, Davies & Munske, Pergamon Press.

Gil Fell (1992), 「평화」, Hicks, D. (ed), 고병헌 옮김, 『Education for Peace: 평화교육의 이론과 실천』, 서원.

Gutmann, A. (1987), *Democratic Education*, N.J.: Princeton University Press.

Hart, D. (1994), *Authentic Assessment: A Handbook for Educator*, Addison-Wesley Publishing Company, Inc.

Haste, H. (1996), "Communitarianism and the social construction of morality," *Journal of Moral Education*, 25(1).

Heckman, S. J. (1995), *Moral Voices Moral Selves*, University Park, PA: Pennsylvania State University Press, 1995.

Held, David (1987), *Models of Democracy*, Oxford : Polity Press.

Heslep, R. D. (1995), *Moral Education for American*, Westport, CT: Praeger.

Hicks, D. (1992), 「평화교육이란 무엇인가」, Hicks, D. (ed), 고병헌 옮김, 『Education for Peace: 평화교육의 이론과 실천』, 서원.

Hicks, D. (1992), 고병헌 옮김, 『Education for Peace: 평화교육의 이론과 실천』, 서원.

Hill, B. C., & Ruptic, C. (1994), *Practical Aspects of Authentic Assessment: Putting the Pieces Together*. Norwood, MA: Christopher-Gordon Pub.

Huh, Y. S. (1993), "Interesse und Indentitaet, Eine Untersuchung zu Werbezuegen, Zielen, Inhalten und Methoden des Politischen Unterrichts nach den Beutelsbacher Konsens," Frankfurt/M.

Lasswell, H. D. (1963), *Psychology and Politics*, Chicago: University of Chicago Press.

Lickona, T. (1991), *Education for Character: How Our Schools Can Teach Respect and Responsibility*, New York: Bantam Books.

MacIntyre, A. (1984), *After Virtue: A Study in Moral Theory*, 2nd ed.

Marzano, R. J., Pickering, D. J., McTighe, J. (1993), *Assessing Student Outcomes: Performance Assessment Using the Dimension of Learning Model*, Alexandria: ASCD.

McMillan, J. H. (1997), *Classroom Assessment: Principal and Practice for Effective Instruction*, Boston: Allyn and Bacon.

Mitrany, D. (1948 July), "The Functional Approach to World Organization," *International Affairs*, vol. XXIV.

Nathan, L. F. (1995), "Portfolio Assessment and Teacher Practice," The Graduate School of Education of Harvard University for The Degree of Doctor of Education.

Nelson, L L. (1999), "Curricula For Teaching Adolescents about Peace And Conflict, Peace And Conflict," *Journal of Psychology*, 5(2), 169-74.

Noddings, N. (1996), *Philosophy of Education*, New York: Westview Press.

Nozick, R. (1974), *Anarchy, State, and Utopia*, New York: Basic Books.

Nucci. Ed. (1990), *Moral Development and Character Education*, Berkeley: McCutchan Publishing Company.

Power, C., Higgins, A., & Kohlverg, L., "The habit of the common life: Building character through democratic community schools," In *Lawrence Kohlberg's Approach to Moral Education*, Columbia University Press.

Rawls, J. (1971), *A Theory of Justice*, Cambridge, MA: Harvard University Press.

Rawls, J. (1985), *Justice as fairness: political not metaphysical*, Cambridge, MA: Harvard University Press.

Parsons, T. & Shils, E. (1951), *Toward a general theory of action*, Cambridge, Mass: Harvard University Press.

Ruther, G. (1994), "Bedeutung and Stellenwert der politischen Bildung Deutschland Vor and nach der Wiedervereinigung," International Comparison of Civic Education and Korean Response, in International Seminar on Civic Education.

Sandel, M. J. (1982), *Liberalism and the Limits of Justice*, Cambridge: Cambridge University Press.

Schmiederer R. (1977), *Zur Kritik der Politischen Bildung*, Köln: Europaeische Verlagsanstalt, 6. Aufl.

Schmelter, Uwe (2001), "The Problems of Trust and Mistrust for a policy of approach, Detention and Unification," 이온죽 편, 『지구촌 시대의 신뢰회복과 신뢰구축Restoring and Building Trust in the Age of Globalization』, 서울대학교 사범대학 국민윤리교육과, 2001. 11.

Selznick, P. (1992), *The Moral Commonwealth*, Berkeley: University of California Press, 1992.

Sichel, B. (1988), *Moral Education: Character, Community, and Ideals*, Philadelphia: Temple University press.

Spivey, N. (1995), *Written discourse: A constructivist perspective*, Hillsdale, NJ: Lawrence Erlbaum Associate.

Tam, H. (1998), *Communitarianism*, N.Y.: New York University Press.

Taylor, C. (1998), *The Ethics of Authenticity*, Cambridge, MA: Harvard University Press.

Tombari, M. L. & Borich, G. D. (1999), *Authentic Assessment in the Classroom: Applications and Practice*, Peatson Education.

Walzer, M. (1983), *Spheres of Justice*, Oxford: Basil Blackwell.

Wernsdedt, R.(1990), "Erblast und Mitgift," in *Gengensenwartkunde*, 4.

White, P. (1992), 「비판에 대한 대응 비판의 논리」, Hicks, D. (ed), 고병헌 옮김, 『Education for Peace: 평화교육의 이론과 실천』, 서원.